21世纪网络传播丛书

媒体应用实务

冯丙奇 魏隽轩 王 杰 著

中国传媒大学 出版社
·北京·

图书在版编目（CIP）数据

媒体应用实务 / 冯丙奇, 魏隽轩, 王杰著. -- 北京：中国传媒大学出版社, 2025.3.

ISBN 978-7-5657-3816-6

Ⅰ. G206.2

中国国家版本馆 CIP 数据核字第 2024TM7954 号

媒体应用实务
MEITI YINGYONG SHIWU

著　　者	冯丙奇　魏隽轩　王　杰
责任编辑	张　静
特约编辑	李　婷
责任印制	李志鹏
封面设计	魏　东
出版发行	中国传媒大学出版社
社　　址	北京市朝阳区定福庄东街 1 号　　邮　编　100024
电　　话	86-10-65450528　65450532　　传　真　65779405
网　　址	http://cucp.cuc.edu.cn
经　　销	全国新华书店
印　　刷	北京中科印刷有限公司
开　　本	787mm×1092mm　1/16
印　　张	13.25
字　　数	259 千字
版　　次	2025 年 3 月第 1 版
印　　次	2025 年 3 月第 1 次印刷
书　　号	ISBN 978-7-5657-3816-6　　定　价　49.80 元

本社法律顾问：北京嘉润律师事务所　郭建平

目 录

◇ 第一章　导言 /1

◇ 第二章　媒体应用的基础 / 25
　　第一节　媒体的角色 / 25
　　第二节　媒体应用基本概念 / 39
　　第三节　媒体应用视野中的公众 / 43
　　第四节　媒体逻辑 / 48
　　第五节　媒体评估 / 51

◇ 第三章　媒体的体系 / 59
　　第一节　媒体的可控性 / 59
　　第二节　媒体应用视野中的媒体体系 / 66

◇ 第四章　媒体应用的方式 / 89
　　第一节　两种基本模式 / 89
　　第二节　正式与非正式方式 / 94
　　第三节　开门与关门方式 / 104
　　第四节　媒体应用方式的体系 / 116

◇ 第五章　媒体导向的材料 / 118
　　第一节　报道的两种场景 / 118
　　第二节　消息来源现象 / 121

第三节　媒体资料包　/133
第四节　新闻稿　/137
第五节　软文　/153
第六节　视频材料　/168

第六章　媒体导向的活动　/177
第一节　媒体导向活动的类型：媒体事件视野中的三类　/179
第二节　媒体导向活动的类型划分：策划与报道维度　/183
第三节　媒体导向活动的类型划分：信息与关系维度　/192

第一章 导 言

人们常说的"媒介"与"媒体"之间存在着一些混淆。"媒介"泛指所有可以传递信息的中介渠道（包括眼神、手势等），本书所使用的"媒体"，指传递经过意图性、策略性生产的信息的中介渠道。在意图性和策略性中，意图性是基本要素，策略性是辅助要素。这是因为，有些媒体在传播时，其策略性并不强，但意图性是比较明显的。当然，不同的传播主体，其具体意图各有不同。

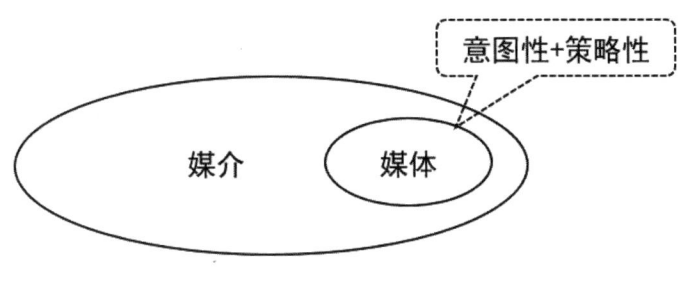

图 1-1　媒介与媒体

本书里的"媒体"，一定是同时包括传统大众媒体和各种当下流行的社交媒体的，这是因为，在当前的应用传播实践中，社交媒体已经发挥着举足轻重的作用了！

本书所称的"报道"，对应英文"coverage"，指媒体中所有的内容，超越传统意义上的"新闻"。

本书主要关注媒体应用过程中的现象、策略。

我们首先通过一些具体的案例，来了解一下现实生活中的各种媒体应用现象。

一、负面报道引发的现象

现实生活中最引人瞩目的媒体应用现象，多与负面报道有关。

比如，《北京日报》2015 年曾经有这样一段报道：

媒体应用实务

B房地产公司因多处楼盘出现房顶漏水事件遭遇舆情风波，许多业主在网络对其投诉，部分网络媒体进行了报道。B房地产公司求助有"丰富资源"的K公关公司，K公司通过各种渠道，联系到相关网站的网络编辑，通过支付钱款的方式，将与B房地产公司相关的负面信息删除。K公司还帮助其他国内知名公司在网络上发帖和删帖。这样的网络公关公司通过网络权力寻租的非法产业链，控制了网络舆论的导向，在一定程度上成为掌控互联网信息的隐形"黑手"。有部分涉案人员甚至放出"豪言"：我们可以让网民只看到我们希望他们看到的信息。①

为什么要花费心思去删帖？因为媒体报道会对企业产生重要影响。

再比如，甚至有记者利用批评报道来要挟企业，其一般做法包括：

1. 挑选目标企业，进行调查，然后写出批评性稿件。记者的消息来源可能是群众举报，可能是通过自己的调查了解，还有一些可能只是从其他媒体看到的目标企业的负面报道。有些记者了解线索后可能会进行一些调查、"暗访"，搜集对企业不利的材料，这种情况多见于对一些大企业的批评报道。有的记者则把群众举报的材料或其他媒体的报道直接加以引用，或者稍做修改。

2. 将写成的稿件以"核稿函"等形式发给企业，称如无异议将于近期发表；或者直接与企业领导联系，口头告知。发给企业的稿件，内容大多采用对企业不利的材料，或者仅采用企业竞争对手、反方的意见，将一些小问题无限放大，使企业感觉事态严重。在这类"核稿函"上，通常还会写上"稿件将于近期发表"等类似文字，并留下联系方法，迫使企业尽快找媒体或记者沟通。

3. 与企业就稿件进行沟通，最终使企业花钱了事。有的是提出要企业在媒体上做广告以避免批评报道，这种情况记者通常会讲，报道已经排上版了，撤下来就是"开天窗"了，解决办法就是企业做个广告来填充版面；有的是记者准备两份稿件，一份是对企业的批评稿，一份是正面表扬稿，让企业来选择，若选择表扬稿就要支付一些宣传费用；还有就是记者直接要钱，承诺不发批评报道。

4. 若与企业沟通不成或谈判破裂，记者很可能将稿件发表，并称将进一步跟踪报道。企业为避免事态进一步扩大，最终通常会不得不妥协，花钱了事。如果我们在媒体上看到一些批评报道，声称要做连续报道，到最后不了

---

① 金鸿浩. 有偿发帖删帖 互联网也有权力寻租[N]. 北京日报，2015-01-21（18）.

了之，再没有下文的，有可能就是这种情况。①

为什么记者能够要挟企业？同样是因为媒体报道会对企业产生重要影响，尤其是负面报道。负面报道之所以这么敏感，是因为媒体在报道负面信息时，往往同时扮演着两种显著的角色：扩音器和审判者。②前者会导致原本不起眼的议题发展为影响广泛的社会议题，后者会发挥明显的"媒体审判"（media trial）效应，对相关方面产生明显的压力。③

二、正向积极的媒体应用现象

当然，也有积极导向的现象同样足以显示媒体的重要角色。

比如，2008年9月19日，外交部举行中外记者吹风会，介绍温家宝总理即将出席联合国千年发展目标高级别会议和第六十三届联合国大会一般性辩论以及中国落实千年发展目标、同发展中国家合作有关情况。④

再比如，2024年7月25日，横琴粤澳深度合作区召开媒体茶话会，邀请四位来自不同领域的企业主管与媒体展开交流。⑤

无独有偶，与上述茶话会十分类似的是美国白宫的记者晚宴。白宫记者晚宴由白宫记者协会（White House Correspondents' Association，WHCA）自1921年开始每年举行，往往在4月的最后一个星期六的晚上，在华盛顿的希尔顿酒店举行。参加者往往包括美国总统以及众多不同领域的知名人物，自然更包括常驻白宫的记者们；正因为如此，这一宴会每年都会成为媒体报道的热点。宴会更像是一次娱乐活动，有表演，也有各种社交性互动。

自1924年时任美国总统卡尔文·柯立芝（Calvin Coolidge）以来，除了特朗普之外，其他美国总统至少参加过一次白宫记者晚宴。这足以显示出媒体在美国总统眼中的重要性。

---

① 邢发亮.以批评报道要挟企业现象剖析[J].新闻前哨，2006（12）：36-37.
② MURPHY P. Chaos theory as a model for managing issues and crises [J]. Public relations review, 1996, 22（2）: 95-113.
③ LERBINGER O.The crisis manager: Facing risk and responsibility [M]. Mahwah, NJ: Lawrence Erlbaum Associates, 1997.
　STOCKER K P. A strategic approach to crisis management [M] //CAYWOOD C L. The handbook of strategic PR & integrated communications. New York: McGraw-Hill, 1997.
④ 外交部举行中外记者吹风会[N].人民日报，2008-09-20（3）.
⑤ 王晓君.企业大咖畅谈新蓝海[N].珠海特区报，2024-07-30（6）.

媒体应用实务

在美国，媒体应用的方式会更加多样，自然也更加容易出现各种伦理问题。比如"泄露"：

泄密"传统"历史悠久

曾经在克林顿政府中担任白宫特别顾问的兰尼·戴维斯说，故意向媒体泄密是白宫惯用的策略之一，而且这一"传统"历史悠久，从美国建国之初就已存在。

亚历山大·汉密尔顿当年因为起草美国宪法而在民众中享有崇高声望。但是他希望成为美国总统的梦想却因为一则丑闻破灭。这则丑闻称汉密尔顿和一名有夫之妇有染，导致他形象大大受损。汉密尔顿相信，这则消息是白宫故意泄露给媒体，目的是阻止他竞选总统。

如今，泄密已经成为白宫的"家常便饭"，但是不同的官员在泄密技巧和火候的把握上水平相差甚远，弄巧成拙的事情也时有发生。正因为如此，白宫高层为如何向媒体泄密制定了一整套详细的策略，规定了应该在什么时候以什么方式向谁泄密，以便下级官员在具体操作时可以知道该如何"正确泄密"。

曾经在美国司法部担任内部安全事务负责人的约翰·马丁说，如果司法部门要对泄密事件严厉追查，那么"华盛顿会成为一座大监狱"，白宫高级官员、内阁部长、国会议员、军方高级将领都曾涉入泄密事件，总统也不例外。

自导自演操纵民意

《洛杉矶时报》的调查报告称，在大部分情况下，向媒体泄露秘密消息的官员都得到了白宫高层的首肯。绝大部分泄密者根本不是所谓的"英雄"，因为他们的目的不是向公众透露真相，而是为了操纵民意，为政府的政策服务。

一个最典型的例子就是白宫曾故意向媒体泄露一份关于萨达姆政权和"基地"组织之间密切关系的秘密报告，为美国出兵伊拉克寻找理由和借口，自导自演了一幕欺骗公众的好戏。

美军攻占巴格达几个月后，因为一直没有在伊拉克找到布什政府宣称的大规模杀伤性武器，白宫面临巨大压力。就在此时，美国保守派杂志《旗帜周刊》突然刊登了美国军方一份秘密文件，从上面的页码标号可以清楚看到，这份秘密文件来自美国国防部。这份秘密文件称，萨达姆政府和"基地"组织关系十分密切。

泄露五角大楼秘密文件性质严重，但是白宫官员不仅没有下令追查泄密事件，反而频频引用这篇报道为伊拉克战争开脱。

白宫官员后来透露，这份秘密报告其实是当时担任国防部副部长的道格拉斯·费思根据中央情报局和其他情报机构的调查报告撰写，准备递交给参议院情报委员会，但是在白宫授意下提前透露给媒体，其目的是为了缓解公众的批评，为伊拉克战争寻找理由。

打击对手

除了操纵民意为当局政策服务，白宫向媒体泄密的另一个目的是打击对手。

美国参议员理查德·德宾强烈反对美国向伊拉克开战，并且多次在国会公开批评布什政府，引起白宫强烈不满。此后不久，美国一些媒体就报道了关于德宾在参议院情报委员会工作时的一些内幕，对这名参议员十分不利。

德宾指责白宫故意向媒体泄密对他进行报复。虽然白宫对此断然否认，但是德宾说，一些记者非常明确地告诉他，内幕消息的提供者正是白宫官员。

技巧高超

泄露政府机密需要高超的技巧。

白宫官员说，他们和主流媒体记者建立了密切的合作关系，所以有相对固定的泄密对象和渠道。不同的泄密方式可以达到不同的效果。

一个看起来并没有新意的消息如果只透露给一家或少数几家报纸，就会达到吸引眼球的轰动效应。

今年3月中旬，白宫向《纽约时报》、《华盛顿邮报》、《华尔街日报》和《金融时报》4家报纸披露了关于美国新国家安全战略的秘密文件。

这份秘密文件本身并没有太多新意，但是因为仅仅提供给4家报纸，并且被这些报纸当作"独家新闻"加以报道，所以引起外界高度关注。白宫希望借此达到一个目的：警告伊朗，它已经成为美国国家安全"黑名单"上名列榜首的国家。

白宫官员后来承认，这是他们的宣传战术，从实际情况看，达到了最佳效果。

如果白宫被迫向媒体披露对其不利的内幕消息，那么通常会将这一消息披露给美联社。因为美国所有媒体都能收到美联社的消息，大家都能收到的消息反而不会引起太多重视。当然，真正有价值的新闻除外。

此外，白宫通常会选择在周五晚上向媒体披露这些"坏消息"，因为公众在周末对新闻的关注度降低，能将负面效果减少到最低程度。①

---

① 冯俊扬.故意向媒体泄密：白宫还有操作规程［N］.新华每日电讯，2006-04-11（5）.

这里的"泄露",在媒体应用的视野中,是一种典型的有意识有策略的媒体应用方式;因为"泄露者"的高级别官方背景,自身带有强烈的权威性,因此,这种媒体应用方式的效率会非常高。

乔布斯对媒体的应用,也极具策略性。乔布斯为人十分称道的巨大优点之一,就是他的媒体应用的能力与技巧。我们甚至可以说,乔布斯很善于"操弄媒体"(spin)。

我们仅基于2011年出版的《史蒂夫·乔布斯传》,将乔布斯的媒体应用方式归纳为三大方面:构建争议话题、强化跟媒体人员的私人互动、通过信息管理来提升信息的吸引力。

(一)构建争议话题

乔布斯经常直接且公开"挑逗"IBM和微软等大牌,引得媒体关注和讨论。

此外,乔布斯也深谙媒体之道,会巧妙地利用事件、时间等来引发话题。

IBM的PC机于1981年8月12日投放市场。两周之后,乔布斯为IBM公司在《华尔街日报》上刊登了一幅整版广告:"欢迎IBM——真的。"

图 1-2 "欢迎 IBM"

1986年5月,苹果放弃与Chiat/Day的合作,将5000万的广告合作转给BBDO。乔布斯连这种机会都不放过,将其利用到极致:乔布斯买下了《华尔街日报》一整版版面,来恭喜Chiat/Day广告公司脱离苦海,获得重生。

乔布斯还会利用社会热点事件构建争议话题,引发人们对话题的进一步讨论。比如,当全社会都在关注盗版音乐问题时,乔布斯在《时尚先生》(*Esquire*)杂志上说音乐公司通过复杂的限制条款和笨拙的页面来阻止音乐盗版是愚蠢且无效的,音乐公司不给用户提供合法的渠道才让80%的人不得不下载盗版音乐。他对盗版音乐问题的深入思考引起了媒体、公众和音乐公司的关注与讨论。

图 1-3 "恭喜 Chiat/Day"

（二）强化跟媒体人员的私人互动

乔布斯日常会与媒体人员私下进行情感交流，并建立良好关系。他会私下走访媒体，并积极与媒体人员沟通。

1983年12月，乔布斯带着公司员工私下走访《新闻周刊》，想让杂志写一篇关于麦金塔电脑研究团队的报道；2010年2月，乔布斯前往纽约同默多克以及《华尔街日报》《纽约时报》《时代》《财富》的高管们私下会面。这次会面也促成了乔布斯与默多克的合作，默多克为此于2011年2月2日，正式出版第一期专门为iPad量身定做的仅有电子版的报纸《日报》（The Daily）。

图1-4 《日报》

乔布斯也会去参加媒体宴会，苹果公司在发布麦金塔版本的Excel软件时，乔布斯还和盖茨共同在纽约绿苑酒廊餐厅参加了媒体答谢晚宴。

当遇到紧急情况时，乔布斯会选择与自己关系亲近的媒体人员私下沟通情况。在《华尔街日报》报道苹果公司将向它的联合创始人乔布斯宣战后，乔布斯给自己偏爱的几位记者打了电话，私下通报了相关情况。当苹果公司指控乔布斯时，他再次把自己最偏爱的记者邀请到家中，驳斥了苹果公司的指控。

这种方式属于第四章中所说的非正式方式。

（三）通过信息管理来提升信息的吸引力

乔布斯领导下的苹果被认为是世界上最神秘的公司之一，公司全部员工都签订了非常严格的保密协议，对外的信息出口被限定，使乔布斯为媒体提供的"独家专访"很有吸引力，这让苹果公司在媒体选择上拥有较大的自主权。在发布丽萨电脑（Apple Lisa）之后，乔布斯就使用了自己的自主权，以戏剧化的方式限量派发独家专访的机会。

乔布斯还会和"钦点"的媒体"讨价还价"。在NeXT电脑发布会前，乔布斯选中几家媒体可以进行"独家"采访，但前提是必须把他的报道放在封面。

除此之外，在iPhone即将发布时，乔布斯想找家杂志独家参与发布会预演，本来想把这个独家报道机会给《时代》杂志，但没发现合适人选，所以准备另选媒体。当时代集团高管听到此事后，亲自给乔布斯介绍了杂志社一位悟性极高的编辑，来协助乔布斯完成发布会。

这里体现的是第五章中谈及的信息补贴以及媒体之间的竞争关系。

三、社交媒体应用现象

各种社会组织以及名人与普通个体（作为社交媒体内容生产者），都可以充分有效地对社交媒体加以应用，从而实现各自的意图。不过，在社交媒体应用过程中，代表社会组织的往往是某一个体。在这种情况下，这一个体并不等同于日常生活中的个体，而是所述社会组织的代表。

因此，在社交媒体应用现象中，仅就外在表现来说，社会组织几乎都是"个人化"的。

（一）社会组织

1. 布兰泰的故事

美国搅拌机制造商布兰泰（Blendtec）由汤姆·迪克森（Tom Dickson）创建于1975年。布兰泰家用搅拌机的产品价格比竞争对手贵至少3—5倍，但是其销量常年都是亚马逊同类产品中的冠军，其中，YouTube是它最主要的也几乎是唯一的推广传播渠道。

布兰泰公司因YouTube上的"它能搅碎吗"（Will It Blend）系列病毒式营销视频而知名。[①] "它能搅碎吗"是一系列展示布兰泰搅拌机搅碎不同的物品，比如高尔夫球棒手柄、高尔夫球、棒球、磁石、人造钻石、玩具车，甚至还有摄影机、iPhone、iPod、iPad等的视频。

有评论指出，"它能搅碎吗"系列视频是互联网上有史以来最为成功的病毒式营销活动之一。如果有人没听说过这一活动，那么或者他生活在另外一个星球上，或者他至今仍对病毒式营销毫无关注。[②] 这一说法比较片面，不过也凸显出这一系列病毒式营销视频的成功。

系列视频的模式基本一致。在视频的开头，迪克森会说："它能搅碎吗？这是一个问题（Will it blend? That is a question）。"等将搅拌对象放进搅拌桶后，迪克森会煞有介事地说："我这就按下按钮。"在物品被搅拌的过程中，迪克森一直微笑等待。当搅拌结束，迪克森往往会警告观众，搅拌过程会产生烟雾或粉尘，这时不要吸气："烟雾，注意不要吸入（smoke, don't breathe this!）。"在所有视频的结尾处，会显示字幕："是的，它搅拌成功（Yes, it blends）！"（见图1-5）。

---

① POGUE D. Will It Blend？［N］. New York Times，2007-01-05.
② ONIRIK. Will it blend? –Interview［EB/OL］.（2007-10-19）［2015-04-11］. http://www.onirik.net/Will-it-blend-Interview-VO.

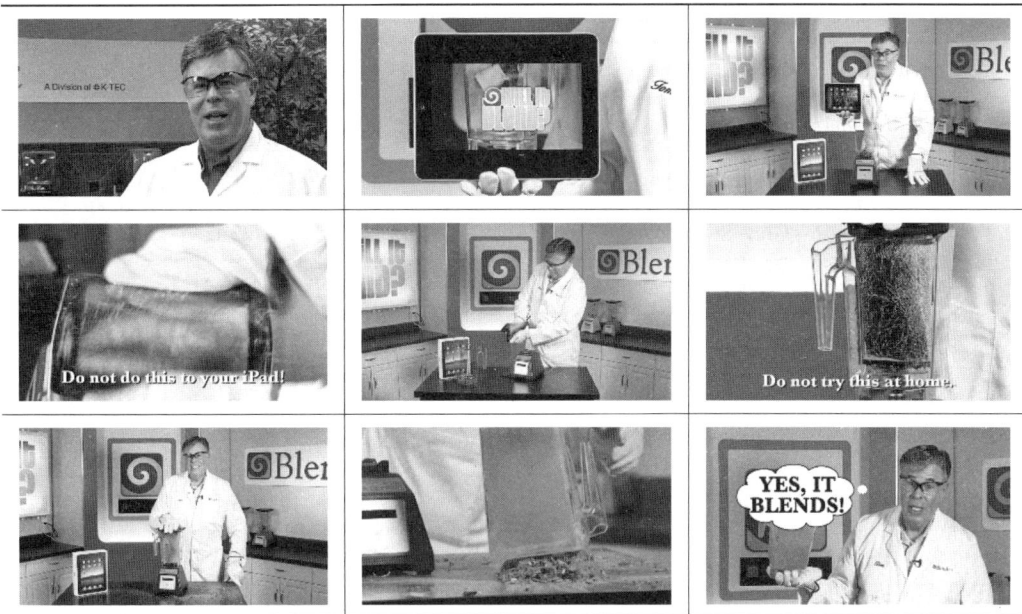

图 1-5 搅拌 iPad 视频的截图

布兰泰还通过社交媒体收集公众的回应，如公众提出的搅拌物的建议；随后，布兰泰以不同方式回应这种建议，其中大部分情况下布兰泰会直接进行搅拌，少数情况下，如果公众提出的搅拌物太过分（比如纯金属撬棍），布兰泰会通过调侃式视频加以回应。因此，社交媒体同时也是布兰泰与公众进行互动的有效渠道。

公众会要求搅拌不同的东西。其中包括众多电子产品、玩具与个人用品（比如假牙）。布兰泰在搅拌对象的选择上是有限制的。[1] 也就是说，在该系列视频产生一定影响之后，布兰泰公司对搅拌对象的选择并没有固定的安排，而是基于公众的期望。公众对搅拌对象的期望与建议，可以通过布兰泰的 Facebook（现已改名为 Meta）账号[2] 提交。

系列视频的火爆情况见表 1-1（截至 2024 年 8 月 9 日），浏览量排第 50 位的视频，其浏览量高达 170 多万。这充分显示出：布兰泰将 YouTube 的应用效率挖掘到了极致。2024 年 8 月 9 日，其 YouTube 频道关注者为 84.4 万人。基于这一关注者数量，我们可以参考第二章中的传播状态值的计算方法大概计算出这些视频的传播速率，以此感受这些视频的火爆状态。

据说，布兰泰这一系列视频的启动资金，只有区区的 50 美元。这是因为：第一，布兰泰初期的视频（大部分视频）并不追求视频内容的流量以及视频技术与形式的炫酷，更多追求的是搅拌对象本身产生的吸引力；第二，YouTube 平台是免费的。

---

[1] ONIRIK. Will it blend? –Interview [EB/OL]. (2007-10-19) [2015-04-11]. http://www.onirik.net/Will-it-blend-Interview-VO.

[2] http://www.facebook.com/willitblend.

表 1–1　布兰泰搅拌视频观看情况（TOP 50）

	标题	上传时间	浏览量
1	Will It Blend? – iPad	2010 年 4 月 5 日	19,615,697
2	Will It Blend? – iPhone	2007 年 7 月 11 日	13,004,171
3	Will It Blend? – Glow Sticks	2007 年 2 月 22 日	12,696,516
4	Will It Blend? – iPhone 5 vs Galaxy S3	2012 年 10 月 16 日	8,935,847
5	Will It Blend? – Bic Lighters	2007 年 7 月 26 日	8,140,041
6	Will It Blend? – Diamonds...as far as you know	2007 年 2 月 7 日	8,048,525
7	Will It Blend? – Golf Balls	2006 年 11 月 8 日	7,979,294
8	Will It Blend? – Crowbar	2006 年 12 月 6 日	7,942,387
9	Will It Blend? – Marbles	2006 年 10 月 31 日	7,405,868
10	Will It Blend? – iPhone3G	2008 年 7 月 12 日	6,890,991
11	Will It Blend? – iPod	2006 年 12 月 14 日	6,433,511
12	Will it Blend? – iPhone 6 Plus	2014 年 9 月 24 日	6,262,454
13	Will It Blend? – iPhone 4	2010 年 6 月 25 日	4,969,476
14	Will It Blend? – Ford Fiesta	2009 年 8 月 11 日	4,918,388
15	Will it Blend? iPhone 5s and 5c	2013 年 10 月 3 日	4,583,222
16	Will It Blend? – Magnets	2007 年 1 月 25 日	4,521,773
17	Will It Blend? – Silly Putty	2009 年 9 月 3 日	4,320,993
18	Will It Blend? – Coke + Chicken = Cochicken	2006 年 11 月 1 日	3,876,480
19	Will It Blend? – Justin Bieber	2011 年 6 月 8 日	3,799,902
20	Will It Blend? – Air Soft Gun	2009 年 11 月 19 日	3,664,989
21	Will it Blend? – Skeleton	2011 年 10 月 20 日	3,570,712
22	Will it blend? Nokia 3310	2012 年 11 月 28 日	3,565,596
23	Will It Blend? – Nike	2008 年 8 月 9 日	3,190,545
24	Will It Blend? – Super Glue	2011 年 9 月 28 日	3,182,855
25	Will It Blend? – Wii Remote	2008 年 5 月 7 日	3,099,511
26	Will It Blend? – Pens	2006 年 11 月 16 日	3,099,145
27	Will It Blend? – Hockey Pucks	2006 年 12 月 6 日	2,963,985

续表

	标题	上传时间	浏览量
28	Will It Blend? – Coke Can Smoothie	2006年11月8日	2,962,088
29	Will It Blend? – Baseball	2007年4月4日	2,887,469
30	Will It Blend? – Grand Theft Auto IV	2008年5月14日	2,647,451
31	Will it Blend? – iPad 2	2011年3月16日	2,568,097
32	Will It Blend? – Guitar Hero III	2007年11月21日	2,565,002
33	Will It Blend? – Vuvuzela World Cup 2010	2010年7月7日	2,502,406
34	Will It Blend? – Rubik's Cube	2008年4月26日	2,464,317
35	Will it Blend? – Neodymium Magnets aka Buckyballs	2015年1月24日	2,424,391
36	Will it Blend? Markers	2015年6月23日	2,314,467
37	Will It Blend? – Facebook	2010年3月4日	2,273,451
38	Will It Blend? – Halo 3	2007年12月6日	2,260,767
39	Will It Blend? – Ice Into Snow	2006年11月1日	2,217,526
40	Will It Blend – iPhone 4S（New iPhone App）	2011年10月15日	2,143,948
41	Will It Blend? – Tiki Torch	2007年5月16日	2,079,697
42	Will It Blend? – Laser Pointers	2009年11月4日	2,027,120
43	Will It Blend? – S***r B**l Blend–Off	2007年1月31日	2,006,301
44	Will it Blend – Kinect for Xbox 360	2011年5月11日	1,983,658
45	Will It Blend? – Extra Value Meal	2006年11月1日	1,968,675
46	Will It Blend? – Old Spice	2010年10月12日	1,947,852
47	Will It Blend? – iPhone 4	2010年6月26日	1,930,547
48	Will it Blend? – Don't Blend Me Bro!	2008年2月21日	1,821,735
49	Will it Blend? – Apple Watch	2015年4月27日	1,803,640
50	Will It Blend? – Light Bulbs	2007年1月3日	1,773,081

在全球范围内，仅基于谷歌全球搜索趋势来看，"它能搅碎吗"系列视频的浏览量自2006年12月左右开始表现得持续强劲，至少持续至2010年4月左右。这一搜索趋势表明公众对"它能搅碎吗"系列视频的关注度并不是"井喷式"的，而是"累积式"的。这一累积式的关注度，无疑得益于系列视频的持续发布。

媒体应用实务

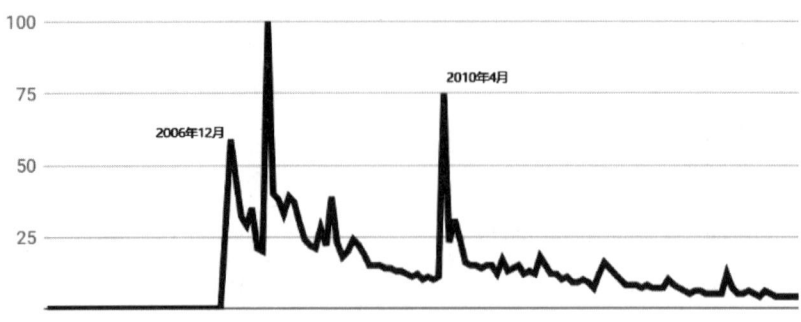

图 1-6 "Will It Blend" 谷歌全球搜索趋势（2024 年 8 月 9 日）

其实，布兰泰公司在谷歌的搜索趋势，与这一系列视频的搜索趋势是一致的。

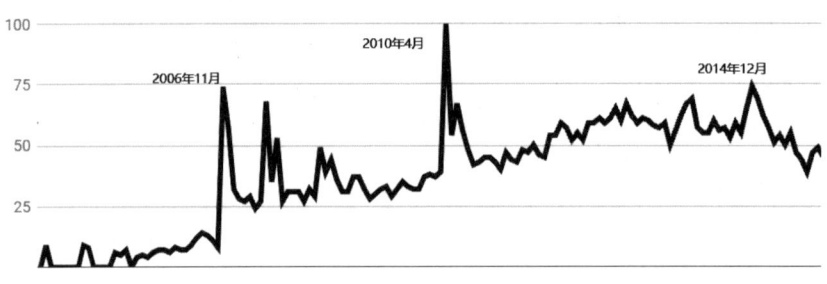

图 1-7 Blendtec 谷歌全球搜索趋势（2024 年 8 月 9 日）

"它能搅碎吗"系列视频为布兰泰公司带来了巨大利益。第一条视频发布一年后的 2007 年 10 月，布兰泰搅拌机的零售量增加幅度超过 500%。①

迪克森强调，"它能搅碎吗"系列视频的成功是一个偶然，因为布兰泰公司的视频正赶上 YouTube 的发展。② 从这一意义上讲，迪克森的确是幸运地借助了社交媒体视频平台 YouTube 的发展，但同时也说明迪克森"把住了 YouTube 发展期的脉搏"。这一点具有明显的启示意义。

2. 爱皮鸟的故事

美国小型娱乐公司爱皮鸟（EepyBird）主攻各种使用日常物品进行的创意表演，其自我描述是：探索用日常物品如何完成非凡的表现。公司创立者是史蒂芬·沃尔特兹（Stephen Voltz）与弗里茨·戈洛布（Fritz Grobe）。

他们的 YouTube 频道第一条视频上传于 2006 年 5 月 2 日，名叫《曼妥思可乐极端实验》（*Extreme Mentos & Diet Coke*），展示组合使用 200 瓶 2 升装健怡可乐和 500 多块曼妥思完成的庞大的喷泉表演。截至 2024 年 8 月 14 日，该视频获得 532,843 次观看。

---

① ONIRIK. Will it blend?–Interview [EB/OL]. (2007-10-19) [2015-04-11]. http://www.onirik.net/Will–it–blend–Interview–VO.
② CROWELL, GRANTV. Social Video Marketing Lessons via BlendTec's "Will it Blend?" [EB/OL]. (2011-01-13) [2015-04-12]. http://www.reelseo.com/social–video–willitblend/.

这条视频的关注度并不是很高，但它开启了"曼妥思可乐喷泉"系列视频；关键是，这些视频几乎遍布全球各个角落，在互联网形成庞大的潮流。据称，该视频发布9个月后，互联网上大约出现了10,000多条模仿视频。①

图 1-8 《曼妥思可乐极端实验》的视频截图

其实，EepyBird 在谷歌全球搜索趋势的高峰值，恰好就出现在 2006 年的 6 月。这一峰值时间点与他们两人开始发布视频的时间点是一致的。

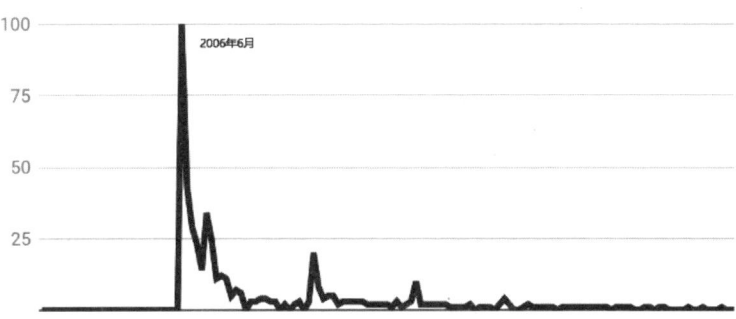

图 1-9　EepyBird 谷歌全球搜索趋势（2024 年 8 月 14 日）

EepyBird 在 YouTube 频道浏览量最高的视频名叫《曼妥思可乐火箭车》(*The Coke Zero & Mentos Rocket Car*)，上传于 2010 年 6 月 1 日，所展现的是：沃尔特兹和戈洛布两人基于曼妥思可乐喷泉的有效组合，成功将一辆小车推动行驶出较长距离，其状态犹如火箭发射的样子。

图 1-10　《曼妥思可乐火箭车》的视频截图

---

① PENENBERG A. What happens when you let go [J]. Media magazine，2007（4）.

媒体应用实务

截至2024年8月14日,该视频获得4,117,331次观看。当日其YouTube频道的关注者是1.08万,其相对浏览量十分可观(请参见第二章中对传播速率的说明)。这说明该视频已经实现很好的传播速率。

这件事情远不止如此。这一系列视频牵涉到两家品牌:曼妥思和健怡可乐。这两家品牌也先后搭上了顺风车,开始挖掘这一波社交媒体应用的价值。

我们先看曼妥思。它在全球范围内的高光时刻也在2006年6月。这大致可以显示曼妥思在这一系列视频热潮中得到的"回报"。据称,2006年夏季,曼妥思在美国的销售量提升了20%,这些视频给曼妥思带来的关注价值(本质上就是广告相当价值,请参见第二章中对广告相当价值的说明)超过了1,000万美元。

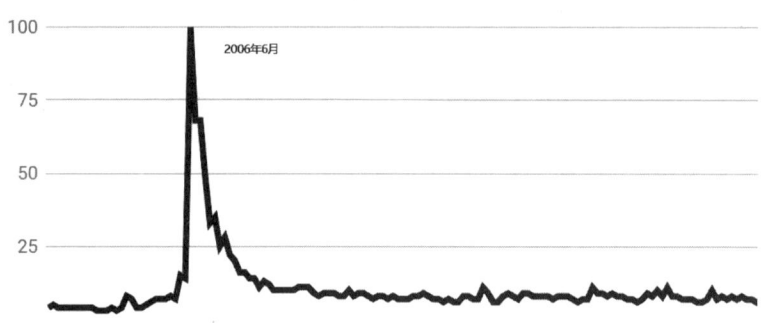

图1-11 曼妥思谷歌全球搜索趋势(2024年8月14日)

当系列喷泉视频开始火爆之际,曼妥思的母公司不凡帝范梅勒(Perfetti Van Melle S.P.A)采取了四项积极的回应措施:第一,立即承诺赠送上千块曼妥思糖果,用以支持两人继续开展喷泉实验;第二,开设名叫"曼妥思喷泉"的网站(www.mentosgeyser.com,现已关闭);第三,邀请一些名人开展同样的喷泉实验,然后将视频发到社交媒体;第四,与两人进一步合作,在世界各地开展大规模的公众参与版的喷泉实验,比如,2007年5月4日,在俄亥俄州辛辛那提同时完成504座喷泉;2007年9月15日,在荷兰布雷达同时完成851座喷泉;2008年4月23日,在比利时勒芬同时完成1,360座喷泉;2010年10月18日,在菲律宾帕赛城,同时完成2,433座喷泉。

我们再看健怡可乐。它在全球范围内的关注度峰值同样出现于2006年6月。

但是,可口可乐公司的回应与曼妥思公司明显不同。2006年6月12日,可口可乐公司发言人发表声明,希望人们饮用健怡可乐,而不是用于实验,因为这种狂热情形并不符合健怡可乐的品牌内涵。随后,可口可乐公司向两人赠送了两件T恤与两顶棒球帽,祝两人好运。

随着喷泉系列视频的持续火爆,可口可乐公司不得不作出积极回应。

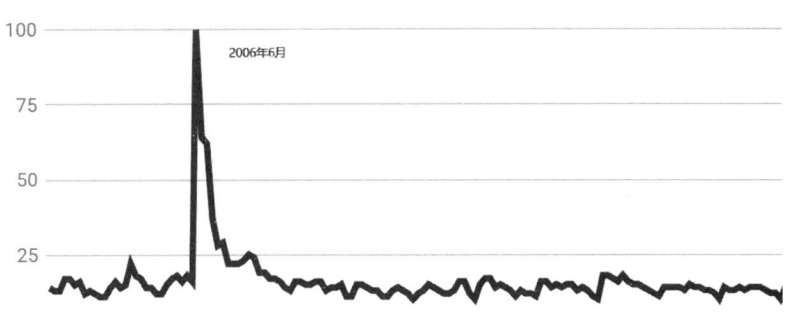

图 1-12　健怡可乐谷歌全球搜索趋势（2024 年 8 月 14 日）

2006 年 7 月 9 日，可口可乐公司开始改造自己的官方网站，增加了名为"可乐秀"（Coke Show）的区域，鼓励消费者上传自己生产的喷泉视频。2006 年夏季快要结束的时候，可口可乐公司与谷歌公司联系沃尔特兹与戈洛布，商谈一项交易，具体细节并未公开。不过，根据之后的事情发展，其合作内容大致包括两项：第一，可口可乐资助两人开展更大规模的实验（规模越大，需要的可口可乐数量也就越大）；第二，两人完成的更大规模实验的视频，直接作为谷歌开展的"赞助视频项目"（Sponsored Video Program）的开幕之作。

2006 年 11 月，谷歌公司宣布开启"赞助视频项目"（Sponsored Video Program）。这一项目的要点是，公众生产视频上传到指定社交媒体平台，基于视频浏览量分享收益；这一项目的灵感就来自沃尔特兹与戈洛布两人发布的喷泉系列视频。恰好谷歌收购 YouTube 的时间也在 2006 年 11 月。谷歌的"赞助视频项目"与其收购 YouTube，是"左右手"的关系：谷歌将 YouTube 作为经营性平台，其收益工具就是公众上传的富有吸引力的视频。

其实谷歌公司属于"横插一脚"，但谷歌的这一行为，直接促使 YouTube 在 2006 年秋季开始步入"飞速火爆"的发展阶段。

3. 杜蕾斯的故事

国内也有品牌在特定情境下充分发挥出社交媒体的潜力，比如，2011 年杜蕾斯的"雨夜鞋套"的故事。

2011 年 6 月 23 日 17 时 20 分，北京下起了大暴雨，大风伴随大雨倾盆而下，昼如暗夜。当时正值下班期间，北京环线几乎处于完全瘫痪中，大量人员与车辆严重拥堵。凌晨 0 时 55 分，北京市的西南三环内环方向车辆依然无法正常行驶。各条通往地铁的台阶变成了"瀑布"，立交桥下水深齐胸。部分手机无法正常拨通，部分地区停电导致路灯与其他照明熄灭，一片漆黑。部分人员虽已经离居处很近，但仍旧到凌晨两三点方才回到家中。

| 媒体应用实务

当天傍晚17时58分，杜蕾斯营销人员以"地空捣蛋"为名在其新浪个人微博以个人名义发帖（该微博后改名"怀孕一个吼猴"），内容仅有三张图片，直接展示用杜蕾斯套在鞋上用于防水。①

图1-13 "地空捣蛋"微博截图（2015年8月18日）

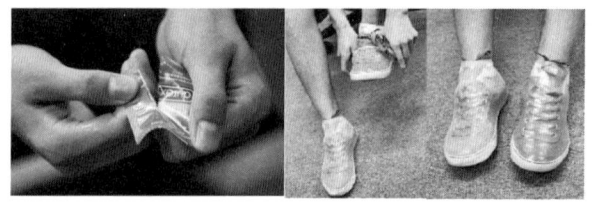

图1-14 "地空捣蛋"微博截图（2015年8月18日）

在不到两分钟的时间内，该帖被转发100多次。18时30分，该条微博转发量已经超过1万条。20时，微博转发数量超过了3万条。当晚24时，该微博转发量超过5万8千条。

在当日新浪微博转发排行榜上，该微博排名第一，远超过当晚有关北京暴雨的几大话题。这也是新浪微博上第一次出现以非明星、非天灾人祸类事件居新浪微博当周转发榜首位的现象。根据传播链条的统计，这次杜蕾斯"雨夜鞋套"话题在微博上转发超过90,000次，前20名转发的用户总和超过1,000万。微博传播覆盖了至少5,700万新浪用户。② 至2014年6月30日，该帖共获转发73,039次，评论17,519条。

---

① 地空捣蛋．"北京今日暴雨，幸亏包里还有两只杜蕾斯"［EB/OL］．（2011-06-23）［2014-06-30］．http://weibo.com/1651618343/eCFm1H9coQB．
② 杜蕾斯雨夜鞋套事件［J］．广告大观（综合版），2011（11）：101-102．

图 1-15　2011 年 6 月 23 日晚新浪微博话题排行榜

当晚 18 时整,杜蕾斯新浪官方微博将"地空捣蛋"假托为匿名粉丝,对该微博内容进行了转发,并附加评论:"粉丝油菜花啊!大家赶紧学起来!!有杜蕾斯回家不湿鞋~"①试图避免杜蕾斯官方微博首发可能带来的广告色彩太浓的嫌疑,但结果远不如人意:截至 2014 年 6 月 30 日,官方微博的这一转发帖仅获 966 次转发及 427 条评论。

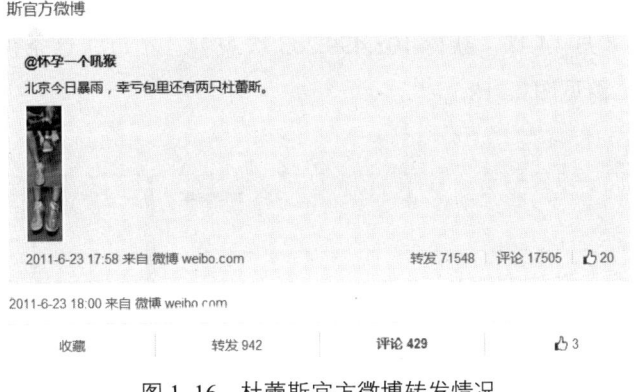

图 1-16　杜蕾斯官方微博转发情况

这一现象显示:作为品牌的杜蕾斯,在这次事件中的吸引力远不如某一匿名个体的吸引力。其主要要素在于:品牌方发布的内容更易于被感知为"品牌推广";某一个体发布的内容,则更易于被感知为"我们身边的人见到的事"。这也是这一事例中社交媒体应用带来的明显启示。

4."消失的孩子"的故事

"消失的孩子"(Invisible Children)是一家 2004 年成立的非营利组织,总部位于

---

① 杜蕾斯官方微博. 粉丝油菜花啊!大家赶紧学起来!!有杜蕾斯回家不湿鞋~[EB/OL].(2011-06-23)[2014-06-30].http://weibo.com/1942473263/eCFmeEICBa5?　mod=weibotime.

加利福尼亚。其唯一意图就是开展"制止科尼"（Stop Kony）活动，试图将科尼的暴行公之于众，促使其被逮捕。

非洲军阀约瑟夫·科尼（Joseph Kony）生于 1961 年，是乌干达圣主抵抗军领袖。自 1986 年到 2009 年期间，科尼强迫约 66,000 名儿童成为战士，导致 200 万以上的公众流离失所。因此，科尼在 2005 年以战争罪和反人类罪被设于荷兰海牙的国际刑事法院起诉，但一直潜逃。

2012 年 3 月 5 日，"消失的孩子"在 YouTube 上发布名叫《科尼 2012》（*Kony 2012*）的视频。

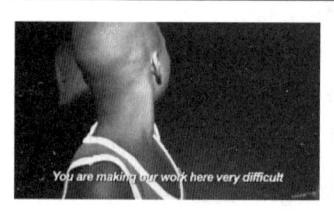

图 1-17 《科尼 2012》的视频截图

该视频在几个小时之内就像病毒一样扩散开来，第一周的浏览量就超过了 9,000 万。截至 2024 年 8 月 14 日，获得 103,499,233 次观看。不过，这条视频的关注度是典型的稍纵即逝型（请见图 1-18）。

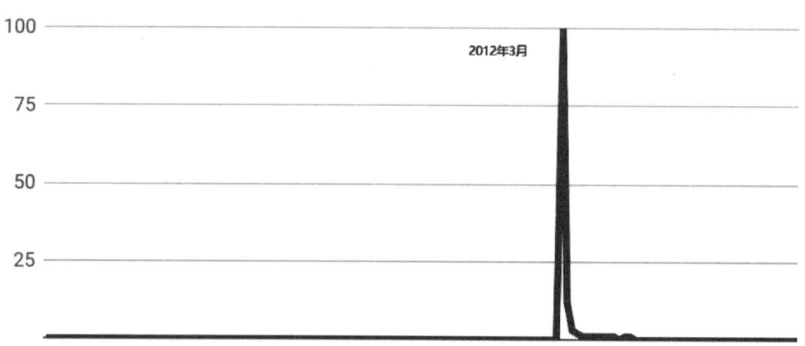

图 1-18 《科尼 2012》谷歌全球搜索趋势（2024 年 8 月 14 日）

这说明该视频内容自身并没有吸引力。它之所以获得迅速的爆发式关注，其关键的推动因素是诸多网络中心（通俗地说，即活跃在社交媒体领域中的知名人物，请参见第三章中对社会网络节点和中心的说明）的转发分享。比如，《科尼 2012》发布之初，奥普拉·温弗瑞（Oprah Winfrey，美国知名女主持人）、蕾哈娜（Rihanna，美国知名女歌手）、泰勒·斯威夫特（Taylor Swift，美国知名女歌手）、吹牛老爹（Diddy，美国知名男歌手）、亚历克·鲍德温（Alec Baldwin，美国知名男演员）、奥利维亚·维尔德（Olivia Wilde，美国知名女演员）、瑞安·西克雷斯特（Ryan Seacrest，美国知名男主持人）与贾斯汀·比伯（Justin Bieber，加拿大知名男歌手）等都在Facebook或Twitter（现已改名为X）上分享。这几位知名人物在各自的社交媒体渠道都拥有巨量的关注者。比如，当时瑞安·西克雷斯特与贾斯汀·比伯的推特粉丝量合计达1,800万。这些分享直接导致"#kony2012"与"#stopkony"两项话题在Twitter上迅速获得世界性散播。

这些名人之所以转发这一视频，主导意图是为自己建构个人品牌资产（个人品牌为个人带来的或潜在或明显的影响的总和）。

因此，"消失的孩子"通过自己名下的社交媒体频道发布的内容，满足了诸多知名人物建构个人品牌资产的意图，进而推动了这些知名人物在各自社交媒体平台的转发。

（二）个人故事

在实践中，应用媒体（尤其是社交媒体）的个人，有些在内容生产过程中的意图性与策略性更强，有些则非常弱（比如日常生活中的很多个人的朋友圈分享）。因此，在媒体应用的视野中，"个人"指在内容生产方面带有明显意图性与策略性的个体。

1. 布兰妮的故事

2005年10月，美国女歌手布兰妮（Britney Spears）开通名为"Britney Spears"的YouTube频道，2006年12月，开通名为"Britney TV"的YouTube频道。2008年10月，布兰妮开通自己的博客，2008年8月，在Facebook开通账号，9月，在Twitter开通账号。布兰妮在tumblr、Google+、instagram、Vevo、ticketmaster等处都开有账号或频道。2009年11月16日，布兰妮投放其iPhone与iPod应用"It's Britney"，提供有关布兰妮的官方新闻以及独家内容，并允许使用者汇集布兰妮与用户自己的图片。所有这些渠道让布兰妮与其团队能和粉丝群体及目标群体保持及时的联系。

布兰妮将这些社交媒体作为重要的信息渠道，大众媒体的记者也往往基于其社交媒体渠道来获取信息。因此，布兰妮的这些社交媒体实际上成为布兰妮可控的（请见第三章中媒体的可控性内容）"官方信息渠道"。

布兰妮在社交媒体上发布帖子时的签名为"_Brit"，有时也用"斯皮尔斯小姐"（Miss Spears）作为签名。不过，这一类内容往往由布兰妮的社交媒体经理完成。

虽然上述不同的社交媒体之间有所不同，但是，布兰妮的团队努力将这些社交媒体尽量有效地整合在一起。比如，在投放Radiance香水广告前两周，布兰妮在其官网、Facebook以及Twitter上发布帖子："各位周五开心！我是否出现于各位的未来中？（Happy Friday people! Am I part of your future?）"紧跟之后的链接指向该香水广告的App。用户通过该App，可以在水晶球中显示自己及朋友们上传到Facebook相册的各

| 媒体应用实务

种图片，图片之后，紧跟的就是该香水的视频广告。该帖在 Twitter 上获得 1,516 名关注者的 1,052 次回复，666 次转送，共获得约 50 万人的浏览。Facebook 上的链接共获得约 4.3 万人的点击。

布兰妮团队还对第三方粉丝网页进行有效应用。比如，布兰妮团队与布兰妮粉丝网（www.BreatheHeavy.com）有密切合作。布兰妮粉丝网由乔丹·米勒（Jordan Miller）开设并管理，完全独立于布兰妮，不过，布兰妮的社交媒体经理与乔丹·米勒紧密合作，试图保证该网站上的帖子内容与布兰妮其他官方社交媒体渠道的信息一致。有一点相当值得注意：布兰妮粉丝网同样也在一系列社交媒体渠道上开有账号与频道，其中包括 Facebook、Twitter、Instagram、YouTube、Google+。因此，这一系列渠道虽然不完全受控于布兰妮，但仍旧具备相当高的可控性。

布兰妮对社交媒体的应用还体现于内容发布的策略上。

比如，其单曲《抱紧我》（*Hold It Against Me*）的正式发布时间是 2011 年 1 月 10 日。不过早在 1 月 6 日，该单曲的一条十分简短的片段就在 YouTube 上"泄露"了出来（请参考前述的"泄露"）。同一天，布兰妮通过 Twitter 发布帖子：

  听说我的新单曲的早期试听版本已经泄露出去，如果你觉得它比较好听，就等着星期二来听真正的单曲。布兰妮①

布兰妮的这一帖子与"泄露"出来的试听材料，引发了广泛的媒体报道。

类似的泄露策略同样应用于该单曲的视频发布。

音乐领域的传统做法是：单曲与音乐视频同步发出，以便提升单曲关注度。不过，在《抱紧我》首发的 1 月 10 日，其 MV 还没有制作。该单曲 MV 制作时间是 1 月 22 日与 23 日。在这两天的拍摄过程中，布兰妮及其舞蹈编导布莱恩·弗里德曼（Brian Friedman）与 MV 导演乔纳斯·阿克伦德（Jonas Akerlund）在各自 Twitter 上持续更新了 MV 拍摄进程。

比如，1 月 22 日与 23 日布兰妮各发出一则帖子，并各配有一则她在拍摄现场的图片：

  与乔纳斯一起拍摄《抱紧我》的第一天。令人不可思议。我想这将是我

---

① Heard an early demo of my new single leaked. If u think that's good, wait til you hear the real one Tuesday. _Brit

完成得最好的视频之一。(1月22日)[1]

第二天收工!《抱紧我》视频即将到来……(1月23日)[2]

《抱紧我》的MV到2011年2月17日才首次通过MTV.com与VEVO[3]发布。这已经晚于单曲发布一个月,距离MV拍摄也已经有三周。提前一天(2月16日),布兰妮于YouTube频道"Britney Spears"发布《抱紧我:30秒先睹为快》("*Hold It Against Me*" *30 Second Sneak Peek*)。

在2月17日之前的两周内,布兰妮团队以"14天,14条预告,1次世界首发"(*14 Days*, *14 Teasers*, *1 World Premiere*)为名,通过YouTube发布14条预告片(见表1-2)。前13条预告片时长在5秒到13秒之间,最后一条预告片发布于2月16日,长达30秒。每条预告片的浏览量在100万到500万之间。2月17日,与MV的首次完整发布相伴,MTV.com在晚间11点对该MV进行讨论,参加者包括MV舞蹈编导布莱恩·弗里德曼、BreatheHeavy.com的乔丹·米勒(Jordan Miller)以及几位MTV知名人士。

与此同时,布兰妮通过Facebook与Twitter发出评论:

> 没有更多的回头,我呈上我的《抱紧我》视频,由伟大的乔纳斯·阿克伦德执导。希望你们跟我一样喜欢它。如果你不喜欢,我会用功夫教训你,正如我在视频中做的那样。

有一点值得关注:布兰妮的社交媒体信息往往以非专业的诚实的个人状态出现,尽量口语化,尽量接近朋友间的交流风格,尽量强化内容的趣味色彩。这种传播形态更适合社交媒体的内容偏向。

---

[1] Day 1 of the HIAM shoot with Jonas. Such an incredible experience. I think this will be one of the best videos I have ever done. _Brit
Twitter:
下午2:53,2011年1月22日,转推2,604,收藏404。
2014年12月1日,见 https://twitter.com/britneyspears/status/28948445842644992.
Facebook:
1,853条评论,14,964个赞,2011年1月22日
2014年12月1日,见 https://www.facebook.com/britneyspears/posts/125108467559647.

[2] Day 2 is a wrap!#HIAM video coming soon……Brit
下午9:53,2011年1月23日,转推3,028,收藏464。
2014年12月1日,见 https://twitter.com/britneyspears/status/29416391450828800.

[3] VEVO是一个视频分享网站,由环球唱片(Universal Music Group,UMG)、索尼音乐娱乐(Sony Music Entertainment,SME)和阿布扎比传媒(Abu Dhabi Media)合资经营,于2009年12月8日开通。VEVO视频会在互联网同步播出,广告收入与谷歌共享。

表 1–2 《抱紧我》预告片的上传时间及浏览量（截至 2015 年 8 月 25 日）

序号	上传时间	浏览量
1	2011 年 2 月 4 日	2,927,045
2	2011 年 2 月 5 日	1,865,311
3	2011 年 2 月 6 日	1,214,806
4	2011 年 2 月 7 日	1,633,426
5	2011 年 2 月 8 日	859,181
6	2011 年 2 月 9 日	978,532
7	2011 年 2 月 10 日	890,245
8	2011 年 2 月 11 日	545,978
9	2011 年 2 月 12 日	1,248,654
10	2011 年 2 月 13 日	697,590
11	2011 年 2 月 14 日	853,773
12	2011 年 2 月 15 日	356,753
13	2011 年 2 月 16 日	399,764
14	2011 年 2 月 17 日	581,217

布兰妮还对公众的内容再生产行为给予鼓励。公众再生产内容的传播，无法脱离社交媒体。在媒体应用的视野中，这本质上就是试图对更广泛的社交媒体平台加以应用。比如，前述 1 月 6 日 "泄露" 出试听材料后，歌迷们基于获得的试听材料合成自己推测出的音乐最终版本。2 月 16 日，BritneySpears.com 上展示了一位粉丝在 1 月 9 日（就在官方视频正式发布的前一天）生产并上传的视频。布兰妮的这一做法进一步激发了粉丝的内容再生产活动。公众的再生产活动还包括另外两种：翻唱改唱与重新编舞。公众对《抱紧我》单曲的关注中有相当部分不是直接来自布兰妮，而是来自粉丝们再生产的内容。由此可以看出，内容的再生产现象发挥着明显的涟漪效应（ripple effect）。

2. 巴纳的故事

亚当·尼雷尔·巴纳（Adam Nyerere Bahner），美国创作型歌手和配音演员，1982 年生于美国明尼苏达州，网名 "太·宗戴（Tay Zonday）"。其母亲为非裔美国人，其父亲为高加索人。

2007 年 4 月 23 日，巴纳将视频《巧克力雨》（*Chocolate Rain*）上传到其 YouTube 频道。截至 2024 年 8 月 9 日，获得 138,907,474 次观看。当日其频道的关注者为 113 万（基于此可以参考第二章的传播状态值的计算方式，大概计算其传播速率）。

在这条视频获得广泛关注后,巴纳在娱乐领域使用"太·宗戴"的网名,试图以此区分其专业领域与娱乐领域的传播内容。

图 1-19 《巧克力雨》

该视频中的歌曲节奏相当简单,不断重复,同时视频内容属于简单再现式的自拍样式,视频在拍摄与编辑方面并没有多少独特性。该视频富有吸引力之处是巴纳的男孩样的外表与深厚的低音之间的冲突。

巴纳对社交媒体的应用跟前述两例不可同日而语,这是因为巴纳在《巧克力雨》后就没有持续的火爆内容生产。因此,其热度锐减。我们从谷歌全球搜索趋势图中可以看出,巴纳在 2007 年 8 月达到搜索值的最高峰,随后迅速滑落。

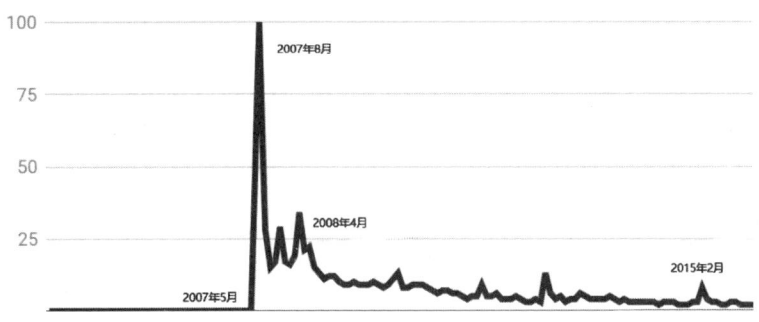

图 1-20 "Tay Zonday"谷歌全球搜索趋势(2024 年 8 月 9 日)

无论如何,作为一名普通个体(没有明显的商业意图,也没有规模团队的协作),巴纳能够比较便利地通过社交媒体的应用获得全球范围的关注,也是十分成功的。

3. 普罗万的故事

2006 年 8 月 13 日,英国阿伯丁大学计算机科学专业一年级的 23 岁大学生詹姆斯·普罗万(James Provan)将自己摊薄饼的定格动画视频《薄饼!》(Pancakes!)上传到 YouTube,并配有自己完成的一首名为"薄饼"的歌曲。该视频的制作花费了普罗万一周的时间。

媒体应用实务

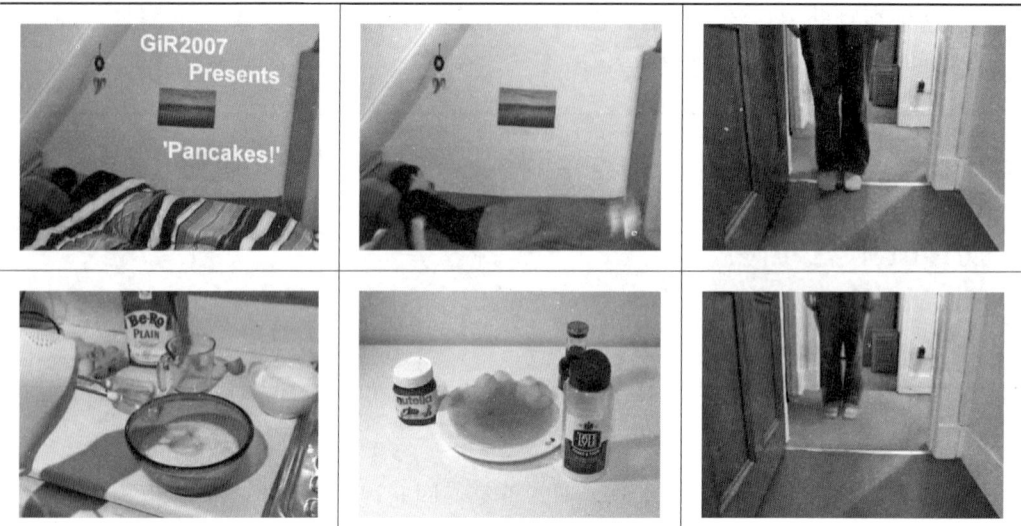

图 1-21 《薄饼》的视频截图

只用了三天时间，《薄饼》视频就成为 YouTube 网站的最热视频；之后，又用了九天时间，该视频的点击量就超过 70 万次。

这条视频也获得了传统大众媒体的报道，比如，美国广播公司（ABC）的《早安美国》（*Good Morning America*）对该视频进行了报道，有将近 600 万观众收看，同时也得到美国福克斯新闻、天空新闻（Sky News）、英国第五新闻（Five News）、英国广播公司、《泰晤士报》、澳大利亚广播公司（Australian Broadcasting Company）、《每日邮报》的报道。两周后，其热度有些下降，不过传播仍在持续。

迄今为止，我们并未发现普罗万发布这条视频与商业意图有关。因此，作为没有明显意图的个体，普罗万在不知不觉之中对 YouTube 频道进行了高效的应用，进而引发众多传统大众媒体的报道。仅在这一视频的传播过程中，普罗万的投入回报率极高。

第二章 媒体应用的基础

第一节 媒体的角色

一、媒体的影响

媒体的重要角色,来自媒体的重要影响。传播学中的几项理论将这种影响彰显得淋漓尽致,我们这里仅简要说明。

首先,最知名的就是议题设置理论(agenda-setting theory)。议题设置理论认为,媒体通过为不同议题赋予不同的显著度,从而对受众的想法加以建构;或者说,媒体报道明显影响着受众对现实的解读与认知。其基本机制见图2-1。

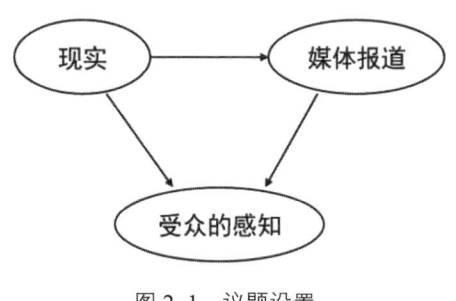

图2-1 议题设置

其次,涵化理论(cultivation theory)认为,当人们持续接触类似的媒体内容时,即使人们确定媒体内容并不等同于现实,但人们的态度与观念仍会慢慢受其影响。涵化理论关注媒体的长远影响。

比如,经常观看犯罪剧集的人,即使确定这些剧集都是虚构的,但仍更容易感觉所处的世界是危险的。持续关注科幻影视剧的人,其观念会在某一维度上与科幻影视剧的逻辑一致。

最后,第三人效应(third-person effect)理论也在强调媒体报道的重要影响。第三人效应包含两个维度:感知维度与行为维度。感知维度认为个体往往错误地认为自己比他人更不易受媒体的影响。行为维度则强调前述感知状态会引导个体采取行动去保护被认为是弱势群体的他人。其实行为维度并不一定出现,但在感知维度中一定会出现的现象是:认为别人受到影响,是因为他人自身的各种因素;认为自己受到影响,是因为情境等因素。换句话说,别人受影响都是因为自身有不足,自己受影响是因为偶然或客观因素。通俗地说就是:自己总比别人更优秀。

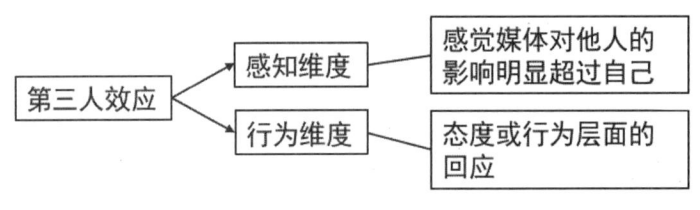

图 2-2　第三人效应

第三人效应在劝服性传播中表现得尤其明显。人们往往认为自己对众多劝服性的内容拥有免疫力,但实际上却在潜移默化之中受其影响。当我们面对一条自己觉得不会购买的汽车广告时,我们会觉得这条广告对我们几乎不会产生影响,但实际上事与愿违。再比如,人们往往认为他人更容易受到一些报道的影响(比如更加情绪化或更有偏见),本质上自身也在潜移默化受其影响。

其实,第三人效应又拓展出另外两种效应:第一人效应(first person effect)和第二人效应(second person effect)。第一人效应认为,在有些情境下,个体会感觉媒体对自己的影响要超过他人。第一人效应往往发生于个体对媒体的信息有明显期望时。第二人效应认为,在有些情境下,个体会感觉自己与他人同样受到媒体的影响。这种情境是,个体对特定事务有强大的参与动力。①

二、媒体的角色

过去已有众多研究者对媒体在社会中担任的具体角色进行过界定与划分。

最为常见的是二分法。有研究者将媒体的角色分为"告知者"和"阐释者",前者纯

---

① FREDERICK E, NEUWIRTH K. The second-person effect and its role in formation of active issue publics [J]. Mass Communication and Society, 2008, 11 (4): 514-538.

粹地报道事实，后者则对公众进行阐释，解释各种信息的意义。①另有研究者将媒体的角色分为"守门人"和"鼓吹者"，前者进行客观报道，后者则参与其中，抱有自己的立场。②

还有研究者采取了三分法，将媒体角色分为"信息传播者"（information dissemination role）、"解释者"（interpretative role）与"对立者"（adversary role）。③信息传播者强调报道的客观性，认为其主要目的是进行信息传播，对信息的解读则是受众自己的事。解释者认为，许多新闻事件的性质相当复杂，如不进行明确阐释的话，受众将难以完全理解，所以记者应当对社会事实加以分析。解释者强调，记者可以陈述自己的意见，但并不是要将自己的意见强加给受众，这也是解释者与对立者之间的最大不同之处。④对立者对所报道的对象持有明显的反对态度，并试图将此态度传输给受众。

为了更好地从媒体应用的视角出发来认识媒体的角色，我们这里将媒体的角色分为三类：社会事件的报告者（reporter of social events）、社会事件的参与者（participant of social events）和社会事件的阐释者（interpreter of social events）。

报告者在报道时的基本原则是报道对象自身的新闻价值，媒体外在于所报道的事件，并不参与其中。

图 2-3　社会事件的报告者

参与者在报道时，会以某种方式直接或潜在地参与到事件中，因此会有比较明确的评价（态度表达）。

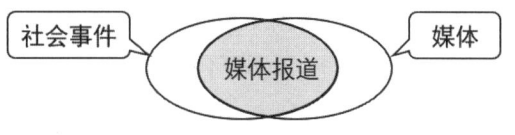

图 2-4　社会事件的参与者

---

① NEUWIRTH K, FREDERICK E. Extending the framework of third-, first-, and second-person effects [J]. Mass Communication & Society, 2002, 5（2）: 113-140; COHEN B C. The press and foreign policy [M]. Princeton: Princeton University Press, 1963.

② JANOWITZ M. Professional models in journalism: The gatekeeper and the advocate [J]. Journalism Quarterly, 1975, 52（14）: 618-626, 662.

③ WEAVER D H, WILHOIT G C. The American journalist: A portrait of U.S. news people and their work [M]. Bloomington, IN: Indiana University Press, 1986.

④ WEAVER D H, WILHOIT G C. The American journalist: A portrait of U.S. news people and their work [M]. Bloomington, IN: Indiana University Press, 1986.

媒体应用实务

阐释者在报道时，虽然对社会事件并不参与，但对社会事件进行详尽细致的关注，试图对社会事件进行更加精准的解读，从而完成报道。这一类报道同样可能会出现评价（态度表达），不过并不会有媒体自身需求的表露。

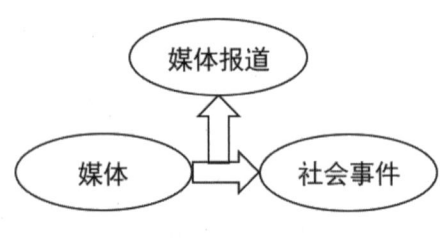

图 2-5　社会事件的阐释者

从媒体的角度来看，不同的角色其实会从不同的角度涉及媒体的专业主义（media professionalism）以及与伦理相关的问题，尤其是后两种角色。

下面我们以 2007 年的百安居欠款事件为例，来展现三种不同角色在现实中表现出的具体情形。

百安居是跨国大型装饰建材零售集团。2007 年 6 月初，由于拖欠供货商货款，与众供货商间的矛盾激化，8 月起，百安居面临一系列官司。同年 8 月底 9 月初，这次欠款事件基本解决。

事件总体分为三个阶段：显现期、高峰期和消退期。

2007 年 6 月 4 日，雅迪尔工会及职工 50 多人到百安居中国总部催讨货款。6 月 5 日，雅迪尔宣布拒绝向百安居供货与服务。6 月 8 日，双方进行了协商，不欢而散。6 月 11 日，雅迪尔递交上访函，报上海市政府有关部门。随后，其他 20 多家供货商声援雅迪尔。这一阶段属于显现期，双方矛盾逐渐显现，但还没有完全公开。

6 月 19 日，由《北京商报》家居产业周刊主办的专题论坛在新浪举办，论坛参与者包括律师、几家家居企业主管、行业协会主管、《北京商报》家居产业周刊主编。作为回应，6 月 21 日，百安居发言人做客新浪，发布了"百安居针对雅迪尔事件媒体情况说明书"。同一天，雅迪尔又发布了《关于百安居 2007 年 6 月 21 日媒体情况说明书的回应》。这一阶段属于高峰期，双方都开始借助媒体公开发表观点，试图获得舆论的支持。

8 月 9 日，百安居诉雅迪尔名誉侵权案在上海市浦东新区法院陆家嘴法庭开庭，8 月 30 日，百安居败诉，双方和解。8 月 23 日，崔寿官在其博客上发表的关于"雅迪尔与百安居商务纠纷"的感言文章全部消失。9 月 4 日，有记者发现，几大家居网站上崔寿官关于该事件的评论内容都已被撤下。① 8 月 29 日，《上海雅迪尔居饰用品有限公司

---

① 张涵. 雅百事件平静收场背后 3 个月的闹剧［N］. 竞报，2007-09-06（C19）.

和百安居（中国）投资有限公司双方联合媒体声明》发布。这一阶段是消退期。无论通过什么方式，双方的矛盾皆得到解决，相关报道逐渐减少并趋于消失。

在这次事件的报道中，报告者主要出现于显现期。这一时期，事件双方都没有十分倚重媒体。这种角色的表现，如《中国经营报》6月18日的报道《供应商逼宫公开叫板　百安居面临断炊危机》[①]：

> 6月12日，坐落在上海浦东的百安居中国总部异常安静。门口保安大大增加，工作人员神情严肃。"最近有点乱。"百安居中国市场部负责人徐弈对记者解释。
>
> 一周之前，百安居办公室和商场遭到了其主要供货商之一——上海雅迪尔居饰用品有限公司工会组织的员工示威，这个举动甚至演绎成双方一场拳脚往来的真人PK。百安居被指拖欠雅迪尔近1800万元人民币货款。
>
> "百安居与供应商之间的矛盾由来已久，这次事件只是一个导火索。"一位前百安居人士表示，话语间耐人寻味。记者从有关渠道获悉，目前有20多家供应商在酝酿对百安居采取"讨款"行动，还有不少在观望。
>
> **公开叫板**
>
> 雅迪尔总经理崔寿官告诉记者，他是第一个站出来与百安居公开叫板的供应商。
>
> 按照雅迪尔的说法，2005年、2006年期间，百安居擅自扣除雅迪尔货款1200余万元。2007年春节以来，雅迪尔不但没有收到百安居的一分钱，截至5月份又出现了540余万元的新增货款。因此，百安居累计拖欠雅迪尔货款近1800万元。
>
> 由于大量货款被占用，雅迪尔流动资金受到严重影响，如今陷入无钱发工资、无钱买材料的境地。于是，在2007年6月4日，雅迪尔工会及职工50多人进驻百安居中国总部，群体向百安居催讨货款。位于百安居6楼、7楼的采购中心和总裁办的工作全部瘫痪。
>
> 据悉，6月8日，在上海浦东新区政府委托经贸局、外商投资协会、外商投资投诉中心出面下，百安居与雅迪尔之间进行了一次协调会议。
>
> 一位与会者反映，虽然有第三方在场，但是双方的火气仍然很大。整个会议更是充满了戏剧性，因为出示当时所签的合同时，双方发现合同的部分条款不一样，互相指责对方造假。

---

① 叶文添，徐春梅. 供应商逼宫公开叫板　百安居面临断炊危机[N]. 中国经营报，2007-06-18（A21）.

最终，雅迪尔总经理崔寿官和百安居一位负责人进入小型会议室私下里密谈。但没有结果，双方不欢而散。

2007年6月11日、12日，雅迪尔递交上访函报上海市政府有关部门，并声称"请愿、抗议、要钱"没有时间表，直至百安居支付所有的款项。

对此，百安居的徐弈则表示，不存在所谓的拖欠货款问题，这些货款是雅迪尔应该付给百安居的。现在双方仍处于僵持中。

糊涂的账单

据悉，这次矛盾激化的祸首是百安居的收费账单，其被指已经超越了供应商的承受能力。

以雅迪尔为例，它与百安居中国总部签订的全国采购合同中，只有供应商交给百安居一定销售返利的条款，如2004年约定的返利是销售额的18%，2005年是29%，2006年是32%，每年递增，除此之外并没有其他费用项目。

但是崔寿官表示，在2005年、2006年期间，百安居累计扣除1200余万元人民币。货款的名目有"安装服务费"、"咨询费"、"促销成本费"、"广告支付费"、"开店支持费"等等。而这些都在合同返利之外。

"有些名目不知所以，其中安装服务费200多万元，咨询服务费20多万元，广告返利100多万元。"他无奈地表示，百安居的扣账明细就是一本"糊涂账"，合作了这么多年还是看不懂。

但百安居方面却另有说法。其在6月8日的协调会议上表示，虽然上述费用合同里没有明确规定，"但我们是根据合同里的扣点扣除的费用。"

据悉，百安居在与供应商签订合同的时候约定一个"销售保底数"，如果完不成就要被罚钱。

以今年新扣押的540万元人民币货款为例，百安居表示，雅迪尔2006年的销售保底数是8000万元人民币，但由于雅迪尔有2000多万元人民币的销售额没有完成，因此百安居要扣除这部分未完成销售额21%的钱，相当于400多万元。

但雅迪尔则表示抗议，因为根据它手上的合同，2006年销售保底数是5600万元人民币，双方再次陷入了莫衷一是的局面。

"这种罚款造成一种有趣的现象，快要到年底时，厂家看着完不成销售任务就会自己派人来购买。"一位百安居的导购员如是说。

断炊危机隐现

记者了解到，早在2004年雅迪尔就成为百安居在上海等局部市场的供应商。当时，建材超市作为一个新兴的连锁零售终端，在上海、北京、广州等大城市已经拥有一定的市场份额。

2005年，在百安居高层多次到访、商谈后，雅迪尔与百安居达成了全国性战略合作关系。据悉，当时百安居给出的承诺是，2005年下半年把雅迪尔7000套橱柜出口到欧洲。但出口的事情搁浅至今。回想当时的情景，崔寿官认为这是"百安居下的套"。

此后，雅迪尔开始跟着百安居"南征北战"。为了跟进百安居扩展全国市场，雅迪尔在杭州、东莞、青岛三地设厂，资金投入1000多万元人民币。同时，雅迪尔开始在政策上全面向百安居倾斜，甚至为了避免专卖店与百安居竞争的局面，放弃了部分专卖店渠道。

"但是2006年一整年我们都经营得很痛苦，虽然2006年雅迪尔在百安居的销售额达到7000万元～8000万元，但是几乎无利可图。"崔寿官表示。

事实上，雅迪尔事件只是一个缩影。供应商与建材超市的矛盾变得越来越尖锐。

记者从北京图腾宝佳得知，它已经向百安居发出了"讨款"的最后通牒，如果没有回应将在这两天采取行动，甚至包括停止供货；而美国摩恩（卫浴产品）也准备在百安居撤柜。雅迪尔方面告诉记者，加入这一行列的还有科宝、欧卡罗、百隆等不少品牌。

"一旦供应商群起而攻之，百安居的供应链将出现断裂。"崔寿官说。对此，徐弈表示，百安居正在和供应商商谈解决，但他拒绝发表进一步评论。专家表示，目前百安居这种账单在国内建材超市普遍存在，只是各家超市列的名目不同，收费有高有低而已。

不过，供应商进入建材超市，是看中它在大城市的终端优势，但业内的种种潜规则恐怕会加强它们的"离心力"。

据悉，雅迪尔表示下一步准备建立自己的销售渠道，而一些供应商甚至开始对建材超市敬而远之。比如欧派橱柜现在全国有800多个专营店，宁愿与建材市场合作，也很少进入建材超市。

目前，我国有150家左右建材超市，占整个建材销售市场份额不到5%，而此前家福特"倒闭风波"已经使我国建材超市出现集体性滑坡。"此次出现的供应商'离心'事件，对整个业态来说是雪上加霜。"业内人士不无忧虑地表示。

另如《北京娱乐信报》6月27日的报道《"百安居拖欠货款"再现猛料 供货商指收费缺乏依据》[①]：

---

① 张翼."百安居拖欠货款"再现猛料 供货商指收费缺乏依据[N].北京娱乐信报,2007-06-27(38).

继百安居首次回应拖欠供货商货款之后,当事的另一方雅迪尔再次向京城媒体曝出百安居合同不清、收费缺乏依据的声明。而两家外资企业对百安居的声援证明,也引发了业界的质疑和猜测。

供货商:扣钱没依据

作为对百安居首次回应拖欠供货商货款的回应,在日前中国建筑装饰网举行的专项论坛上,上海雅迪尔居饰用品有限公司总经理崔寿官,向京城部分媒体披露百安居的收费"黑幕"。

崔寿官表示,百安居的合同很抽象。比如,其中所谓的安装服务费,而事实上,厨卫公司提供的是设计、安装等一整套的服务,国内并没有独立的安装橱柜的公司。再比如,其中的促销展示费,仅这一部分就从账上扣下了400多万元,而合同中也没有注明要促销展示费。那么,百安居扣钱的依据是什么?

百安居进行危机公关

对于雅迪尔的再次"放炮",作为本次事件的另一方百安居虽然没有再做出任何解释,但日前却在新浪家居频道显著位置,刊登出安信伟光上海木材有限公司和科勒对百安居支持的声明。其中,安信伟光的声明中称,"作为百安居的重要供应商,百安居设有专职的财务人员配合我司账务处理,使得对账工作比较顺利,并且在付款等方面,依据合同条款执行。未有不良账款,对此也比较客观地评价百安居的账务系统比较完善。"

但同时记者也注意到,在此前的访谈中,崔寿官就曾指出百安居对国内企业与外资企业的格式合同并不完全一致。而力挺百安居的两家企业恰好都是外资企业,这不能不让人产生更多的联想。

图腾宝佳董纯薇则透露,这一事件出来之后,百安居内部做了一个"苹果计划"。即对不闹事的供应商承诺,给予一些实惠和好处,包括给一些供货商结算货款。

高额返点引发质疑

另外,在论坛上,百安居收取供货商高额返点也被同时曝光。

崔寿官表示,"除了扣点就高达37.2%之外,还要再加上10%的促销费。"也就是说,百安居的毛利率达到了惊人的47.2%。

另据一位内部人士透露,根据利润的不同,百安居要求的返点也不尽相同。其中,橱柜、瓷砖、地板的返点分别在40%、20%、10%左右,而小五金的返点比这些都要高。

中装协厨卫委田万良秘书长在接受采访时也提到,高额扣点将会使广大的消费者蒙受巨大的损失。商场对供应商收取高额费用,供应商在无法承担的情况下,必然以提高价格或者降低产品品质的方式转嫁给消费者。为高额扣点最终买单的是广大的消费者。

这一角色主导下的媒体从事的是比较单纯的新闻报道活动,一方是富有新闻价值的社会事件,另一方是在新闻价值的基础上对这些社会事件进行报道的媒体。

在百安居欠款事件中,报告者的角色具体见图2-6:

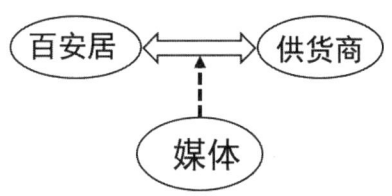

图2-6 百安居欠款事件中的报告者角色

参与者角色主要出现于高峰期,比较明显的表现是:媒体与供货商及相关方面紧密协作,共同开展活动并建构话题(请参见第六章对媒体导向活动的说明);作为回应,百安居方面也不得不通过各种方式积极地向媒体发布信息。在这样的情形下,我们甚至可以说事件的当事者已经由两方转变为三方,即供货商及相关协会、百安居、媒体。我们可以说,在这种媒体事件的报道过程中,掺杂进了媒体自身的目的与利益。

这种角色见图2-7:

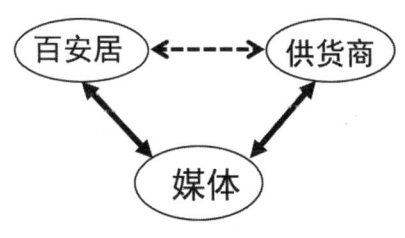

图2-7 参与者角色

这一阶段中十分典型的报道是来自《北京商报》的《百安居被曝预设陷阱"抢钱"》[①]:

> 上海橱柜巨头雅迪尔向洋超市百安居索要1800万元货款事件仍在不断升级,罩在百安居身上的神秘面纱在供货商们的声讨中渐渐被剥开。一位内幕人士向记者提供的一份属于百安居采购人员的内部机密性文件"2006年VBA

---

① 吴厚斌,杨艳.百安居被曝预设陷阱"抢钱"[N].北京商报,2007-07-05(B01).

谈判计划"显示，百安居对供货商拖欠货款是有计划、有预谋、有组织、有策略的，对照百安居提供给供货商的承诺书、合同等文件，业内人士向记者揭出一个惊天骗局：原来百安居利用这些文件连环设套，逼迫供货商一步一步地走进其预先设计的陷阱之中，而后肆意"抢钱"。只有像雅迪尔、图腾宝佳那样忍无可忍了，才被迫冒着品牌受损的危险与百安居公开翻脸，其他的大多数供货商仍然是忍气吞声，做着百安居的"慈悲梦"。

陷阱一：逐年提升返利公开"抢钱"

这份用于给百安居内部销售人员下达任务和培训的"VBA谈判计划"是百安居高层教导下属如何对付供货商的纲领性文件，共有七大部分，分别为目标、可行性、策略、责任人、时间要求和关键点。在"目标"部分中，明确宣布："部分供货商招标了，部分供货商要谈VBA"，平均每个"VBA部分供货商总返利应增长≥7％，谈判理想目标9％，争取目标8％，必保7％。"

正是在这个"VBA谈判计划"的指导下，2004年，百安居给供货商制定的VBA返利为18％，2005年就增至25％，2006年又增加到34％，其递增的数额完全符合7％—9％的目标。一位业内专家对此评价说，百安居通过提高供货商返利的方式增加自己的利润，完全是一种"抢钱"行为，毫无道理可言，"按照商业规则，增加利润的最佳途径是提高销售额，但百安居却只打供货商的主意，逐年增加供货商的返利，这等于逼迫供货商不断压低成本，最终只能走上偷工减料、粗制滥造的道路，这也是百安居的产品屡次被曝出质量不合格的根本原因"。

陷阱二：假设销售增长压榨供货商

在百安居的"VBA谈判计划"中的"可行性"部分中，有一个名为"YOY＋70％"的条目，对于百安居可以从供货商手中增加3％返利的"可行性"做了如下描述："某供货商2005年向百安居供货额是1000万元，2006年则有可能达到1700万元。假设该供货商毛利率为30％，其中固定成本8％，可变成本15％，利润7％。由于百安居销售增长带来其供货额增加700万元，给其带来新利润700万元×（8％＋7％）＝105万元。根据双赢原则，若供货商同意一半给百安居，即52.5万元，占1700万元的3％。"

雅迪尔橱柜总经理崔寿官向记者表示，稍加分析这段表述就会发现，百安居所谓供货商增加的3％返利完全建立在"假设"和"若"两个词语的基础上，是凭空虚构出来的，根本没有得到供货商的认可，属于百安居霸道的一厢情愿。而这个虚构出来的返利增长率被名正言顺地写进了百安居这个计划中的返利增长目标中，其准确表述如下："分享，百安居应得约3％；节税，百安居让供货商省 2.21%；Other Income，由 VBA 外面转入 VBA 中 4%。三项合计 9.21%。"在这里，通过"假设"和"若"算到供货商头上的 3% 返利变成了"百安居应得"。难怪崔寿官指称百安居是"温柔的流氓"，"其'抢钱'的方式变本加厉，简直无以复加"。

陷阱三："销售保底"暗设玄机

"VBA 谈判计划"还明文规定，实现逐年返利增长的"策略"要"抓大而不放小"，设置"同一子类供货商总毛利贡献率均值与门槛值"，对供货商设定"销售额保底"，由 4 名采购总监、58 名采购经理、54 名助采进行分解落实，全面责任到人。对照 2007 年百安居给雅迪尔的承诺书，发现所谓"销售保底"其实暗藏玄机，通过签承诺书与正式合同的时间差，让供货商不自觉地跌入了一个预设的陷阱。

承诺书第 3 条白纸黑字这样写道："在出具本文件之前，供货商确认已收到百安居交付的 2007 年采购合同标准版本（包括特别条款、一般条款及其各项附件和向百安居支付的各项返利和费用的说明），并且已经完全理解了其中的内容。"然而，雅迪尔橱柜总经理崔寿官却公开表示，在签合同之前，大多数供货商根本看不到合同样本，先签承诺书后签合同是百安居的一大陷阱。"这个陷阱已经通过电脑进行设定，如果没有签承诺书，没有达到百安居预期的保底销售额，与我们谈判的销售员就根本无法从电脑里调出合同来。"崔寿官说，"对于这个承诺书上写着的我们已经认可合同的细节，完全是百安居为了打官司时稳操胜券而故意写上的，事实上我们不签这个承诺书就面临着进不了百安居，这就不难理解为什么百安居一直希望与我们打官司了。"

记者注意到，这份承诺书上给雅迪尔设定的 2007 年在百安居的"最低保证销售额"是 6600 万元，返利为 28%，还要承担 8% 的广告支持，加起来是 36%。除此之外，没有其他方面的约定，更没有完不成保底销售额要承担什么后果。"正式的合同上却规定了完不成保底任务的部分要按比例进行账扣，而签了承诺书之后不签合同已经不可能了，先签保证书还是先签合同其实并不重要，你签也得签，不签也得签。"崔寿官说。

图腾宝佳总经理董纯微向记者透露，百安居通常的做法是年初就和供货商签承诺书，"五一"之后再签合同，那时候一年中最大的一笔销售额已在百安居掌控之中。"在结账前，百安居方面就会有人打电话过来，说签合同吧，不签就不结账，面对如此强权，谁敢不签？"

据记者获得的最新消息，目前雅迪尔、图腾宝佳、宏耐等厂商正在会同

| 媒体应用实务

律师逐条分解百安居的 VBA 谈判计划、合同及合同补充条款，百安居欠款背后更大的秘密不日将公之于众。

阐释者角色主导下的媒体也外在于社会事件，不过，不同于社会事件的报告者，这种角色主导下的媒体站在比较高的位置来观察、分析、解读事件。很自然，这种角色主要体现于危机消退期，因为在这个阶段，整个事件有了比较明晰的发展趋势。

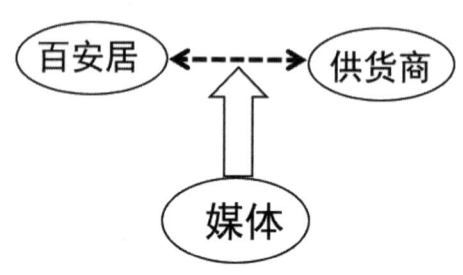

图 2-8 阐释者角色

比如，2007 年 6 月 27 日《上海青年报》中的《供应商与零售商爱恨交加 呼吁家居流通业变革》一文就指出："共赢才是硬道理"：

近年来，国内家居零售行业发展迅速，特别是家居连锁超市异军突起，遍地开花，已经成为传统摊位制卖场之外最重要的零售业态。这些新型零售商业业态的大量出现，对促进家居业的商品流通、扩大消费发挥了积极的作用，并在很大程度上提高供应商品牌知名度。

事件回放

2007 年 6 月 6 日上海雅迪尔居饰用品有限公司（以下简称：雅迪尔）向社会公开宣布在全国范围内停止向百安居供货，这一事件宣告着雅迪尔与百安居从"蜜月般的战略合作伙伴关系"走向决裂，也将双方的矛盾从幕后转到台前。

随后一周内，近 20 个品牌的经销商先后前往上海百安居总部追讨货款，并对雅迪尔的"大胆"行为表示声援。在保持沉默半个月后，百安居于 6 月 21 日向新闻媒体和供应商发表了对欠款事件的情况说明。记者昨日致电百安居相关部门，获知此事仍在协调解决之中，暂无结果。

两者矛盾由来已久

零售商和供应商之间的矛盾从 20 世纪 80 年代中期就存在了。随着零售商日趋组织化、规模化，其在双方关系中的强势地位日渐显现，供应商逐渐失去了与其抗衡、叫板的实力。针对零售商、供应商的违规经营行为，去年11月，国家五部门连发两道"封杀令"——《零售商促销行为管理办法》和《零售商供应商公平交易管理办法》。前道"封杀令"，旨在规范零售商的促销行为，维护消费者的权益；后道"封杀令"主要是针对零供交易中的强势者——零售商的店大欺客行为作出强制约束，同时对供应商的一些不公平交易行为作出规定。《办法》作出了零售商回款不得超过60天的规定。

供应商成"行动的矮子"

记者采访了许多供应商，听到了他们许多不平之气，但他们不敢说出真相，更谈不到依据《办法》的规定，揭发零售商的违规行为，保护自己的合法权益。有供应商表示，现在的零售商基本是全国性甚至是世界性的连锁企业，如果因为维权、告状被封杀，就意味着失去全国市场，对企业来说是灭顶之灾，所以不会轻易有动作。

他们中，有的人一方面抱怨政府有关部门工作不力，没有把上面的规定落到实处，另一方面则等待着政府依据《办法》规定来"解救"他们。有的人则对《办法》能否真正落实持怀疑态度，说："有关反腐败的法律有多少，腐败还不是照样蔓延吗？小小的《办法》又能顶什么用？"还有一些小的供应商在零售商间"穿梭"，他们最乐意听到的是零售商和原来的供应商闹翻，只要有一点可能，他们就会"削尖脑袋"往里钻。

家居流通业面临变革

"雅迪尔"事件彻底捅破了这层窗户纸后，从而在业界引发了一场大规模的讨论，供应商、建材超市、建材卖场、媒体、专家学者及管理部门都加入其中，业内人士认为，"雅迪尔"事件必将促使家居出现新的变革。

北京市场协会家居市场分会秘书长刘晨在出席上海某论坛时说，"我们的系统产销还是一个循环体系，是唇齿相依的关系，彼此都要尊重。我认为和谐是有条件的，首先消费者要赢，第二厂家要赢，第三卖场要赢，如果有一方不赢，不可能和谐。"

据了解，作为零售商的家居卖场正面临"外困内忧"的严峻形势。"外困"是指上游房地产行业调控政策造成家居上游截流。"内忧"是指家装公司"集成家装"理念的倡导、品牌供应商开设专卖店步伐提速、网络团购的火热进行等新兴的销售渠道分流了部分消费者，同时卖场扩能以及互相渗透又加剧了卖场之间的竞争。传统家居卖场要想在日渐激烈的渠道市场竞争中保持优势，必须因时制宜进行变革，做到"扬长补短"，与供应商共同发展。

记者观察

共赢才是硬道理

过去,供应商们每天在全国各地不断地穿梭,不断面临超市和传统市场之间艰难的选择。将来,建材企业面临的不是主观的选择进超市还是进传统的卖场,而是要想如何通过营销的渠道,把产品送到消费者的手中,或者是消费者在当地习惯怎样购物。这样来看,家居卖场前景并非十分乐观,房地产行业调控政策造成家居上游截流,家装业"集成家居"蚕食流通市场份额,产品商试水自建渠道,家居零售商面临"内忧外困"。因此,可持续发展将成为企业的关键点。

而供应商与零售商之间的矛盾,归结在各自争取利润最大化的争执上。双方都需要强大的资金来进行企业扩张,从而良性循环。但被忽略的是,消费者才是这场战争中的核心。如何强强联手,共同赢得市场才是将品牌做大的基石。正如刘晨所言:"多赢,换位思考,只有这样我们的和谐才是我们经营出来的。"

业内声音

博洛尼总经理蔡明:坚持自我走体验路线

博洛尼大概三年前我们在深圳的百安居做,然后被百安居轰出来了。后来我们发现轰得挺好。中国可能不会出现像美国超市占70%以上的份额,其他的只占30%,可能中国是反过来的。我们走的是一种体验的路线,所以博洛尼坚持走体验,这也是我们感觉我们生存得还不错的原因。

好美家副总谢羽:有所为有所不为

在不同的市场的竞争业态是不同的,在我们好美家的发展过程当中,我们遵守一种原则———有所为有所不为。有能力的找符合我生存的市场去做,这可能也是一种注解。至于和品牌商的合作,好美家的理念一直是在和各类品牌上的合作当中不断发展、壮大起来。

建配龙董事长顾问祝申生:品牌联盟是永恒主题

我们这个行业要做大、做强,提升我们品牌的形象,还是要不断地创新。通过行业的整合、上下游的配合,使公司做得更强。我认为品牌的联盟、品牌的战略合作,今后是一个永恒的主题。

第二节 媒体应用基本概念

一、三种传播情境

在媒体应用的视野中,总体上有三种传播情境:人际传播情境、低度中介传播情境和高度中介传播情境。人际传播情境其实应该叫"零度中介传播情境",比如一个村庄或一个小区里的一家小饭馆(小规模社区型机构),基本上只服务这一村庄或这一小区。这一类社会组织与其目标对象之间基本上不需要中介化传播,直接的人际传播就足够了。

低度中介传播情境指试图传播的地域范围或受众范围更广,或者受众情况更加复杂的情境。比如,特定城市中某一稍有规模的饭馆,因该城市中居民的复杂性,这一饭馆在传播过程中不得不通过媒体进行传播,因此,就产生了媒体应用的需求。

高度中介化传播情境指试图传播的地域十分广大的情境,其目标对象的复杂性也更加明显。比如,对于某一外卖餐饮品牌而言,其目标对象分布范围极度广泛,因此,媒体应用的需求程度最高。

表 2-1 传播情境与媒体应用需求

传播情境	媒体应用需求
人际传播情境	零度
低度中介传播情境	中度
高度中介传播情境	高度

中介化传播不仅仅局限于对外传播,同样也包括对内传播:小规模的社会组织,对内传播时可以采取人际传播样式;中大规模的社会组织,对内传播时同样需要中介化传播,因此,同样具有中高度的媒体应用需求。

二、媒体应用概念

从比较功利的媒体应用的角度来看,新闻从来就不是"发生"的,而通常都是需要"建构"的。从这种意义出发,有人认为,媒体应用的本质,其实就是对媒体报道进行的管理。①

本书所谓的"媒体应用"包括媒体应用与应对两个方面。总体上,媒体应用指对媒体进行的更加主动的应用,而媒体应对则指回应性的应用(在实践中往往发生于危机回应的过程中)。在本书中,两者总称为媒体应用;之后提及的"媒体应用",都是这种"总称"。

不过,在众多危机情境下,媒体应对得到了更多的重视。比如,2000年6月,由于脱脂奶粉生产线发生停电,日本雪印公司生产的脱脂奶粉中含有黄色葡萄球菌,致14,780人中毒。雪印食品中毒事件发生后不久,当时的雪印公司社长在走入记者招待会的途中,向蜂拥而至的记者冒出了一句"经典名言":"到现在我还没功夫睡觉呢。"由此引发显著的次生危机,其要点在于:与那么多人中毒相比,涉事公司领导的睡眠却更被重视,两者之间的荒谬对比引发广泛的情感反弹。日本知名公关公司"共同PR"推进局次长渡部秀人说:"一句话给雪印带来了无法估量的损失。以此为契机,忽视媒体应对培训的时代开始发生了彻底的变化。"随后,媒体应对培训在日本开始大行其道。这种培训一般需要1—2天的时间。在讲解"媒体应对要点"之后,即刻进入媒体答问的实战模拟现场。在会见场所,将有5—10个表情严厉的"记者",背后亦有摄影记者手持相机、摄像机严阵以待。②

总体而言,媒体应用策略指所有需要中高度中介化对内对外传播的特定社会组织(也包括所有对外开展策略性传播的个体)为了与媒体建构并维持恰当的关系,进而最终获得符合意图的媒体报道,而选择性采取的各种方式。策略的核心要义是选择,是对所有可供选择的方式方法的选择。③

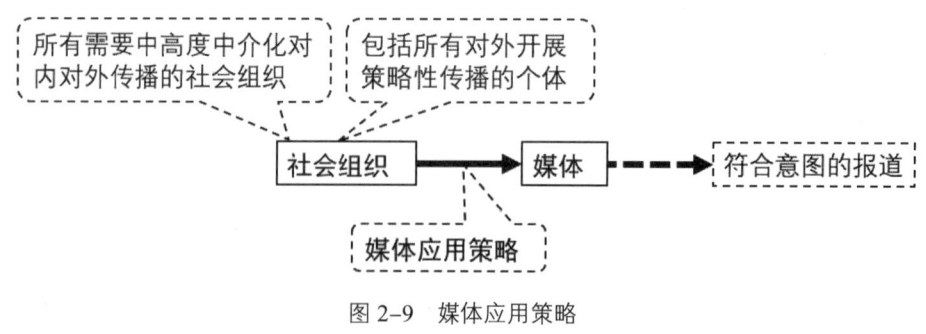

图 2-9　媒体应用策略

---

① LEE M A, SOLOMON N. Unreliable sources: a guide to detecting bias in news media [M]. New York: Carol Publishing Group, 1990: 59.
② 王菁文."媒体应对培训"在日本走热 [J]. 国际公关, 2007 (3): 45.
③ CENTER A H, JACKSON P. Public relations practices: managerial case studies and problems [M]. New Jersey: Prentice Hall, 2003.

这里的"符合意图的报道",在实践中会有不同的具体要求。总体上,在一般的营销传播过程中,主导意图是希望正面的符合传播意图的报道更多;在危机回应过程中,主导意图是希望关注危机事件消极方面的报道更少甚至消失(请参见第一章提及的"删帖"现象),附带希望关注危机回应积极方面的报道更多。

其中所谓的"对外开展策略性传播的个体",不仅仅包括名人(当然更包括网红),也包括日常生活中其他类型的个体,主要是各种有明显形象建构需求的个体(主要包括各种有一定规模的社会组织内部的高级管理者等)。虽然日常生活中的普通个体的对外策略性传播的需求并不那么强烈,但这种需求是不可避免的。比如,大部分社交媒体用户在各自的社交媒体平台分享的内容,其内在或多或少都有或明显或潜在的意图。这就是对外的策略性传播。从这种意义上讲,日常生活中普通个体的社交媒体传播,就属于媒体应用的范畴。只不过日常生活中普通个体的媒体应用,策略性没那么强,同时力度与规模也都比较微弱,因此不在本书的讨论范围内。

当我们讨论所有类型个体的媒体应用时,无法规避的话题是个人品牌建构(personal branding)。个人品牌(personal brand)指某一个体的一系列特征,这些特征被有意识地汇编成差异化的故事和形象,试图在目标对象的心目中建构起比较而言的优势。个人品牌建构指基于个人总体特征建构积极的个人印象的策略性过程。[①] 个人品牌建构观念的基础是:将个体作为一种独特的产品。在实践中,并不是所有人都有明显的个人品牌建构的观念。

媒体应用策略包括两类:"媒体导向的材料"与"媒体导向的活动"。

表 2-2 媒体应用策略

类型	说　　明
媒体导向的材料	发送给媒体的材料,具体包括针对性的说明、背景材料、白皮书、新闻稿等。
媒体导向的活动	以获得媒体报道为意图的活动。

媒体应用与媒体服务(media service)不同。媒体服务不仅提供信息服务,还需要在其他方面提供服务,涉及交通、住宿等十分广泛的领域。[②] 很显然,媒体服务的外延要远远超过媒体应用的范畴。准确地说,媒体服务中的很大成分并不要求有多少策略性。

在实践中,媒体应用的具体表现有如下五项要点需要强调:

---

① GORBATOV S,KHAPOVA S N,LYSOVA E I. Personal branding:interdisciplinary systematic review and research agenda[J]. Frontiers in Psychology,2018(9):1-17.
② 钟新. 服务世界媒体 全方位保障奥运报道:奥运媒体服务的专业性分析[J]. 新闻与写作,2008(9):12-13.

第一，实践中媒体应用方式的选择确定，会受到社会组织中更高级别管理人员的影响。如果有明确的社会组织之外的服务对象（甲方），这些服务对象也可能会直接参与到对媒体应用方式的选择和确定中。因此，社会组织中更高级别管理人员与服务对象（甲方）的认知状态会直接影响到媒体应用方式的最终情形。正是因为媒体应用方式选择过程中有各种影响因素，所以很可能最终的媒体应用方式的状态根本无法清晰显示。

第二，各种媒体应用方式往往会组合使用，这种情况下，不同方式可能聚焦于共同的焦点，但也可能相互干扰。

第三，在应用传播的视角中，媒体应用也只是更大传播策略体系中的一部分。媒体应用方式可能与其他传播方式有效协同工作，但也有可能相互干扰。

第四，媒体应用方式效果的表现会比较微妙复杂，难以简单化评估。不过，实践中更高级别管理人员或服务对象（甲方）很可能会索求简单直接的评估结果。

第五，出于种种原因，部分媒体应用方式可能会招致不同领域公众的批评。

三、媒体应用机构与岗位

在实践过程中，有一些媒体应用岗位并不专职负责媒体应用事务。比如，国外众多旅游目的地会聘请媒体关系代表。

这里仅简要说明专职的媒体应用岗位与部门。

（一）专职媒体应用部门

我们比较熟悉的媒体应用部门是国务院新闻办公室，其最为人熟知的工作之一是就广泛的主题举办新闻发布会。美国国务院也有类似的机构，叫作媒体关系办公室。

其实众多其他社会机构也会设立专职的媒体应用部门。比如，美国康奈尔大学的媒体关系办公室（Media Relations Office），共设有 9 个岗位。

表 2-3　康奈尔大学媒体关系办公室的岗位与职责

岗位	职责
高级主管	校园事务、机构管理
广播工作室主管	电视与广播内容生产
副主管	校园媒体与传播
媒体关系主管（1）	气候与环境、相关话题的专题特写
媒体关系主管（1）	商务、经济与劳工、国际的专题特写

续表

岗位	职责
媒体关系主管（2）	科学与技术的专题特写
媒体关系主管（3）	纽约地区媒体、文化、人文艺术的专题特写
战略传播与媒体关系专员	法律与公共事务、相关话题的专题特写
媒体关系协调员	媒体监测与评估、互联网与社交媒体

（二）专职媒体应用岗位

上述康奈尔大学媒体关系办公室里的各个岗位，就是专职的媒体应用岗位。

媒体应用岗位的专职化，是与媒体应用部门的专门化相辅相成的，是媒体应用活动的重要基础。专职部门都是由专职岗位组成的。

比如，美国NBA球队俄克拉荷马城雷霆队在2023年10月发布的指向2023—2024赛季的《媒体手册》（*Media Guide*）中，就提及球队设有专职的"社交媒体主管"（Social Media Director）、"社交媒体经理"（Social Media Manager）和"社交媒体协调员"（Social Media Coordinator）。① 由此足以显示NBA球队对社交媒体应用的重视。

其实，美国的体育俱乐部或大学、高中运动队都有体育信息主管（Sports Information Director，SID）的职位，包括媒体联络、媒体首要联系人、发言人以及危机管理人员等。

第三节　媒体应用视野中的公众

传播学里的传播对象叫"受众"（audience），这一概念强调的是信息的接收。传播学对"受众"有如下界定：传播所指向的不被传播者了解的（unknown）个体与群体。②

在媒体应用的视野中，传播不仅仅是信息传递那么简单（而是更加复杂的带有意图的传播），与此同时传播的对象也不仅仅是接收信息那么简单（而是在特定活动中扮

---

① Media Guide［EB/OL］.［2024-08-04］.https://cdn.nba.com/teams/uploads/sites/1610612760/2023/10/mediaguide-2324.pdf.
② O'SULLIVAN T，HARTLEY J，SAUNDERS D，et al. Key concepts in communication and cultural studies［M］. London，New York：Routledge，1994：19.

演着关键的共创者角色）。因此，我们这里侧重说明"公众"（publics）的概念。不过，这里的说明并不试图推广"公众"这一概念，只是试图强调一种观念：在媒体应用的视野中，目标对象远远超越"信息接收"的状态。

公众概念与利益关系人（stakeholder）紧密相关又有所不同。对利益关系人的理解，有助于我们对公众这一概念的恰当把握。

一、利益关系人

利益关系人指受到某组织决策影响的任何个人或团体，以及可以影响该组织的任何人或团体。

利益关系人的概念有两项要点：

第一，利益关系人只能对应特定社会组织而言，脱离特定社会组织来谈论利益关系人是没有实际意义的。比如，对苹果公司而言，某人因使用苹果的产品，从而成为苹果公司的利益关系人，这是因为此人在使用苹果产品的过程中，会受到苹果公司相关政策的影响；但当此人停止使用苹果产品，此人将不再受到苹果公司政策的任何影响，因此此人将不再是苹果公司的利益关系人。

因此，特定组织与其利益关系人的关系也处于持续的转变之中。这种持续转变的关系状态迫使社会组织在特定状况下不得不确定需要特别关注哪些群体而暂时忽视另外的一些群体。[1]

第二，假如此人在停止使用苹果产品之后，仍旧持续关注苹果公司，仍旧对苹果公司的产品或行动进行公开评论的话，此人仍旧属于苹果公司的利益关系人，因为此人的言行会影响到苹果公司。只不过，这种影响的程度，基于此人拥有的社会影响力（请参见下文的"影响力"）。这种影响可能是实际的，也可能是潜在的。只有在一定条件下，潜在的影响才能得以显现。

基于此，对于特定社会组织而言，其利益关系人包括两类：主动利益关系人与受动利益关系人。前者指对特定社会组织产生实际或潜在影响的利益关系人，后者指受特定社会组织实际或潜在影响的利益关系人。

---

[1] PFEFFER J, SALANCIK G R. The external control of organizations: a resource dependence perspective [M]. New York: Harper & Row, 1978.

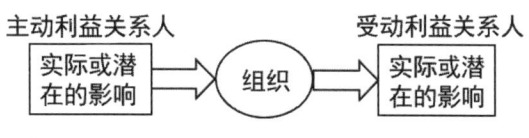

图 2-10 两类利益关系人

利益关系人的属性包括三个方面：影响力（power）、合法性（legitimacy）和动力（urgency）。[①] 影响力指不同对象之间的一种关系。在这种关系中，甲方可以让乙方去做某件事，而乙方却不能。合法性指在特定社会阶段的价值观念体系中，公众对特定组织行为是否合适、是否恰当的总体认知与判断状态。动力指公众提出某种诉求的急切程度。基于这三个方面，利益关系人可以分为 7 类。

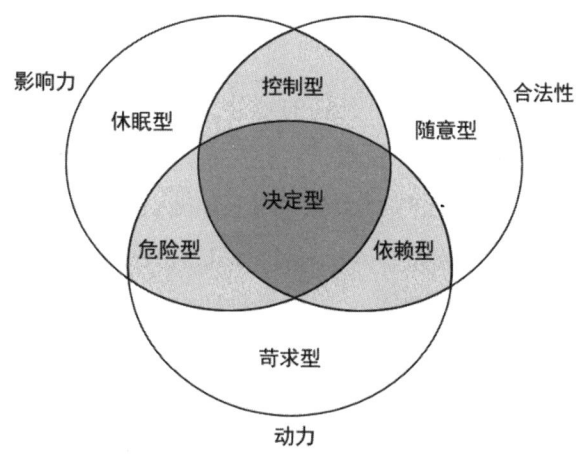

图 2-11 7 类利益关系人

其中，最中心的决定型利益关系人，兼具三种属性，对特定社会组织而言，是最需要聚焦的一部分利益关系人。

最外层的三种类型仅具备一种属性：休眠型利益关系人仅具备影响力但缺乏足够的动力与合法性；苛求型利益关系人仅具备动力但缺乏足够的影响力和合法性；随意型利益关系人仅具备合法性但缺乏足够的动力与影响力。因此，休眠型利益关系人虽有足够影响力但就是无所表现，苛求型利益关系人虽很急切但几乎什么也做不了，随意型利益关系人虽有资格行动但也无所表现。

中间层的三种类型兼具两种属性：控制型利益关系人有资格也有影响力但缺乏足

---

① MITCHELL R K, AGLE B R, WOOD D J. Toward a theory of stakeholder identification and salience: defining the principle of who and what really counts [J]. Academy of management review, 1997, 22 (4): 853-886.

| 媒体应用实务

够动力；危险型利益关系人有动力也有影响力但缺乏足够合法性；依赖型利益关系人有动力也有合法性但缺乏足够的影响力。因此，三种利益关系人只要有机会获得第三种属性，便会立即成为中心的决定型利益关系人。但是，三类利益关系人成为决定型利益关系人的路径不同。

比如，1996年7月17日，美国环球航空公司客机在大西洋上空爆炸坠毁。在这次事件中，美国联邦调查局（FBI）出人意料地成为航空公司的利益关系人，因为FBI怀疑是恐怖活动导致了飞机的坠毁。对于坠机事件中的美国环球航空公司而言，美国联邦调查局具有显著的合法性、影响力和动力。因此，在这次事件中，美国联邦调查局就是美国环球航空公司的决定型利益关系人。但是，在一般例行的航行过程中，美国联邦调查局虽然具备显著的影响力和合法性，但并没有动力去直接影响美国环球航空公司。因此，在一般情况下，美国联邦调查局仅是美国环球航空公司的控制型利益关系人。

其实，学界对于利益关系人还有其他的划分，其中一些划分明确强调了媒体的重要角色。比如，依据利益关系人的性质，利益关系人可以分为四类：社区利益关系人（community stakeholders）、组织利益关系人（organizational stakeholders）、法规利益关系人（regulatory）、媒体利益关系人（media stakeholders）四大类。[①] 很显然，媒体在所有利益关系人中占据独特的地位。另外一种四分体系是将利益关系人分为支撑性（enabling）、功能性（functional）、认同性（normative）与扩散性（diffused）四种。[②] 支撑性利益关系人操控着社会组织赖以生存的资源，包括股东、管理机构等。功能性利益关系人密切关系着特定社会组织的输入与输出，包括员工、行业协会、供应商与消费者等。危机情境下，这一类利益关系人还包括另外一类群体——危机事件受害者。认同性利益关系人拥有与特定社会组织类似的价值观或者面临着类似问题，包括行业联合会、专业组织等。扩散性利益关系人与特定社会组织之间没有直接的关联，只有当该组织的活动导致相当的外在社会性影响时才会显示出特定的影响，包括媒体、社区等。这一划分凸显了作为利益关系人的媒体的特征，为公共关系活动中的媒体应用提供了认知角度。

---

① HENRIQUES I, SADORSKY P. The relationship between environmental commitment and managerial perceptions of stakeholder importance [J]. Academy of management journal, 1999, 42（1）: 87–99.
② DOUGHERTY D. Crisis communications [M]. New York: Walker and Company, 1992; RAY S J. Strategic communication in crisis management lessons from the airline industry [M]. Westport, CT: Quorum. 1999.

二、公众

公众与利益关系人的概念紧密关联,但又明显不同。

两者都关注与特定社会组织相关联的对象,但利益关系人仅在战略层面加以关注(通俗地说,就是泛泛关注),而公众则关注具体事务中的对象(通俗地说,就是具体到特定事务中)。

因此,当我们关注特定具体的媒体应用活动时,我们就不得不讨论公众,且需要对公众加以细分。

我们可以通过两个标准来对公众进行划分:公众对特定对象的"了解"(knowledge)以及他们对特定对象(特定问题、议题、组织、产品、服务、候选人、项目等)的"参与"程度(involvement)。① 这里的"参与"程度与前述的"动力"一致。由此我们可以感受到"公众"与"利益关系人"两个概念之间的微妙差异:利益关系人概念强调的是利益关系人与特定社会组织之间的利益关联,而公众概念强调的是公众对特定事务的关注程度及参与程度。

依据这两项标准,我们可以将公众分为四类:被动公众(inactive publics)、知觉公众(aware publics)、唤醒公众(aroused publics)与活跃公众(active publics)(见图2-12)。②

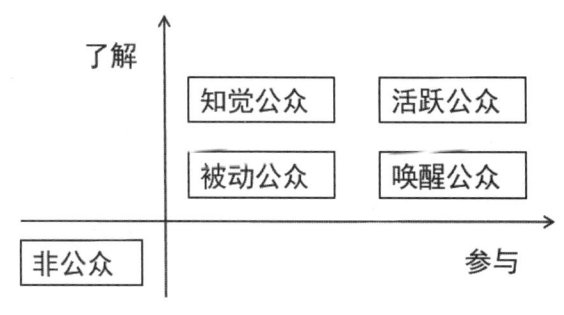

图 2-12 公众的分类

活跃公众指对特定事务既熟悉又十分关注的个人与群体。唤醒公众指对特定事务的了解程度比较低,但十分在意的个人与群体。这部分公众往往是被激发起来的,但

---

① BARKI H, HARTWICK J. Measuring user participation, user involvement, and user attitude [J]. MIS quarterly, 1994: 59-82.
② HALLAHAN K. The dynamics of issues activation and response: an issues processes model [J]. Journal of public relations research, 2001, 13 (1): 27-59.

缺乏组织性，不过一旦这部分公众对特定的对象有了比较高的了解程度之后，便会转变为活跃公众。唤醒公众与留意公众（attentive publics）[1]类似，是活跃公众的潜在跟随力量。知觉公众指对特定事务相当熟知但又不十分在意这一议题的个人或群体。这一部分公众往往承担着舆论领袖的角色，因为这一部分公众往往具备比较高的教育水平、比较丰富的经历或比较显著的社会地位。知觉公众自身并不十分热衷于参与，但是他们可能会加入其他人组织的活动中。被动公众对特定事务的了解不多同时关注度也不高。非公众指对特定事务毫不了解也不关注的个人与群体。这一概念更大程度上只是一个理论意义上的概念，在实践中的应用并不便利。

在具体的媒体应用过程中，并不需要关注活跃公众，真正需要紧密关注的是知觉公众、被动公众和唤醒公众。这三类公众的具体传播需求各有不同：面对知觉公众，应当更加侧重鼓动性传播（强化其参与的动力）；面对被动公众，应当同时兼顾信息性传播（强化其了解程度）和鼓动性传播；面对唤醒公众，则需要进行信息性传播。比较而言，面对知觉公众与被动公众时，传播难度更大。

第四节　媒体逻辑

媒体逻辑（media logic）指不同媒体（同样包括社交媒体）运行的基本样式，包括内容的选择、组织、展现等方面的基本机制与规律等。[2]简明而言，这种逻辑就是媒体报道所遵从的惯例。它像一只无形的手，影响着媒体的报道实践。

在媒体应用的视野中，无论是向媒体发送材料还是针对性举办活动，媒体逻辑都是所有思路的起点。

对于受众十分熟悉的媒体而言，受众对其逻辑十分熟悉，以至于会潜移默化自然而然地进行解读。因此，在实践中，无论传播者在传播内容时还是受众在接收内容时，都仿佛从没感受到媒体逻辑的存在。

比如，2013年年初，中国传媒大学保安陈胜报考中国传媒大学播音专业双学位的事情得到了一些媒体的报道。不过，不同媒体的报道侧重点存在着明显的差异。这种差异体现的是媒体报道的内容偏向：媒体渠道之间存在着比较明显的内容属性偏向；或者说，同样的内容，在不同的媒体渠道会有明显不同的关注度。

---

[1] COBB R W, ELDER C D. Participation in American politics: the dynamics of agenda-building [M]. Boston: Allyn & Bacon, 1972.

[2] ALTHEIDE D L, SNOW R P. Media logic [M]. Beverly Hills: Sage Publications, 1979.

这也是媒体逻辑的重要维度：媒体内容的生产逻辑。对于熟悉这些媒体的观众而言，对这种内容偏向现象并不会产生明显的感受。

表2-4 保安报考播音专业双学位的相关报道

媒体平台	时间	标题	内容侧重点
北京卫视	2013年2月23日	传媒大学保安欲圆播音梦	关于陈胜个人考试准备以及陈胜在校园内的众多日常事务（显著的记录性）
北京卫视	2013年5月15日	传媒大学保安终圆播音梦	关于考试成功后的陈胜在校园内的众多日常事务（显著的记录性）
北京卫视	2013年9月6日	保安陈胜终圆梦成为传媒大学播音系学生	关于报名过程中的陈胜在校园内的众多日常事务（显著的记录性）
辽宁卫视	2013年5月13日	中国传媒大学校园保安考上播音主持专业	侧重陈胜的备考过程
中央电视台	2013年3月20日	传媒大学保安哥为梦想执着努力	侧重青年人的奋斗精神
中央电视台	2013年5月12日	北京：传媒大学保安考上播音主持专业	侧重青年人的奋斗精神

媒体内容为什么出现这么明显的偏颇？因为媒体报道内容受到众多内外因素的影响。内部因素包括媒体人员个人的背景与价值观、报道的惯例、媒体组织的所有权结构和经营压力等；外部因素包括消息来源、广告主、受众、市场与科技的影响以及意识形态等。这些因素分为由内而外的五个层面：个人层面（individual level）、媒体惯例层面（media routines level）、组织层面（organizational level）、媒体外部层次（media extramedia level）、意识形态层面（ideological level）。这就是媒体的"影响阶层模式"（hierarchy of influences model）。①

与之相似，有人曾经提出，媒体新闻生产过程合计有十三类参与者，包括投资者、经营者、客户、生产者、受众等。这些参与者在媒体报道过程中担任着不同的"权力角色"（power role），不同权力角色之间的关系此消彼长，决定着新闻报道的最终状态。②甚至还有人直接提出：新闻报道是媒体中新闻生产部门之外各种"竞争组织"（competing constituency）之间拉锯战的结果。③

---

① SHOEMAKER P J, REESE S D. Mediating the message [M]. New York: Longman, 1996: 149.
② TUROW J. Media industries [M]. New York: Longman, 1984; TUROW J. Media systems in society [M]. New York: Longman, 1992.
③ GANS H J. Deciding what's news [M]. New York: Pantheon, 1979.

> 媒体应用实务

  还有一种说法认为，传统意义上的记者，是负责收集有报道价值的信息并加以传播的人员，但实际情况要复杂得多，因此，在实践当中，"新闻"只是报道的过程，就是"记者"所做的事情，而"记者"就是首先为了生存而参与到报道过程中的人员。①在这种视野中，"记者"就一定会受到各种内外因素的影响，不可能仅仅只关注信息自身的价值。

  社交媒体中同样存在着内容偏向，甚至更加强烈。

  在多种媒体渠道之间都获得明显关注度的状态，可以称为"媒体普适度"较高。比如，耿帅（网名"手工耿"）被称为"网络发明家"，他在知乎、哔哩哔哩网站（下文简称为 B 站）、抖音、微博甚至 YouTube 上都有较高的关注度。其媒体普适度就比较高。

  比如，2023 年 6 月 21 日时，手工耿在 B 站有关注者 740.5 万，视频合计 202 条，其中，浏览量超过 100 万的视频有 191 条，仅有 11 条视频浏览量未超过 100 万。获得最高浏览量的视频是《自制战斗机式的打水仗摩托车》（发布于 2022 年 7 月 28 日，截至 2023 年 6 月 21 日，浏览量为 1596.9 万）；获得最低浏览量的视频是《螺母开瓶器》（发布于 2018 年 10 月 1 日，截至 2023 年 6 月 21 日，浏览量为 73.4 万）。知乎有关注者 21.5 万人，视频合计 81 条，浏览量超过 100 万的视频有 25 条。获得最高浏览量的视频是《自制电动开门器》（发布于 2021 年 11 月 2 日，截至 2023 年 6 月 21 日，浏览量为 548 万）；获得最低浏览量的视频是《做了一个大呼啦圈，下期视频的小花絮》（发布于 2022 年 5 月 6 日，截至 2023 年 6 月 21 日，浏览量为 3.1 万）。

  再比如，毕啸天（网名"毕导"），截至 2023 年 6 月 21 日，在 B 站的关注者有 494.6 万，视频合计 128 条，浏览量超过 100 万的视频有 63 条。获得最高浏览量的是《我扒了全国 50 所高校的知网采购费，被坑得最惨的学校竟然是它……》（发布于 2022 年 4 月 26 日，浏览量为 524.6 万）；获得最低浏览量的是《跟着我有肉吃！快使用肉馅挖掘机！》（发布于 2018 年 10 月 10 日，浏览量为 6.2 万）。其在知乎有关注者 252 万，截至 2023 年 6 月 21 日，已经发布视频合计 48 条，浏览量超过 100 万的视频有 38 条。获得最高浏览量的是《难言之隐！上厕所时如何科学压住水花，防止屁屁被溅湿？》（发布于 2020 年 4 月 6 日，浏览量为 3538 万次）；获得最低浏览量的是《记住两句简单口诀，保你石头剪刀布胜率超过 80%》（发布于 2021 年 4 月 13 日，浏览量为 40.3 万）。

  总体来看，仅就 B 站和知乎而言，手工耿和毕导在普适度方面相差并不明显。

  再来看李子柒。截至 2023 年 6 月 21 日，其 B 站的关注者有 761.9 万，视频合计

---

① KRUCKEBERG D. International journalism ethics［G］// MERRILL J C. Global comprehensive guide. White Plains, New York: Longman, 1995: 77–87.

143 条，浏览量超过 100 万的视频有 108 条。获得最高浏览量的视频是《听说爱吃螺蛳粉的朋友，都很可爱啊！》（发布于 2019 年 8 月 6 日，浏览量为 912.3 万）；获得最低浏览量的视频是《荷（二）荷花茶》（发布于 2016 年 8 月 27 日，浏览量为 36.3 万）。不过，截至 2023 年 6 月 21 日，我们并没有在知乎平台发现李子柒的账号（虽然有名为"李子柒"的账号，但都无法确证是否为其本人账号，且关注度都非常低）。然而，李子柒在 YouTube 上的人气却十分火爆。

2023 年 7 月 7 日，李子柒在 YouTube 频道的关注者是 1760 万，视频合计 128 条，所有视频的流量都超过 100 万。最高流量的视频名叫《A special program on New Year snacks 年货小零食特辑——花生瓜子糖葫芦，肉干果脯雪花酥》（发布于 2019 年 1 月 31 日，浏览量为 1.2 亿）；最低流量的视频名叫《Special pigeon soup, it's good for you when the spring comes 春暖花开，来一碗梅花鸽子汤补补元气！》（发布于 2018 年 3 月 16 日，浏览量为 341 万）。

相比而言，手工耿和毕导在 YouTube 的人气差得多，尤其是后者。

手工耿在 YouTube 频道的关注者有 32.9 万，视频合计 141 条，流量超过 100 万的视频有 9 条。最高流量的视频名叫《废物利用自制全能"香皂车"Retrofit an Electric Car with Recyclable Waste.》（发布于 2021 年 4 月 11 日，浏览量为 205 万）；最低流量的视频名叫《MY NEW WORKSHOP is almost done！新工作室即将完工》（发布于 2021 年 5 月 14 日，浏览量为 2.1 万）。毕导在 YouTube 频道的关注者有 1 万，视频合计 31 条，没有一条视频流量超过 100 万。流量最高的视频名叫《学渣的绝地求生！如何快速肝出一篇优秀的学术论文？》（发布于 2020 年 5 月 8 日，浏览量为 6.9 万）；浏览量最低的视频名叫《SNP 理论的重大突破！刷牙和便秘，人类的进出口竟然高度统一？》（发布于 2022 年 9 月 2 日，浏览量为 0.15 万）。

按照总体的媒体普适度来看，手工耿最强，其次是毕导，李子柒最差。这大概体现出了不同媒体渠道的内容偏向，也大概显示出了内容属性与媒体渠道之间存在的大致匹配关系。

第五节　媒体评估

媒体评估可以为媒体应用提供思路基础。

最简单的媒体评估方式是计算报道数量。这种方式十分粗放，但至今为止仍被经

> 媒体应用实务

常使用。比如,下文①的说明就是如此:

2006年8月,北京网络媒体"红色故土行"采访活动结束当天,通过百度搜索,关于"红色故土行·贵州"查询结果的链接达10万余条,充分显示了网络媒体对外宣传贵州的影响力。

贵州"外宣年"一系列重大主题活动的推出,引起了中央新闻媒体及境外驻黔媒体的高度关注。据统计,2006年,中央及香港驻黔新闻媒体共发表一版独立头条新闻46篇,一版综合头条、独立二条、报眼和其他版面独立头条新闻331篇。其中《人民日报》刊发重要位置稿件35篇、一版头条稿件8篇;新华社贵州分社有200多篇(幅)稿件被《人民日报》(含海外版)刊用,有多篇内参被中央领导批示;中央电视台各档新闻节目播出贵州的新闻757条次,其中《新闻联播》播出123条;《光明日报》刊发重要位置稿件8篇、一版头条2篇;《经济日报》发稿89篇(幅)、一版头条2篇;中央人民广播电台播发广播稿331条;《大公报》、《文汇报》、《香港商报》3家香港媒体发稿478(条、幅)。

同时,我省努力扩大与外界媒体的交流与合作。美国、香港的一些媒体纷纷开设《多彩贵州》新闻专版和《多彩贵州》专栏,全面介绍贵州经济社会发展的新成就,反映我省各地城乡的新风貌。我省有关部门与外交部新闻司合作,组织美国美联环球电视新闻、日本广播协会和《赤旗报》、《苏维埃白俄罗斯报》、《秘鲁商报》、俄罗斯电视一台驻华记者赴贵州采访;邀请泰国曼谷摄影学会、电视台来黔采访、考察;组织贵州电视台与香港亚洲电视台联合拍摄10集文化旅游系列专题片,在珠三角地区、香港和东南亚的30多家电视台播出,掀起了一股"贵州热"。

据统计,仅多彩贵州旅游形象大使选拔大赛期间,省内各大新闻媒体就累计播发大赛电视形象广告15万余次、广播广告11万余次、报纸广告1100余个半版;刊登有关大赛的消息、通讯、图片、专题报道上万篇(幅),并电视现场直播了9场复赛及5场决赛。

"遵义会议永放光辉"展览期间,省内主要新闻媒体又发稿400多篇,做到了宣传报道"一天一个话题,一天一个亮点"。

除了简单的数量计算这一媒体评估方式之外,还有一些便利常用的媒体评估方式。

---

① 谌贵璇.回眸2006贵州"外宣年"[J].当代贵州,2007(7):26-29.

第二章 媒体应用的基础

一、广告相当价值

（一）基本概念

"广告相当价值"（Advertising Value Equivalent/Advertising Value Equivalency，简称 AVE），即将特定报道换算成相同量的广告的价值，这种价值往往用广告费来代替，所以这一概念也被称为"广告相当费用"（Advertising Cost Equivalent，ACE）或"广告费用相当价值"（ACE PR Value）。① 这一评估方式最早于 1947 年正式提出，② 至今为止持续遭遇批评。常见的批评有两种：第一，广告与媒体报道根本就不可同日而语，不具备可比性，因此有人曾经说，"本质上这相当于拿苹果与橘子比"；第二，实践中的广告投放费用绝非公开声称的广告刊例那么简单（比如，实践中的广告可能以"打包"名义与其他发给媒体的材料整合投放，费用会明显降低）。

不过，广告相当价值在实践中的应用却从未减弱过。比如，2009 年美国的一项调查显示，广告相当价值是第三大评估方法，且 35% 的受访者对广告相当价值"满意"或"十分满意"。③ 广告主常会有这样的质疑："我投入的钱值得吗？"这是媒体应用人员经常不得不回应的十分棘手的问题；这种情况下媒体应用人员要解决问题最需要的是用具体数字来回应质疑。同时，正是因为这一评估方式持续遭遇批评，在实践中广告相当价值有时也被模糊地称为"媒体价值"（media value）。

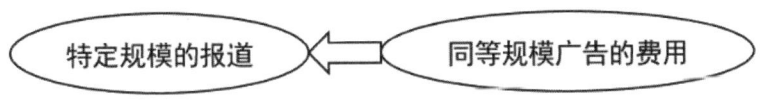

图 2-13 广告相当价值

比如，2005 年 8 月 9 日至 20 日，中国科普研究所赴澳大利亚、新西兰科普考察团赴澳大利亚和新加坡进行了为期 12 天的科普考察，结束后对参加澳大利亚科学节、科

---

① 英文中还有其他一些称呼，要么聚焦到"价值对等"，要么聚焦到"费用对等"，还有的聚焦到"空间对等"。这些称呼反映出在这一评估指标方面认知的不同侧重点。比如：Equivalent Advertising Value (EAV)；Advertising Equivalency Value (AEV)；Advertising Space Equivalents (ASE)。英文中甚至还有"广告回避成本"（Advertising Costs Avoided，ACA）的说法，强调的是通过媒体报道，回避了广告投放的成本。

② PLACKARD D H, BLACKMON C. Blueprint for public relations [M]. New York: McGraw-Hill, 1947.

③ DANIELS M, GAUNT R. How do you measure up [C]. Presentation to the first European summit on measurement, Berlin, Germany, 2009.

学周、创新节的效果进行了评估。而评估效果时所采用的评估方式就是广告相当价值。

表2-5 科普考察团媒体报道状况

栏目	信息（栏目）	AVE
报刊	22	$33308
广播	102	$16390
互联网	2	$200
合计	126	$49898

苏格兰国家博物馆（National Museums of Scotland）媒体资料办公室（Press Data Bureau）曾对2005年举行的恐龙展的媒体报道进行评估（自2004年12月30日至2005年4月30日）。[1]最终共发现符合要求的52条报道，对其价值的评估也使用了广告相当价值这一指标。

表2-6 苏格兰国家博物馆恐龙展媒体评估

	报道数量	AVE
印刷媒体	42	£76493.26
广播媒体	6	£20098.48
新媒体	4	£2000.00
合计	52	£98591.74

（二）广告相当价值计算方法

下面用具体案例来大概说明广告相当价值的计算方法。

2013年7月17日，《信息时报》与《北京晚报》同时刊登一条报道《李娜温网归来助"打假"昆仑山百万瓶免费水升级》。[2]很明显，这不是一条媒体方面自然例行的新闻报道，而是来自昆仑山公司的软文。基于后文提供的软文分类，这条软文属于新闻式软文；尤其是《北京晚报》的版面组合方式（将这一软文与昆仑山广告并置），使其"软文感"更加强烈。

---

[1] Press Data Bureau（2005）National Museums of Scotland–Dinosaurs Alive! Coverage［EB/OL］. （2011-08-30）［2023-03-05］. http://www.pressdata.co.uk/PDFs/sample_report_2.pdf.

[2] 李娜温网归来助"打假"昆仑山百万瓶免费水升级［J］.信息时报，2013-07-17（A15）；李娜温网归来助"打假"昆仑山百万瓶免费水升级［J］.北京晚报，2013-07-17（49）.

图 2-14 《李娜温网归来助"打假" 昆仑山百万瓶免费水升级》

这一报道的广告相当价值的计算步骤见表 2-7。

表 2-7　广告相当价值的计算步骤

步骤	说明
1	计算某一报道的面积或时长
2	查找所在媒体当年广告刊例（即所在版面或时段相应位置投放广告时所需的费用）
3	乘以合适的系数（在实践中这一系数十分"随意"，有人提出 2、3、5 或 8 都可以，另有人认为 1.5 到 6 之间都可以，甚至有人认为 10 都是可以的；总体上建议乘数范围在 3—5；有时并不乘以系数）

这里有两项要点需要说明：第一、这里的"系数"，也被称为"可信度系数"（credibility multiplier），指的是媒体具备第三方认证效应（third-party endorsement），可信度更高；第二、如果同一天在同一媒体同时刊发了多条关于同一对象的报道，需要按条多次计算。

二、媒体印象数

"媒体印象数"（impressions）指可能有机会接收到特定内容的公众的数量，因此，本质上应该称为"可能接收数"。①

由于可能存在重复接收的情况（重复阅读、传阅、重复收听、重复观看等），因此，理想状态下媒体印象数的计算公式是：媒体印象数 = 接收公众的人数（接收人

---

① 对应英文说法有：opportunity to see，简称为 OTS；opportunity to hear，简称为 OTH。

数）×平均接收次数（接收次数）。然而，在实践中，这两个数据（尤其是重复接收方面的数据）几乎不可能确定。因此，具体实践中往往使用发行量、收视率、收听率等数据替代表示。

比如，前述的苏格兰国家博物馆的恐龙展评估，就使用发行量、收视率等数据来替代表示媒体印象数的。

表 2-8 苏格兰国家博物馆的恐龙展的媒体印象数

	报道数量	媒体印象数
印刷媒体	42	22,784,704
广播媒体	6	2,790,000
新媒体	4	926,000
合计	52	26,500,704

因此，在评估实践中，媒体印象数这一指标的价值并不明确，仅仅能够代表一种大概的趋势。

三、传播速率

本书所说的传播速率包括两项内容：特定内容获得的浏览量（reach，即接收者的数量）及传播的速度（velocity，即传播所用的时间）。

与前者直接相关的是信息增殖率（reproduction rate，简称为 R），表明特定内容接收者数量的变化。信息增殖率的临界值是 1 时，即每 1 名信息接收者只将信息继续转发给 1 名新接收者。当信息增殖率大于 1 时，即每 1 名接收者将信息转发给超过 1 名新接收者；当信息增殖率小于 1 时，即并不是所有接收者都继续转发信息，且即使在转发信息的情形中，每 1 名转发者也无法确保可以继续将信息转发给 1 名新的接收者。

当信息增殖率是 2 时，即每 1 名信息接收者都将信息转发给 2 名新的接收者；当信息增殖率是 4 时，即每 1 名信息接收者都将信息转发给 4 名新的接收者。因此，当信息增殖率数字较大时，信息的散播速率会非常"恐怖"。

当把内容散播的时间维度加进去之后，我们就有了图 2-15 所表示的情形。

图 2-15 大概显示出三种信息增殖率的总体趋势线。不过，当信息增殖率小于 1 和大于 1 时，表示信息增殖率数值的差异越大，趋势线的差异也会明显加大。

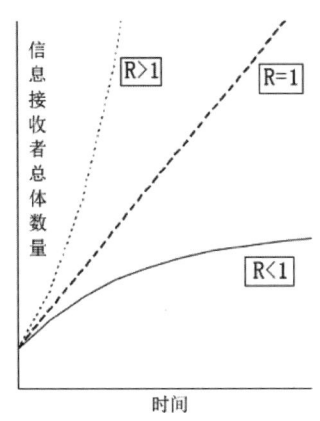

图 2-15 信息增殖率与信息散播情形

不过,如果将信息生命周期考虑进来的话,任何一条信息的全程增殖率都不会大于 1,因为任何一条信息的生命周期都会经历上升期,也会经历衰退期(见图 2-16)。

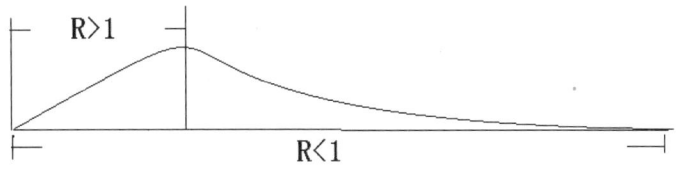

图 2-16 信息传播生命周期与增殖率

我们将特定内容的传播速率分为四种情况(请见表 2-9)。

表 2-9 媒体内容的传播速率

传播状态	说明	上升期信息增殖率
病毒式传播	大浏览量+快速(又快又多)	大幅度大于 1
长尾式传播	大浏览量+慢速(只多不快)	微弱大于 1
跳蚤式传播	小浏览量+快速(不多且瞬间消失)	大幅度小于 1
涓流式传播	小浏览量+慢速(不多且细微散播)	微弱小于 1

按照传播速率来看,一条媒体内容的传播状态包括两个维度:第一,视频的穿透力(出圈状态),指相对浏览量(relative reach,简称 RR),即一条视频某一时间点的浏览量减去发布者该时间点的关注者数量;第二,视频的传播速率,指达到这一浏览量所需的时间,即相对时间(relative time,简称 RT)。这两项指标较为适合社交媒体内容的传播状态。

基于上述两项指标，特定媒体内容的传播状态的大概评定方式是：

传播状态值 = 相对浏览量 ÷ 相对时间

本质上，这一数值表明特定内容平均每天获得的浏览量。这个数字越大，表明内容的传播状态越好。当然，这一数值仅在比较含义方面使用时才更有价值。

比如，名叫"Jon Deak"的用户在2016年5月20日将名叫《丘巴卡面具夫人》（*Chewbacca Mask Lady*）的视频发布于YouTube。其内容十分简单：视频中出镜的女士坎迪斯·佩恩（Candace Payne）时年37岁，是美国得克萨斯州一名普通的居家型女士，她直视镜头，表达自己对《星球大战》的喜爱，然后戴上丘巴卡面具，大笑不止。

图2-17 《丘巴卡面具夫人》的视频截图

截至2021年10月9日，该视频已经获得13,107,807次观看；其频道关注者为1.53万。其相对时间约1964天，相对浏览量约12,000,000，传播状态值约6100。这一数值的含义是：这条视频发布后至2021年10月9日，平均每天获得约6100次浏览量。

基于这一数值，不同内容获得的传播状态可以进行简明的横向对比。

第三章 媒体的体系

在媒体应用的视野中，我们可以从不同的维度来对媒体加以区分。不过有一些维度的意义其实并不明显。比如，有人按照获得报道的路径不同，将媒体区分为三种："购买媒体"（paid media）、"自有媒体"（owned media）和"赢得媒体"（earned media）。所谓"购买媒体"指可以通过付费（直接或间接）获得报道的媒体；"自有媒体"指完全掌控的媒体，因此可以自如获得报道；"赢得媒体"指基于付费（直接或间接）之外的方式获得报道的媒体，因此这一类媒体也被称为"未支付媒体"（unpaid media）。这种划分对于媒体应用的意义并不明显，这是因为：第一，这种区分并没有揭示媒体应用含义上的启示；第二，付费方式（直接或间接）之外，仍可能包含私人关系的因素；通过私人关系获得报道，同样是一种非正式的方式，跟"购买"方式本质上并没有绝对差异。

第一节 媒体的可控性

一、基本概念

在媒体应用的含义上讲，媒体大致分为两类："可控媒体"（controlled media）与"不可控媒体"（uncontrolled media）。[1]

可控媒体指应用者可以实际控制的媒体，比如内刊（内刊一定程度上可以成为其他媒体的消息来源）、年度报告（包括专门针对媒体的年度报告，尤其是上市公司专门

---

[1] BASKIN O W, ARONOFF C, LATTIMORE D. Public relations: the profession and the practice [M]. Madison, WI: Brown & Benchmark Publishers, 1997: 167.

向财经媒体发布的特定年度报告)等。不可控媒体指应用者无法实际控制的媒体。①

在使用可控媒体时,应用者可以控制说什么、如何说、什么时候说,甚至一定程度上还可以控制对谁说。对于可控媒体而言,应用者可以确定媒体的内容与方式,这样的媒体还有直邮、招贴、广告等。在使用不可控媒体(如特定机构之外的报纸或电视等)时,应用者在媒体内容决策过程中难以发挥直接影响;在这个过程中,决定着报道什么、如何报道、什么时候报道、对谁报道的是媒体把关人。②

有时情况比较复杂,需要视情况而定。比如,对于特定组织而言,其内部报纸属于可控媒体,而该组织外部的报纸则明显属于不可控媒体。从这种意义上讲,媒体关系活动的核心对象是不可控媒体。

这里需要特别强调的是,"可控"与"不可控"并非绝对的概念,更多强调的是度的含义。因此,更准确的说法应当叫"媒体的可控性"(见图3-1),这种可控性表现为一条连续轴。

图3-1 媒体的可控性连续轴

对于特定社会机构而言,所有的媒体都位于这条连续轴的某一点上。因此,某一社会机构可以对经常互动的媒体进行具体界定,进而大致判断出总体的媒体可控性状态。理论上,总体的媒体可控性越强,对于该社会机构而言就越有利。

总体上,在这一连续轴上十分偏左位置的媒体,可以称为"明显不可控的媒体",而位于距离中心稍偏右位置的媒体,一般简称"不可控媒体";与之相应,这一连续轴十分偏右位置的媒体,可以称为"明显可控媒体",位于距离中心稍偏左位置的媒体,一般简称"可控媒体"。

以2010年广州亚运会为例。③ 广州亚运会组委会开通的官方网站、亚运会官方杂志,都属于典型的可控媒体。除此之外,广州亚组委还与世界三大通讯社(美联社、路透社、法新社)及亚洲45个国家/地区的注册媒体建立了良好的合作关系,通过世界新闻媒体大会和世界转播商大会、官方网站媒体服务专栏以及媒体出版物等途径,与世界各大媒体机构进行友好、顺畅的沟通。对于广州亚运会组委会而言,这些媒体

---

① BASKIN O W, ARONOFF C, LATTIMORE D. Public relations: the profession and the practice [M]. Madison, WI: Brown & Benchmark Publishers, 1997: 492.
② CUTLIP S M, CENTER A H, BROOM G M. Effective public relations [M]. New Jersey: Prentice-Hall International, 1994: 259.
③ 夏宝君. 基于城市形象建构下的体育赛事传播策略:以2010年广州亚运会为例[J]. 新闻界, 2010(5): 58-59.

在上述连续轴中处于偏右的位置,具备更加明显的不可控性。

对于绝大部分社会组织而言,不得不持续面对不可控媒体。比如,《史蒂夫·乔布斯传》一书中就有这样的描述,乔布斯当时不得不"应付"《滚石》杂志,很明显至少在当时的情境下,对于苹果公司以及乔布斯而言,《滚石》杂志属于不可控媒体:

> 当时还在《滚石》杂志工作的科技作家斯蒂芬·列维(Steven Levy)来采访乔布斯,乔布斯立即要求该杂志将麦金塔团队登在封面上。……乔布斯带列维去吃比萨,谈论对麦金塔电脑团队的报道:"《滚石》杂志的处境岌岌可危,净登些烂文章,它正在拼命发掘新的话题和受众。麦金塔电脑就是《滚石》的救命稻草!"列维反驳说,《滚石》杂志事实上很好,并问乔布斯最近真的读过《滚石》吗?乔布斯说自己在飞机上读了上面一篇关于MTV的文章,他认为这篇文章就是"一坨狗屎"。列维回答说,那正是自己写的文章。值得赞扬的是,乔布斯并没有转换话题停止评论,尽管他确实换了个目标,开始抨击《时代》杂志一年前对他的"肆意捏造"。①

在媒体应用的视野中,真正需要策略性应用的是不可控媒体。这是因为,面对可控媒体(或者说可控性明显的媒体)时,应用者几乎不需要策略性。从这一意义来看,媒体应用策略指特定社会组织(也包括所有对外开展策略性传播的个体)为了与媒体建构并维持恰当的关系,进而最终获得恰当的媒体报道,而选择性采取的各种方式。

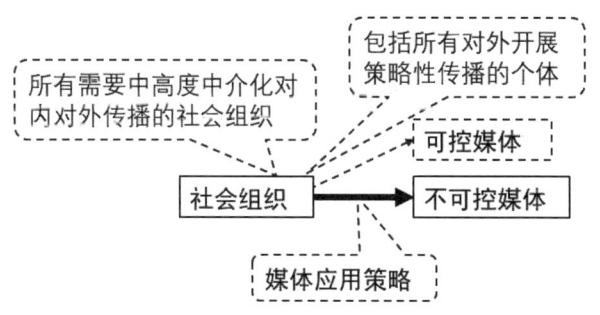

图 3-2 媒体应用策略(可控性的视角)

二、可控媒体应用现象

名叫《美联航弄坏了吉他》(*United Breaks Guitars*)的音乐视频,由加拿大音乐人

---

① 艾萨克森. 史蒂夫·乔布斯传 [M]. 北京:中信出版社,2011:153.

媒体应用实务

戴夫·卡罗尔（Dave Carroll）和其乐队"麦氏兄弟"（Sons of Maxwell）完成，于2009年7月6日上传到YouTube。① 截至2024年8月4日，已经获得23,673,827次观看。

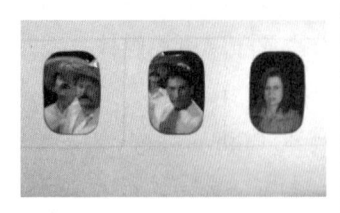

图3-3 《美联航弄坏了吉他》的视频截图

这首歌曲的背景是：2008年，卡罗尔与乐队成员自加拿大新斯科舍省的哈利法克斯国际机场到美国内布拉斯加州的奥马哈市国际机场，在芝加哥奥黑尔机场中转时，卡罗尔的价值3,500美元的泰勒710吉他被随意扔来扔去，导致损坏。随后，卡罗尔与机场和航空公司就此事持续联系约九个月，最终无果。

于是，卡罗尔完成了第一首歌曲，并为其创作了音乐视频，讲述自己的经历。② 这条音乐视频最大的特点是：没有采取恼火与仇恨，只有轻松愉悦。卡罗尔声称，主导意图是将这一经历分享给自己的朋友。③

随后，卡罗尔又发布了两条与之有关联的音乐视频，不过关注度明显降低。

第一首歌曲的视频上传到YouTube后23小时内，即获得461条评论，这些评论都对美联航提出了批评。④ 卡罗尔曾经在一次访谈中讲道："我的事业在7月7日那天简直爆炸般直接冲到顶峰。"一天之内，视频浏览量高达150,000次。这一热度迫使美联航主动联系卡罗尔，表示可以为其支付双倍的费用，同时赠送价值700英镑的飞行券。截至2009年7月9日，该视频的点击量高达50万。在诸多媒体对此报道之后，该视频的点击量在7月10日那天达到1,706,988次。

仅在2009年7月，这一视频获得的部分报道见表3-1。

我们对卡罗尔的这次经历进行总结，可以发现：他通过对可控社交媒体的应用，基于有明显吸引力的内容，获得公众的广泛关注，进而引发明显不可控的传统大众媒体的报道。这一事例可以用以观察后文所说的"媒体间的相互影响"。

---

① 美联航歌曲1.［EB/OL］.［2023-05-07］. https://www.youtube.com/watch?v=5YGc4zOqozo.
② JAMIESON, A. Musician behind anti-airline hit video "united breaks guitars" pledges more songs［N］. The Daily Telegraph，2009-7-23.
③ FISHER L. Musician makes music out of feud with United Airlines［EB/OL］.(2009-07-09)［2015-02-05］. http://abcnews.go.com/Entertainment/Business/story?id=8043639&page=1.
④ REYNOLDS C. Smashed guitar, YouTube song? United is listening now［N］. Los Angeles Times，2009-07-07.

表 3-1 《美联航弄坏了吉他》获得的部分报道

时间	媒体	标题
2009年7月7日	《洛杉矶时报》	《是毁坏的吉他还是 YouTube 歌曲？美联航正在恭听》
2009年7月8日	《华尔街日报》	《美联航拒绝赔偿损坏的吉他，乘客创作歌曲进行反击》
2009年7月9日	合众国际新闻社（United Press International）	《歌手反击美联航：一首火爆歌曲》
2009年7月10日	英国广播公司（BBC）	《歌手的航空公司歌曲成为 YouTube 热点》
2009年7月10日	哥伦比亚广播公司（CBS）	《歌手的甜美反击》
2009年7月13日	《滚石》杂志	《卡罗尔的飞行遭遇因"美联航弄坏了吉他"成为热点》
2009年7月22日	《星期日泰晤士报》	《YouTube 上最冷静的反击：毁坏的吉他如何成为热点》
2009年7月23日	《每日电讯报》	《调侃航空公司的爆款视频"美联航弄坏了吉他"的音乐人表明要创作更多的歌曲》
2009年7月23日	《卫报》	《歌手因反击美联航而名声大噪》
2009年7月24日	《赫芬顿邮报》	《"美联航弄坏了吉他"：我真的耗费了这家航空公司1.8亿美元吗？》
2009年7月24日	《每日邮报》	《反击式的甜美音乐：美联航毁坏吉他后，歌手在 YouTube 上传了音乐视频，导致美联航股价下跌10%》

该视频的内容吸引力包括两个方面：第一，没有选择使用暴力的方式，取而代之的是以幽默诙谐的歌曲形式，从而将原本的投诉抱怨转化为娱乐；第二，据《洛杉矶时报》报道，卡罗尔表面上是要求美联航赔偿吉他维修费用，深层用意却聚焦在持续40年之久的顾客服务荒漠地带（customer-service desert）上，因此，众多消费者给卡罗尔写来投诉邮件；换句话说，卡罗尔的视频契合了众多消费者蓄积已久的诉求。

在媒体报道情境的视野中，卡罗尔本身对不可控的传统大众媒体而言缺乏足够的吸引力，传统大众媒体的报道意愿很低。因此，这一事例为媒体应用方面带来的启示是：可控媒体应用得好，完全可以引发不可控媒体的报道。

三、不可控媒体应用现象

在不可控媒体方面，国内近年来最典型的事例就是2013年的农夫山泉"标准门"事件中的《京华时报》。

2013年4月11日，《京华时报》刊发了两条报道：《饮用水标准不是橡皮筋》和《浙江质监局为瓶装水正名但其引用的2003版国标已经修改未被提及》。至5月7日，

> 媒体应用实务

在27天的时间里,《京华时报》创造了"一家媒体批评一个企业"的纪录:合计对此次事件报道38篇,总共67个版面(见表3-2)。

表3-2 《京华时报》对农夫山泉展开的相关报道

时间	标题	版次
4月11日	饮用水标准不是橡皮筋	第3版
	浙江质监局为瓶装水正名但其引用的2003版国标已经修改未被提及	第50版
4月16日	饮用水标准不可任人玩弄	第2版
4月17日	较真水标准关注健康权	第2版
	农夫山泉一日之内两次成被告	第48版
4月18日	仅农夫山泉使用地标 专家称"看不懂"	第54版
	10位专家联名敦促农夫山泉执行更高标准	第54版
	企业自省才能留住市场	第2版
4月19日	农夫山泉质量问题屡有曝光	第60版
	评点标准事 谆谆促自省	第59版
	避谈标准低 农夫惹众怒	第58版
	协会批农夫执行低地标	第57版
	农夫标准低 不如自来水	第56版
	卫生计生委:国标既出地标废止 地标不应与国标矛盾 将加快清理各种标准	第54版
	国家卫生计生委厘清标准之争 国标既出地标废止	第53版
	与其谩骂媒体不如直面标准	第2版
4月20日	农夫山泉在广东等地生产 浙江卫生厅对此作出回应浙江地标不适用省外生产水	第3版
	严正声明	第3版
	请农夫山泉对着国标照镜子	第2版
5月2日	农夫山泉标签陷入"三重门"(上)	第4版
	农夫山泉标签陷入"三重门"(下)	第6版
	食品安全理当锱铢必较	第2版
5月3日	北京桶装水销售协会通知下架农夫桶装水	第6版
	律师要求杭州立案调查农夫山泉认为其违反《产品质量法》	第6版
	农夫山泉承认瓶装水应以自来水标准为底线	第6版
	卫生计生委要求食品地标清理年内完成与国标不一致应及时废止或修订	第4版
	无视程序价值农夫山泉有点悬	第2版

续表

时间	标题	版次
5月4日	包装饮用水国标将整合统一	第6版
	北京多数水站下架农夫山泉桶装水　农夫山泉被指未出示质量报告	第7版
	北京多数水站下架农夫山泉桶装水	第1版
	"标准门"善后还须监管者出手	第2版
5月5日	水标准要统一还要落地	第2版
5月6日	北京市质监局介入调查农夫山泉桶装水因标准问题停产	第5版
	农夫山泉"标准门"始末	第8版
	瓶装水标准图解	第6版
	什么是产品标准，其作用和意义何在？厘清"标准"事还国标尊严	第7版
	我们为何不懈追问农夫"标准"	第2版
5月7日	农夫山泉避无可避的八大质疑	第4版

在这一过程中，国内有两项重大的新闻事件，两项事件的时间恰好是4月20日晚和4月23日。表3-2显示，在这一段时期内《京华时报》暂停了对农夫山泉"标准门"的报道。

2013年5月7日，东方卫视的报道《农夫山泉大战〈京华时报〉》直接关注5月6日农夫山泉北京新闻发布会现场上《京华时报》记者与农夫山泉方面的当面对立（见表3-2）。这种对立显著表现在两个方面：第一，在农夫山泉的新闻发布会现场，《京华时报》将过去27天中的报道进行了大肆张贴；第二，在农夫山泉董事长发言过程中，《京华时报》记者当场给予直接反驳。这种状态是媒体不可控现象的激烈表现。

图3-4　农夫山泉新闻发布会场景

第二节 媒体应用视野中的媒体体系

一、媒体间的互动

（一）议题建构

早期议题设置研究集中关注"公众议题"（public agenda）的设置，因此被称为"受众的议题设置"（audience agenda-setting）。[①] 之后研究者们发现"媒体议题"（media agenda）同样也需要关注，进而开始探讨是谁在影响媒体议题，即关注"议题建构"（agenda building）的过程。[②]

"议题建构"这一概念于1981年提出，侧重强调如下现象：媒体议题是被建构出来的；一项议题成为媒体议题，会经历一个过程，这一过程即议题建构的过程。[③]

议题建构研究立足于如下问题：媒体在设置公众议题，谁又在设置媒体的议题呢？[④] 议题设置研究者们开始关注议题建构现象时，试图理解影响媒体议题的因素。[⑤] 从这种意义上讲，新闻生产研究与议题建构研究是紧密关联的，因为它们关注的问题是相同的——媒体报道是怎么产生的。

（二）媒体间议题设置

媒体会受到外来因素的影响。在这些外来因素中，同样也包括此媒体之外其他的

---

① REESE S D. Setting the media's agenda: a power balance perspective [J]. Communication yearbook, 1991, 14 (1): 309-339.
② JOHNSON T J, WANTA W, BOUDREAU T, et al. Influence dealers: A path analysis model of agenda building during Richard Nixon's war of drugs [J]. Journalism and mass communication quarterly, 1996, 73 (1): 181-194.
③ LANG G E, LANG K. Watergate: an exploration of the agenda-building process [G] // WILHOIT G C, Bock H D. Mass communication review year book (Vol. 2). Beverly Hills, CA: Sage, 1981: 447-468.
④ WEAVER D, ELLIOTT S N. Who sets the agenda for the media? A study of local agenda-building [J]. Journalism quarterly, 1985, 62 (1): 87-94.
⑤ WANTA W, FOOTE J. The president-news media relationship: a time series analysis of agenda-setting [J]. Journal of broadcasting and electronic media, 1994, 38 (4): 437-448.

媒体。因此，在实践中，不同媒体之间存在着微妙且密切的互动。

这种互动叫作"媒体间议题设置"（intermedia agenda setting），这一概念于1989年提出，指媒体议题可能受到其他媒体报道的影响，尤其是受一些具有指标性媒体的影响。① 也有人将媒体间议题设置现象形象地称为"议题传递"（relay）。②

媒体间议题设置理论认为，媒体之间的关系就是"谁在设置媒体的议题"③。典型的说法如："媒体间议题设置研究并不关注媒体议题对公众议题的影响，而是关注媒体议题是如何被建构的。"④

从这一角度上讲，有研究者将媒体间议题设置形象地称为"新闻食物链"（news food chain）⑤，处于该链条上的所有媒体之间无疑都是相互依赖的。这种相互依赖的状态具体体现于"共鸣效应"（consonance effect）和"溢散效应"（spill-over effect）两个概念中。⑥

"共鸣效应"是指，在报道实践中，大部分媒体会参考"舆论领袖媒体"（opinion-leader media），舆论领袖媒体在报道特定新闻之后，其他媒体也会跟进，于是便形成一连串的报道趋势。"溢散效应"是指，当面对不符合主流意识形态的事件时，往往由"另类媒体"（alternative media）率先报道；在形成一定的强度时，议题可能会由这些另类媒体流向"主流媒体"（established media）。⑦ 这两项概念实际上揭示出实践中媒体间相互影响的真正状态：符合主流意识形态的话题，媒体间的影响往往是由舆论领袖媒体流向跟随媒体；不符合主流意识形态的话题，媒体间的影响往往是由"另类媒体"

---

① REESE S D, DANIELIAN L H. Intermedia influence and the drug issue: converging on cocaine [M] //SHOEMAKER P J. Communication campaigns about drugs: government, media, and the public. Hillsdale, NJ: Erlbaum, 1989: 29-45.
② LOPZE-ESCOBAR E, LLAMAS J P, MCCOMBS M, et al. Two levels of agenda setting among advertising and news in the 1995 Spanish elections [J]. Political communication, 1998, 15 (2): 225-238.
③ LEE B, LANCENDORFER K M, LEE K J. Agenda-setting and the Internet: the intermedia influence of Internet bulletin boards on newspaper coverage of the 2000 general election in South Korea [J]. Asian journal of communication, 2005, 15 (1): 57-71.
④ DU Y R. Is the Agenda-setting process different outside the United States? A multinational agenda-setting test [J/OL]. [2009-05-24]. http://www.allacademic.com/meta/p169714_index.html.
⑤ ROGERS E. Audience and online news delivery: the impact of technology on editorial gatekeeping [EB/OL]. (1999-10-08) [2009-06-08]. http://web.mit.edu/comm-forum/papers/Rogers_Audience.html.
⑥ NOELLE-NEUMANN E, MATHES R. The "event as event" and the "event as news": the significance of "consonance" for media effects research [J]. European journal of communication, 1987, 2 (4): 391-414.
⑦ MATHES R, PFETSCH B. The role of the alternative press in the agenda-building process: spill-over effects and media opinion leadership [J]. European journal of communication, 1991, 6 (1): 33-62.

流向其他媒体。按照这两个概念的说法，媒体间的影响受到报道话题属性的影响，并不真正是"相互的"，本质上还是单向的。

媒体间议题设置的现象几乎发生于所有形式的媒体之间。媒体间议题设置的最早研究集中关注了通讯社议题与报纸议题之间的关联。比如，1967年发表的一项研究显示，报纸议题与新闻通讯社报道议题之间存在着十分明显的关联；[1] 1977年发表的另一项研究显示：美国报纸的新闻选取实际上是对通讯社议题的无意识复制。[2] 稍后的研究开始关注不同报纸之间的影响。比如，有研究者指出，《纽约时报》在美国媒体中发挥着核心守门人（central gate-keeper）的角色，这种角色的具体表现是：如果《纽约时报》忽略某一议题，其他大部分媒体也会如此；但是一旦《纽约时报》刚刚开始对某一议题加以关注时，美国的其他媒体也开始加以仿效。[3]

以往的研究结果似乎表明：报纸议题对电视议题的影响更加明显。比如，麦克库姆斯等分析了1990年得克萨斯州州长选举的新闻报道，发现大部分电视的报道议题都来自报纸的新闻报道；[4] 在美国总统大选的报道中，报纸主导电视报道议题的效果也相当显著；[5] 另外，《纽约时报》会明显影响美国三档主要的晚间国际新闻报道的议题。[6] 其实，电视台进行新闻报道时，在确定不同新闻显著度的过程中也会相互引导。[7]

在说明媒体间议题设置的现象时，以往研究者主要关注的是传统大众媒体之间的相互影响，对社交媒体的关注较少。传统大众媒体与社交媒体之间相互影响的比较明显的例子如：在2000年韩国大选过程中，网络布告栏与报纸在进行报道过程中存在着

---

[1] SNIDER P B. Mr. Gates revisited：A 1966 version of the 1949 case study [J]. Journalism quarterly, 1967, 44 (3): 419–427.

[2] HIRSCH P M. Occupational, organizational, and institutional models in mass media research: toward an integrated framework [M] //HIRSCH P M, MILLER P V, KLINE F G. Strategies for communication research. Beverly Hills, CA: Sage, 1997: 13–42.

[3] DEARING J W, ROGERS E M. Communication concepts 6: agenda-setting [M] //CHAFFEE S H. Communication concepts 6. Thousand Oaks, CA: Sage, 1996: 33.

[4] MCCOMBS M E, ROBERT M. Agenda setting and political advertising: origins of the news agenda [J]. Political communication, 1994, 11 (3): 249–262.

[5] CRONKITE W. Reporting presidential campaigns: a journalist's view [M] //GRABER D, MCQUAIL D, NORRIS P.The politics of news: the news of politics.Washington, DC: CQ Press, 1998: 57–69.

[6] GOLAN G.Inter-media agenda setting and global news coverage: assessing the influence of the New York Times on three network television evening news programs [J]. Journalism studies, 2006, 7 (2): 323–334.

[7] REESE S D, GRANT A, DANIELIAN L H. The structure of news sources on television: a network analysis of "CBS News," "Nightline," "MacNeil/Leher," and "This Week with David Brinkley." [J]. Journal of communication, 1994, 44 (2): 84–107.

明显的相互影响。①

在传统大众媒体研究领域，研究者们在分析影响媒体报道的外在因素时，似乎很少将受众纳入其关注的视野。这种对受众影响力的无视或忽视在传统大众媒体主导的时代没有明显问题，但是在社交媒体盛行的时代就存在明显不足，因为几乎所有的公众都能够相当便利地开展内容生产与传播，并可能导致信息病毒式的传播。从这种意义上讲，结合社交媒体传播的社会性属性，本书认为，社交媒体在新的媒体体系中的角色，实际上就是传统大众传播含义中的受众在新的媒体体系中的传播角色。

以博客为例。有研究者指出，当研究者们将博客纳入媒体体系中的时候，实际上就打开了一处研究媒体间议题设置的新领域。当博客与传统媒体同时报道同一话题时，到底是博客对传统媒体的议题产生影响，还是博客跟随传统媒体的引导呢？以往有关博客的相关研究显示，这两种情况可能同时存在。也就是说，博主拥有两种角色——既可能是议题建构者（议题建构的角度），也可能是议题跟随者（议题设置的角度）。②

作为议题跟随者的博客，往往将传统媒体视为观念与灵感的来源，这主要是因为大部分博主并不能亲历新闻事件，他们只能从传统媒体那里获取线索。③主张博客作为议题设置者的研究者强调，博客有能力揭示传统大众媒体关注范围以外的社会事件。④博主通过发挥自己的"最初推动者的有利条件"（first-mover advantages）来对议题设置过程加以控制——博主可以在事件发生后立即发表自己的观念与看法，而不必等待传统媒体的新闻报道周期，同时博主还可以直接与整个世界进行交流，而不必等待接受传统媒体记者的采访（本质上相当于彻底绕过传统媒体的守门过程，这一点是社交媒体在传统媒体视野中最革命性的一面）。⑤

因此，传统大众媒体可能设置社交媒体的议题，社交媒体也可能设置传统媒体的议题。前者为社交媒体作为议题跟随者的现象，后者即社交媒体作为议题建构者的现

---

① LEE B, LANCENDORFER K M, LEE K J. Agenda-setting and the Internet: the intermedia influence of Internet bulletin boards on newspaper coverage of the 2000 general election in South Korea [J]. Asian journal of communication, 2005, 15 (1): 57-71.

② HEIM K. Blogs and the Iraq war: A time-series analysis of intermedia agenda setting and agenda building [C] //Paper presented at the annual meeting of the Association for Education in Journalism and Communication, Marriott Downtown, Chicago, It, 2008.

③ HAAS T. From "public journalism" to the "public's journalism"? Rhetoric and reality in the discourse on weblogs [J]. Journalism studies, 2005, 6 (3): 387-396.

④ REESE S D, RUTIGLIANO L, HYUN K, et al. Mapping the blogosphere: professional and citizen-based media in the global news arena [J]. Journalism, 2007, 8 (3): 235-261; WOODLY D. New competencies in democratic communication? Blogs, agenda setting and political participation [J]. Public choice, 2008 (134): 109-123.

⑤ FARRELL H, DREZNER D W. The power and politics of blogs [J]. Public choice, 2008 (134): 15-30.

象。从后者的意义上讲，社交媒体可以提供无限的、散乱的信息来源，直接导致信息流动过程的关口趋于散乱，并导致如下情形——没有确定的大门，也就没有确定的守门人。① 这种影响，对于传统大众媒体而言无疑是深刻的。

有时，在整个媒体体系中，社交媒体有时会对传统大众媒体的报道范式（属于第二章所说的媒体逻辑范畴）加以重新界定。

（三）社交媒体与传统大众媒体的互动：范式修正的视野

香港中文大学李立峰曾经以在香港获得广泛关注的两次"新媒体事件"（"巴士阿叔"和"机场阿婶"）为例，说明社交媒体（当时文中所称"新媒体"，其指向为YouTube；本书基于此处的思路框架，将其改称为"社交媒体"）在媒体事件中与传统大众媒体进行互动时的角色："范式界定"（原文用"范式订定"，本书改用更通俗明确的"范式界定"）。②

我们这里仅用其中的"巴士阿叔"事件进行说明，因为在这次事件中，社交媒体与传统大众媒体的互动现象更加典型。

1. "巴士阿叔"事件

2006 年香港的"巴士阿叔"事件属于比较典型的基于社交媒体而生成的病毒式传播事件。该事件显示出社交媒体的社会角色以及不同媒体之间明显的相互影响。

这一事件在本质上属于相当一般的"市井百姓小冲突"，本来不具备明显的新闻价值。最终"巴士阿叔"视频获得病毒式传播的推动因素主要包括两项：内容自身具有的刺激性和不同媒体之间的互动与协作。

2006 年 4 月 27 日晚约 11 时，香港 68X 巴士正常从佐敦开往元朗。该巴士驶至长沙湾道时，23 岁青年何锐熙（地产经纪）不满坐在前排的时年 51 岁的陈乙东（失业超过十年，依靠福利金生活）电话交谈声音过大，轻拍陈乙东肩膀，劝他小声一点。但陈乙东反应激烈，在巴士上高声斥骂何锐熙，过程长达 6 分钟。

当时在场的 21 岁的方颖恒（会计师，在职学习心理学）拍下视频，最初只让朋友及家人观看，之后于 4 月 29 日将视频上传到 YouTube（频道用户名"sjfgjj"）。最初视频的标题为"X 尚義聲線高壓呀叔搭巴士途中問候後生仔"，之后西方大众媒体报道时正式使用"巴士阿叔"（Bus Uncle）的界定。十天内该视频浏览量高达 78 万次。截至 2023 年 8 月 21 日，合计获得 4,195,291 次观看。其全球关注度在 2006 年 6 月到达高峰，不过随后迅速回落。这说明这次事件本身并没有明显且深厚的关注度。

---

① WILLIAMS B A, CARPINI M X D. Unchained reaction: the collapse of media gatekeeping and the Clinton-Lewinsky scandal [J]. Journalism, 2000, 1 (1): 61-85.
② 李立峰. 范式订定事件与事件常规化 [J]. 传播与社会学刊, 2009 (9): 181-202.

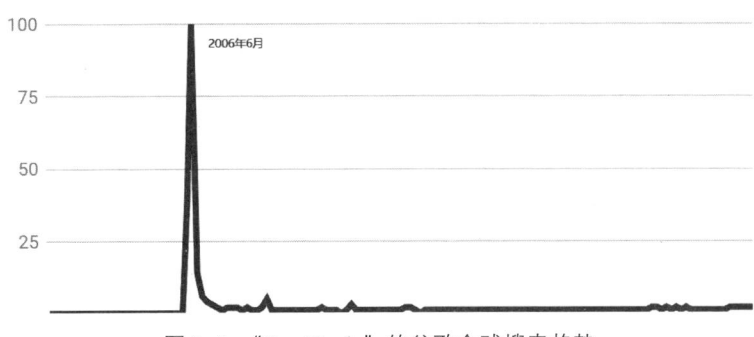

图 3-5 "Bus Uncle"的谷歌全球搜索趋势

陈乙东声称当时他正与其女友通电话,处于压力之下。但是何锐熙声称陈乙东当时其实只是与朋友通过手机聊天而已。

陈乙东斥骂:"你有压力,我有压力,你做乜挑衅我呀?"(你有压力,我有压力,你干嘛挑衅我啊?)陈乙东要求何锐熙道歉,何锐熙道歉,并称事件已解决。但陈乙东大声斥骂:"未解决!未解决!未解决!"视频中段,陈乙东以强烈言辞骂及何锐熙母亲。何锐熙试图结束争执,并告诫陈乙东停止侮辱家人,但是这一告诫引发陈乙东进一步的侮辱。视频以陈乙东接听来电结束。

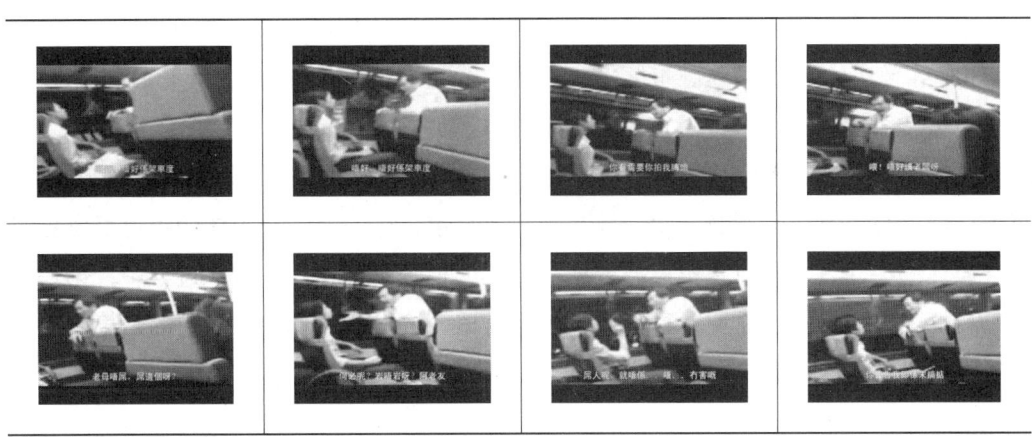

图 3-6 "巴士阿叔"视频

5月8日,该视频首次被报纸报道提及,个别专栏作者开始评论该视频。

5月23日,方颖恒接受电台访问。当时原视频在网上的点击量已达170万次,与之有关的多个版本的视频的总浏览量至少超过240万人次。5月25日,方颖恒在一商业电台节目现身说法,说拍摄视频是为了一旦出现打斗方便向警方做证,并声称还有第二段视频。同一天,美联社进行了报道。[①]5月26日,中国香港《香港经济日报》《苹

---

① LEE M. Grumpy man is Internet hit [N/OL]. Associated Press,(2006-05-25)[2015-07-20]. http://www.apnewsarchive.com/2006/Grumpy-Man-Is-Internet-Hit/id-b4d0966d087918a0ac7ddf89a402bbc9.

果日报》《星岛日报》等进行了报道。《明报》不但将有关新闻放在要闻版,还发表题为"巴士客粗言辱人犯法,旁观者哑忍助长歪风"的社评。讽刺时弊的广播剧《十八楼C座》①中的单元《压力挑衅未解决》谈论此事,借此批评现在香港人的见义勇为性格早已消失。同日英国《卫报》也进行了报道,称该视频在中国香港比电影《达·芬奇密码》更受注视,中国香港报纸则纷纷反过来报道这一事件如何成为"国际新闻"。随后,中国大陆与中国台湾媒体、美国美联社及《纽约时报》、英国《卫报》、泰国、南非以至阿联酋的媒体都予以了报道。5月28日,TVB以及香港有线电视对此进行了报道。

5月31日,媒体安排陈乙东前往何锐熙的办公处向其道歉,并提议创办"巴士阿叔狂野派对"商业计划。何锐熙直接拒绝了陈乙东,并告诫媒体,声称保留采取法律手段制止媒体类似行为的权利。这一内容第二天成为差不多全港报纸的头版头条新闻。几天之内,一家连锁餐厅决定聘用当时没有工作的"巴士阿叔"陈乙东做服务员。但到了6月7日,陈在上班期间被三名蒙面人士殴打,随即被餐厅解雇。《东方日报》进行了民意调查,"共六成半人认为阿叔的下场不值得同情,咎由自取"。有报道指出,陈乙东接受媒体采访最低索要八千港币的报酬。

中国台湾《壹周刊》在陈乙东家中对其进行采访,并将该采访作为6月1日的封面报道。6月7日,《匹兹堡邮报》进行了报道。②6月9日,《华盛顿邮报》与CNN进行了报道。③6月15日,《圣彼得堡时报》进行了报道。④

总体而言,这次事件的报道过程很像一条涟漪波(见图3-7)。其中最先引发媒体报道涟漪的是YouTube视频,第二波是报纸的报道,这一波大众媒体的报道引发更多社交媒体的关注,于是引发第三波的社交媒体的视频再创造。在这一过程中,第一条视频发挥了"引子"的作用,真正对媒体报道涟漪波发挥关键助推作用的是第二波的传统大众媒体报道和第三波的更多社交媒体用户的参与。

---

① 十八楼C座(18/F Block C),又写成18楼C座,香港商业电台的长寿广播剧,1968年7月3日首播,世界第二长广播剧。

② FOWLER G A. 'Bus Uncle' craze in Hong Kong reflects city stress[N/OL]. 2007-06-07[2015-07-20]. http://www.post-gazette.com/world/2006/06/07/Bus-Uncle-craze-in-Hong-Kong-reflects-city-stress/stories/200606070196.

③ BRAY M. Irate HK man unlikely Web hero[N/OL].2006-06-09[2015-07-21]. http://edition.cnn.com/2006/WORLD/asiapcf/06/07/hk.uncle/;ROBINSON E. When life makes you cry uncle[N/OL]. The Washington Post,2006-06-09[2015-07-20]. http://www.washingtonpost.com/wp-dyn/content/article/2006/06/08/AR2006060801533.html.

④ DEGREGORY L. Elvis and the Bus Uncle[N/OL]. 2006-06-15[2015-07-20]. http://www.sptimes.com/2006/06/15/Floridian/Elvis_and_the_Bus_Unc.shtml.

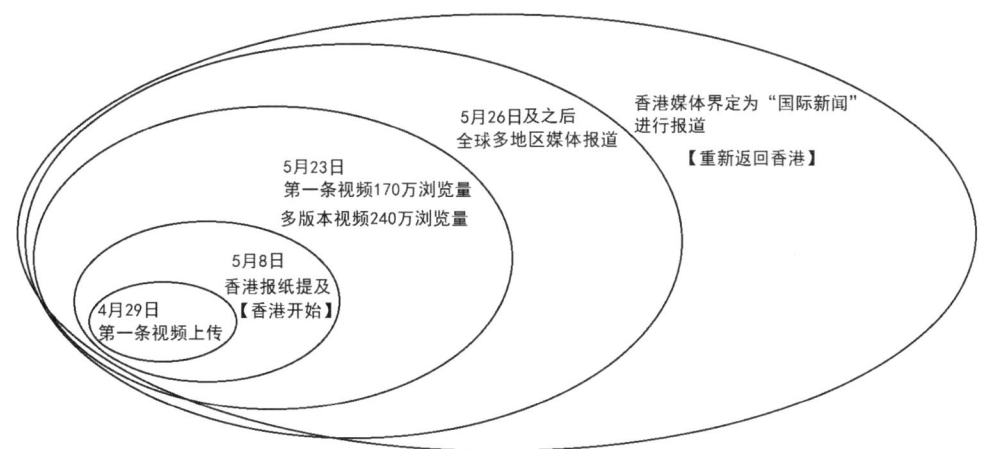

图 3-7 "巴士阿叔"媒体报道涟漪波

自此之后,"巴士阿叔"本人的新闻价值开始下降,不过事件继续在媒体中成为各类型新闻的参照点。大致到 2006 年年底,平均每天会有三篇报刊报道重提此事。

不过,其影响仍旧在长尾式一段时间地继续(请见前述"Bus Uncle"的谷歌全球搜索趋势)。陈乙东的经典话语成为当时香港众多网络论坛、招贴、广播节目、音乐视频等中的流行语,比如:"你有压力,我有压力。""未解决!"

TVB 为了推广其对 2006 年足球世界杯的报道,在宣传视频中让知名足球解说员林尚义扮演陈乙东,因为林尚义的声音与陈乙东的声音相似。在视频中,林尚义扮演的"巴士阿叔"身后坐着的一位乘客问林尚义,退休前最后一次参加世界杯的解说,是否有压力?林尚义回答说没有。

同时 ATV 和 TVB 在其情景剧中也使用了这一事件的素材。TVB 的情景剧《高朋满座》第 67 集中,一位戴眼镜的年轻人在电影院试图阻止一位大声接听电话的人,结果反而遭到严厉斥责。当这位年轻人的家人在视频网站看到这一情形时,家人告诫这位年轻人应当更加坚定自信,不能让自己受到这种欺凌。情景剧结尾,这位年轻人再次在影院遇到斥责他的人,他挺身而出。

2. 范式修正

如果社交媒体带来的冲击直接跟传统大众媒体的新闻生产过程有关的话,传统大众媒体可能要对现存的新闻生产常规(即媒体逻辑)或新闻价值作出范式修正(paradigm repair)。[1]

在这个意义之下,李立峰认为:像莱温斯基绯闻案等都可以被称为"范式界定事

---

[1] MCCOY M E. Dark alliance: news repair and institutional authority in the age of the Internet [J]. Journal of communication, 2001, 51 (1): 164-193.

件"（paradigm defining event），即这些事件展示了社交媒体对传统大众媒体既定范式的某一方面的冲击，而传统大众媒体则通过修正范式来加以回应。在传统大众媒体修正范式之后，社交媒体对传统大众媒体的冲击便至少被暂时吸纳（而不至于引发传统大众媒体的革命性"损害"）。

"巴士阿叔"事件在香港可算是一次范式界定事件。

"巴士阿叔"事件虽然由YouTube视频引发，但传统大众媒体的反应情形（介入的程度、时间和方式等）都对事件的形成及发展起着决定性的作用。

在"巴士阿叔"事件中，广播电台、报纸、电视台以及国外媒体所生产的内容，形成"媒体循环"（media loops）[①]：当媒体互相影响时，产生的便是一种滚雪球式的效应，推动着事件的发展。本质上"媒体循环"即媒体间议题设置的另一种说法。

中国香港报纸对视频的广泛报道引起英国报纸的兴趣，而英国报纸的报道则反过来证明事件属于"国际性事件"。同样道理，传统大众媒体和社交媒体之间也会形成媒体循环。传统大众媒体的关注令更多人到互联网去讨论事件、观看视频并对原视频进行再生产，进而产生进一步的涟漪，从而引发更多的媒体报道。在这个媒体循环内，信息的流传有多种不同的方式，很多公众获得有关事件的讯息的过程往往是传统大众媒体、社交媒体以及人际传播的混合。

在"巴士阿叔"事件中，如果何锐熙、方颖恒以及"巴士阿叔"本人没有站出来接受传统大众媒体采访的话，该视频很可能只停留在"网络热播"阶段，很快会随着网络关注点的转移而消失，很多香港公众可能根本不会知道该视频的存在。在一定程度上，"巴士阿叔"其实是由传统大众媒体"炒作"出来的事件（请参见第六章对媒体"自导自演"现象的说明）。事实上，"巴士阿叔"一词就是主流传统大众媒体全面介入后才被统一使用的名称（即命名的角色）。

这一现象凸显出传统大众媒体在前述"媒体循环"中的独特角色：议题界定者。

二、社交媒体的传播特征

社交媒体（social media）之所以能够如此有效地参与到和传统媒体的互动之中，正是由于其具有显著特点，扮演着独特的传播角色。

[①] REESE S D. The news paradigm and the ideology of objectivity: a socialist at the Wall Street Journal [J]. Critical studies in media communication, 1990, 7 (4): 390–409.
MANNING P. Media loops [M] //BAILEY F, HALE D. Popular culture, crime & justice. Belmont, CA: West/Wadsworth Publishing Company, 1997: 25–39.

"social media"的范围比较广泛，包括网络论坛、布告栏、博客、微博、播客、社交网站、维基，等等。关于社交媒体的界定尚存在一定的混乱。本书以媒体内容为侧重点，倾向于认为社交媒体是为"用户自行生产内容"（user generated content，UGC）提供生产、使用与互动交换平台的媒体。①

"用户自行生产内容"尚没有通行界定，大致指所有媒体用户自行生产的所有内容，具体表现为不同的形式，比如旅游者撰写的旅游经验等。

（一）社交媒体内容参与者的特征

社交媒体的内容参与者呈现出一种复杂的状况：社交媒体的内容使用者转向内容参与者，内容使用过程转向内容参与过程；社交媒体的内容参与者既包括传统意义上的使用者，也包括传统意义上的内容生产者。社交媒体的内容生产与使用过程已经被整合为一个过程——产用过程。社交媒体的内容生产者与内容使用者之间的界限也在消失，转变为产用者。社交媒体的内容传播管理体现为集体守门过程，其参与者扮演着集体守门人的角色。

1. 从内容使用者到内容参与者，从内容使用过程到内容参与过程

使用者自行生产媒体内容的现象并不新鲜，传统大众媒体传播过程中的典型代表是受众写给媒体的信件。只要这些内容顺利通过守门过程得以公开发表，它们就成功转化为"使用者自行生产的媒体内容"。在社交媒体传播环境中，在不受制于传统意义上的守门过程的前提下，原来的普通媒体使用者能更加便利地公开发表"自行生产的内容"，并由比较简单的"内容使用者"转变为"内容参与者"。②

社交媒体内容生产过程显示出十分明显的"去中心化"倾向，③但绝不能将其等同于"使用者中心"。更恰当的说法应该是：传统意义上的媒体使用者也加入社交媒体内容生产者的队伍中。无论如何，传统意义上的专业媒体从业人员仍扮演着关键的角色，或者说至少也扮演着关键内容参与者的角色，只不过其守门人的角色有了明显的转变。从"专业/业余"的角度出发，社交媒体的内容参与者由业余与专业两部分人员共同组

---

① KAPLAN A M，HAENLEIN M. Users of the world, unite! The challenges and opportunities of Social Media [J]. Business horizons，2010，53（1）：59–68.
② VAN DIJCK J. Users like you? Theorizing agency in user-generated content [J]. Media, culture & society，2009，31（1）：41–58.
③ 陈欣，朱庆华，赵宇翔. 基于YouTube的视频网站用户生成内容的特性分析 [J]. 图书馆杂志，2009，28（09）：51–56.

成——社交媒体的内容不可能完全来自专业人员，也不可能全由业余人员生产。[1] 这才是当下社交媒体的内容生产与使用过程的实际状况。

2. 内容生产与使用过程的混合，内容生产者与使用者角色的整合

从总体上来看，社交媒体内容的生产过程与使用过程之间的界限并不清晰，往往表现为一种混合过程。比如，微博的转发者不仅仅进行简单的复制粘贴操作，往往也会通过添加个人评议的方式对内容进行再生产。[2] 再比如，维基百科的使用者同时也会对维基百科的内容进行调整甚至创造。[3] 在这种情况下，媒体内容的生产与使用其实就是一个过程。

这一状况直接导致社交媒体内容生产者与使用者之间身份界限的模糊，两种角色出现了夹杂甚至整合的趋势，其结果表现为一种"使用者—生产者"的混合角色，这种情况也被国内研究者称为"传受合一""受者即是传者"等。[4] 这种情况下，简单的"生产者"或"使用者"概念都已经不能恰当地传达社交媒体内容传播过程参与者的角色内涵。

为了能有效表达上述混合状况，澳大利亚研究者布伦斯（Axel Bruns）等提出了新的概念——"产用"（produsage）过程与"产用者"（produser）。本书也使用"产用"过程与"产用者"的说法，以更加完整、准确、简明地表达生产与使用因素之间的平等、整合关系。

"产用者"概念强调：社交媒体内容的使用者不再是被动的使用者，他们经常便利地、积极地参与到内容生产过程中，对内容的发展作出特定的贡献，从而也成为内容的生产者。总之，社交媒体内容的发展来自使用者的广泛参与。因此，社交媒体内容参与者的本质就是"产用者"。

"产用"过程是指所有社交媒体内容的产用者对现有内容进行开放式、协作式、持续式的建构与发展完善的过程。[5] 产用过程的基础有两项：互联传播环境提供的技术/社

---

[1] VAN DIJCK J. Users like you? Theorizing agency in user-generated content [J]. Media, culture & society, 2009, 31 (1): 41-58.
[2] 吕辛福. 微博客的新闻传播特征分析：以新浪微博为例 [J]. 今传媒, 2010 (8): 71-72.
[3] 王丹丹. 维基百科自组织模式下的质量控制方式研究 [J]. 图书馆理论与实践, 2009, (8): 21-24.
[4] 尚勤. 新闻讯息在微博社区中的传播分析：以新浪微博为例 [J]. 东南传播, 2011 (12): 85-87.
汤向男. 关系化信息流：微博环境下的"把关人" [J]. 东南传播, 2011 (4): 38-40.
[5] BRUNS A. Blogs, Wikipedia, Second Life, and Beyond: from production to produsage [M]. New York: Peter Lang, 2008: 2-7.
BRUNS A, SCHMIDT J H. Produsage: A closer look at continuing developments [J]. New Review of Hypermedia and Multimedia, 2011, 17 (1): 3-7.

会性环境、"众对众"(many-to-many)传播形成的内容使用者社群。①

3. 内容传播管理：集体看门人与集体看门过程

传统大众媒体的内容传播过程主要由专业的守门人负责管理，他既负责传播内容，也负责内容品质的管理。社交媒体的内容传播过程更加复杂。社交媒体传播的基础是公众之间的互动与交流，这个过程中信息的流动基本已经越过了传统大众媒体中的各种类型的守门人，或者更准确地说，社交媒体的传播革命性地转变了传统的传播守门过程。②

为了恰当表达这一过程，布伦斯等用"集体看门"(gatewatching)过程来指称社交媒体内容传播的管理过程，用"集体看门人"(gatewatcher)来界定在这一过程中所有内容产用者肩负的角色。本书试图既强调协作参与要素，又避免传统守门人角色所包含的"把守"的色彩，因此也借用"集体看门"与"集体看门人"的说法。

这两个概念从传统守门过程的"把守"(keep)转换至"观看"(watch)，明显放弃了传统守门人概念中对媒体内容发挥决定性影响的角色含义；同时强调所有参与者之间的协作，放弃了传统守门人概念所包含的由专业从业人员专享的要素。更重要的是，这一概念将传统意义上的受众也纳入其中。

守门过程与集体看门过程之间的首要区别在于：在守门过程中，内容首先需要经过守门人的过滤之后才能得以公开传播；在集体看门过程中，内容在公开传播之后才进入集体看门过程。集体看门过程完全依赖于内容参与者自身对内容价值的识别与分享能力。集体看门过程是特定内容得以强调并进行分享的过程，而不是简单的过滤与传播的过程。或者说，集体看门人的职责并不是把原本不被人所知的内容公开传播出去，而是进一步提高特定内容的公开程度，扩大内容传播的范围。

在传统意义上的守门过程中，守门人对信息流通渠道进行把守，即对有多个来源的信息进行评价、取舍，属于比较典型的"信息推送"(information-push)模式；在集体看门过程中，集体看门人已经不能把守信息流通的门户，只能把内容使用者直接引向信息的最初来源，由他们自己进行评价、互动讨论，属于比较典型的"信息拉取"(information-pull)模式。③

---

① BRUNS A. Blogs, Wikipedia, Second Life, and Beyond: from production to produsage [M]. New York: Peter Lang, 2008: 21.

② STORM E. The endurance of gatekeeping in an evolving newsroom: a multimethod study of web-generated user content [C] //Paper presented at the annual meeting of the International Communication Association, TBA, San Francisco, CA, 2007.

③ BRUNS A. Gatewatching, not gatekeeping: collaborative online news [J]. Media international Australia, 2003, 107 (1): 31-44.

（二）社交媒体内容传播过程的基本特征

社交媒体的内容传播过程表现出四个基本特征：开放式的内容参与过程，并形成协作参与式的社群；内容参与者自发、平等地参与内容发展，担负不同的角色；内容品质依赖于互动式的评估过程，故内容处于持续未完成状态；参与者共有内容，并以恰当形式体现个人价值。①

1. 开放式的内容参与过程，并形成协作参与式的社群

社交媒体内容传播过程的基本原则是包容式、开放式、协作式的参与性，其结果是形成"使用者自行组成的社群"（user generated community），也被称为"产用社群"（community of produsage）。

比如，Wiki系统的特征即表现为：开放、合作、平等、共创、共享。Wiki是一个协作共创系统，要求社群的成员具有合作精神；社群中的成员都是平等的，每一个成员都有相同的责任和权利；社群的成员都可以创建、修改、删除页面；Wiki系统要求社群的成员积极参与，共同创作，分工合作完成某项大型复杂任务；系统内页面的变动可以被任何访问者以及社群的每一个成员所共享。维基百科颠覆了以《大不列颠百科全书》为代表的学院精英式的编辑理念，它通过鼓励大众自愿参与编撰来建立一个百科全书计划，而不依赖少数专业学者来撰写条目。维基百科对来自网络世界的志愿者没有设置任何限制，有兴趣并愿意遵守一些简单规则的人都可以发起添加或修订任何一个条目。同时，维基百科的条目完全产生于志愿者的兴趣，极大地丰富了那些属

---

① BRUNS A. Blogs, Wikipedia, Second Life, and Beyond: from production to produsage [M]. New York: Peter Lang, 2008: 23-30.
BRUNS A. Distributed creativity filesharing and produsage [M] //SONVILLA-WEISS S. Mashup cultures. Vienna: Springer, 2010: 24-37.
蔡骐，黄瑶瑛. 新媒体传播与受众参与式文化的发展 [J]. 新闻记者，2011（8）：28-33.
高钢. 谁是未来新闻的报道者？——维基技术的本质及对新闻报道的影响 [J]. 国际新闻界，2008（6）：60-65.
卢军，卢雅怀. 专业化分工与交易费用控制的共赢：维基百科大规模协作模式的分析与启示 [J]. 学术论坛，2009，32（6）：150-153.
王丹丹. 维基百科自组织模式下的质量控制方式研究 [J]. 图书馆理论与实践，2009（8）：21-24.
夏雨禾. 微博互动的结构与机制：基于对新浪微博的实证研究 [J]. 新闻与传播研究，2010，18（4）：60-69，110-111.
尹开国. 维基百科社群发展策略研究 [J]. 图书情报知识，2007（3）：95-98.
余望枝，朱少强. BBS论坛与百度知道的信息评价机制探讨 [J]. 图书馆学研究，2008（12）：81-83，87.
周庆山，王京山. 维基百科信息自组织模式探析 [J]. 情报资料工作，2007（2）：29-32.

于生僻领域的条目,从而有利于有效地发掘民间知识,让它在广度上获得了天然优势。在允许大众自由编撰的同时,维基百科通过共同建立基本守则、普通守则来建立社群共识。①

2. 内容参与者自发、平等地参与内容发展,担负不同的角色

参与者对社交媒体内容的参与采取的是自发自觉的协同方式,因此这些参与者也被称为"志愿者"。产用社群的组织结构是非等级性的:产用社群的成员会依据自己的兴趣、技巧、知识等的状况参与内容生产,虽然所有参与者的能力或技巧是不平等的,但是他们对内容发展作出贡献的可能性是平等的,所有参与者都拥有对内容作出自己贡献的平等权利。

参与者之间既不是等级关系,也不是无组织的关系状态。参与者在社群中的影响力取决于其对内容发展过程的参与状况。不同参与者的参与状况之间会表现出明显的不同,因此不同参与者在特定社群中扮演着不同的角色。比如,有研究者将社交媒体的内容参与者所扮演的角色划分为五种:被动用户、外围贡献者、核心贡献者、异常用户、社群参与者。② 不过,随着具体参与状况的不断变化,特定参与者在特定产用社群中扮演的角色也会随之转变。很明显,社交媒体的内容产用过程处于流动状态。

3. 内容品质依赖于互动式的评估过程,故内容处于持续未完成状态

开放式的内容参与方式为社交媒体的内容品质提供了保障基础——所有的内容都会得到同一社群中所有参与者的持续、互动式的审阅与评估。由于有参与者的广泛参与,这种评估实际上是一种互动式的公共评估,是"无需人为干预的、自动发生的评价机制",因此也促使社交媒体具备了"自净化"的能力。

新浪微博金庸"被去世"事件证明了这一点。③2010 年 12 月 6 日晚 20 时 19 分,新浪微博实名认证用户"中岛"发布的一条信息瞬间引爆网络:"刚刚得到消息,著名武侠作家金庸,1924 年 3 月 22 日出生,因中脑炎合并胼胝体积水于 2010 年 12 月 6 日 19 点 07 分,在香港尖沙咀圣玛利亚医院去世。"这一说法时间精确到分,还有听起来像模像样的"医院",一时间这条微博被疯狂转发成千上万次,有媒体甚至迅速安排了悼念专版,题目都已经拟好,叫作"大哭江湖"。与此同时,微博上也出现质疑的声音,诸如金庸生于 1924 年 3 月 10 日,网传消息写的却是 1924 年 3 月 22 日,首先是

---

① 尹开国.维基百科社群发展策略研究[J].图书情报知识,2007(3):95-98.
② 张薇薇,王昊,朱晓东.互联网用户协同创作与内容共享的活动系统研究[J].中国图书馆学报,2011,37(4):27-37.
③ 张羽,侯逸君.公民新闻传播中的微博假新闻现象探析:以新浪微博金庸"被去世"事件为例[J].今传媒,2011,19(2):48-50.

把金庸先生的生日搞错了。后来网友又搜索出致金庸死亡的疾病纯属子虚乌有，接着是消息中的医院"圣玛利亚"也不存在。谎言逐渐被揭穿，真相越来越大白于天下。22分钟后，也就是20时41分，凤凰卫视记者闾丘露薇在其微博上回应"金庸去世"传言，称："假消息，金庸昨天刚出席树仁大学荣誉博士颁授仪式。另外，香港没有这家医院，造谣者也太不专业。其实大家自己google一下就知道了。"该微博短时间内被转载数千次。21时08分，被广泛认为是最先发布不实消息的"中岛"在微博上表示自己被人利用："我当时不相信有人会开这样的玩笑，我现在也不相信。可为什么会有人利用我来炒作？"随后，他发布致歉声明，并删除了"金庸去世"的原始微博。这充分证明了微博具有无比强大的"自净"功能。"自净"的前提是有尽可能多的公众的平等参与。

总之，公众的广泛、积极、平等的参与是内容品质评估的关键要素。因此，在社交媒体传播条件下，内容不再表现为"成品"（end product），而是处于不断的发展过程中——内容参与者可以随时对所关注的内容进行编辑或修改。"产品"的概念已经不再适用于这种状况，因为产用模式下不再有"完成"状态的内容，内容的"完成"状态很难实现。在这种情况下，内容表现为一种持续发展的过程。也就是说，社交媒体的内容往往表现为一种持续的变动性、成长性。

4. 参与者共有内容，并以恰当形式体现个人价值

虽然经过参与者协作生产的内容是由社群共同拥有的，但是对特定内容作出贡献的所有参与者都有所回报。这种回报是参与者进一步参与的动力。最基本的回报形式是在特定社群中获得认可。

实际上这也涉及了知识产权的相关问题。严格的知识产权管理无疑会阻碍参与者对现有内容进行编辑或调整。但是如果让参与者完全放弃知识产权的话，可能会损伤参与者的积极性，对内容的发展也是不利的。因此，社交媒体传播环境下的知识产权状况处于两者之间。

部分社交媒体为内容参与者提供了特定形式的激励机制，本质上这些机制就是在试图恰当体现内容参与者的个人价值。

在激励机制建设方面，维基百科为了鼓励并吸引热心的使用者持续进行高效率、高标准的编辑，采取以下三种方式进行奖励：维基荣誉、维基奖励与其他奖励。荣誉与奖励的不同在于前者主要依照使用者参与社群的时间长短与编撰的页面贡献，而后者主要针对使用者在摄影、技术、编辑等不同专业领域上所作出的突出贡献。每一种荣誉或奖励都规定了具体的授予规则，使用者必须满足相当的条件。依照奖励种类的不同，授予奖励者的层级也有所不同。同时所有使用者须经由其他使用者发现并主动

提名才有获奖的可能。①

三、社会网络视野中的媒体体系

（一）社会网络的视野

社会网络（social network）由"节点"（node）和联结两个节点的"边"（edge）组成。每一个节点代表一名个体，边代表两名个体之间的互动关系（信息的散播者与接收者之间的关系）。两个节点之间的关联是"联结"（tie）。每一节点都可能与其他不同的节点存在关联；也就是说，每一节点有不同数量的边。"度"（degree）表示特定节点所拥有的边的数量。假如一个节点的度是零，那么该节点就没有与其他节点关联。"距离"（distance）表示联结任意两个节点之间最近路径的长度。②

网络节点的行为决定着信息在网络中的散播过程。沿着网络中的边进行的信息散播是沿着不同方向同时进行的，这就是上述网络模式所强调的无序特征。

在信息散播含义上，所有网络节点可以分为三类："信息易接收者"（susceptible，S）、"信息实际接收者"（infective，I）、"拒绝接收者或逃离者"（removed/immune，R）。任何一个时间点上的网络节点总数式：N=S+I+R。每一节点在接收信息之前都处于 S 状态。一旦接收到信息，该节点就由 S 状态转为 I 状态并在一段时间内持续维持 I 状态。在这一段时间中，该节点可能沿某一边向其他某一节点转送信息，其转送概率表现为转送参数（forwarding parameter），类似于流行病领域的扩散参数（contagion parameter）。一段时间之后，该节点不再对该信息感兴趣，不再参与信息散播过程，该节点即由 I 状态转为 R 状态。这一过程就是 SIR 序列。③ 在 SIR 序列模式中，实际发生的信息散播都只处于 I 阶段。

社会网络的结构因素决定着信息在网络中散播的状态。具体而言，社会网络结构因素包括网络节点之间的同质情形（网络成员多样性）以及节点之间联结紧密度等。

1. 网络表面

网络表面（network surface）指与信息接收者存在直接关联的节点的数量（见图 3-8）。

---

① 尹开国. 维基百科社群发展策略研究［J］. 图书情报知识，2007（3）：95-98.
② BAMPO M, EWING M T, MATHER D R, et al. The effects of the social structure of digital networks on viral marketing performance［J］. Information systems research, 2008, 19（3）：273-290.
③ MORENO Y, VAZQUEZ A. Disease spreading in structured scale-free networks［J］. European physical journal, 2003, 31（2）：265-271.

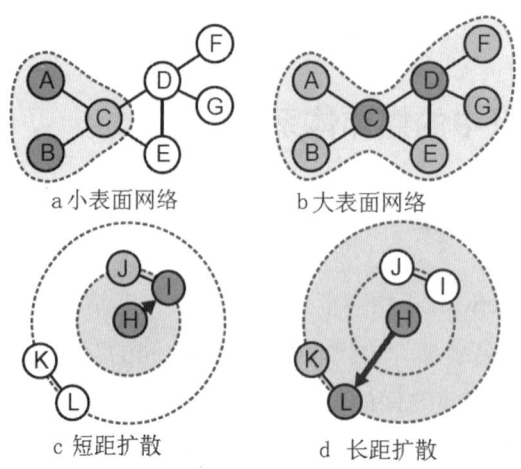

图 3-8 网络表面

A 与 B 表示信息的初期接收者。当与 A 和 B 邻近的 C 和 D 接收了信息之后，C 和 D 附近的 E、F、G 就可能接收到信息，因此网络表面会明显增大。虚线范围表示网络表面区域（surface area）。因此图中 a 显示的是小表面（small surface）网络，b 显示的是大表面（large surface）网络。对于信息传播而言，大表面网络意味着信息拥有巨大规模的潜在接收者。

基于节点位于网络中的位置不同，不同节点之间的距离会有所不同。当 H 将信息传送给临近的 I 时，潜在接收者的数量变化不会太大，因此网络表面不会发生明显变化。当 H 将信息传送给远距离的 L 时，潜在接收者的数量可能会明显增加，因此最终的网络表面可能会明显增大。图中 c 表现的是短距扩散（short-range diffusion），d 展示的是长距扩散（long-range diffusion）。长距扩散实际指的是信息能够跳出某一特定网络，通过某一联结蛙跳到另外一个网络，进而导致信息迅疾扩散到另外的网络中。因此，长距扩散会直接建构出明显的大表面网络，[①] 在传播维度上的表现即：信息会得到迅疾传播。

2. 网络结构

网络结构指的是网络中节点之间的关系状态。对于网络结构类型的划分，有两种方向：关注网络表面特征，或者关注网络中节点之间的相似性特征。

（1）基于网络表面进行的网络结构划分

基于网络表面的具体情形，网络大概可以分为三种类型："随机网络"（random

---

① WENG L，MENCZER F，AHN Y Y. Predicting successful memes using network and community structure [C/OL] //Proceedings of 8th AAAI Intl. Conf. on Weblogs and social media（ICWSM 2014），[2015-11-26]. http://arxiv.org/pdf/1403.6199.pdf.

network)、"无标度网络"(scale-free network)与"小世界网络"(small world network)。这三种类型本质上也就是三种网络结构。

随机网络中（见图3-9），某一节点不大可能与网络内其他大部分节点直接联结。这是一种松散的网络体系，各节点之间并不熟悉，联系也不紧密。因此，当随机网络中某一节点接收到特定信息时，难以迅疾散播至该网络中的大部分节点。只有尽量争取让随机网络中的大量节点接收到信息，才可能促使信息在随机网络中迅疾散播。

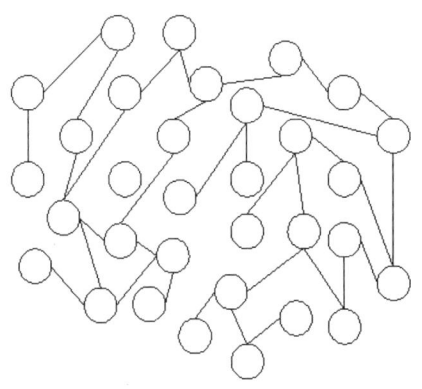

图 3-9 随机网络

无标度网络中的小部分节点与其他大部分节点联结，其他大部分节点则只拥有少数联结。因此，该网络中少数节点拥有较大的边数，其他大部分节点只拥有少量的边数。这些拥有较大边数的节点就是网络的"中心"（hub）（见图3-10中的黑圈）。当无标度网络中的中心节点接收到特定信息时，该信息有可能迅疾在该网络中散播，因为中心节点与该网络中其他大部分节点存在联结。当无标度网络中非中心节点接收到某一信息时，则无法保证该信息在该网络中的迅疾散播，因为非中心节点无法与该网络中其他大部分节点发生联结。

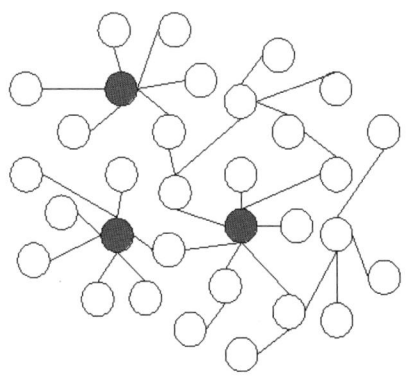

图 3-10 无标度网络

媒体应用实务

小世界网络指具有高聚类（clustering）属性的网络，强调节点之间的显著同质性（homophily，拥有相同特征，比如工作、社会经济地位、品味、态度等），几乎所有节点之间都存在紧密的关联。其典型代表是朋友圈或同事圈之类的网络（见图3-11）。^①只要这一类网络中某一节点接收到某一信息，该网络中其他所有节点就很有可能迅疾接收到该信息。同时由于不同的节点可能会反复分享该信息，网络中某一节点可能会反复接收到同一信息，产生比较明显的信息冗余现象。

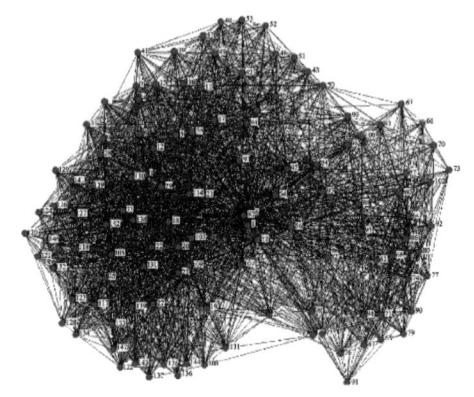

图3-11　小世界网络

（2）基于网络节点之间相似性的网络结构划分

基于网络节点之间的相似性，社会网络大致可以分为两种类型："密织网络"（densely knit network）与"分枝网络"（ramified network）（见图3-12）。^②这两种类型本质上也是两种网络结构。

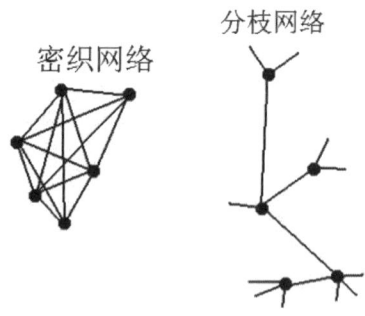

图3-12　密织网络与分枝网络

---

① 蔡萌, 任义科, 赵晨, 等. 网络结构模式与员工个人绩效：基于整体网络的分析[J]. 管理评论, 2013, 25（7）: 143-155.

② BOASE J, WELLMAN B. A plague of viruses: biological, computer and marketing[J]. Current sociology, 2001, 49（6）: 39-55.

A. 密织网络

密织网络成员之间的同质性比较明显，彼此之间关联紧密，存在着明显的"强联结"（strong tie）。这些成员明显影响着彼此的决策过程。[①] 这就是所谓的"附着力因素"（stickiness factor）。

密织网络相当于小世界网络。在密织群组中，大部分成员彼此熟悉，联系紧密频繁，不过这些成员与网络之外的成员联系较少。因此，这一类网络内部联系紧密，同时外在边界清晰。信息在密织网络中的散播会相当迅速，尤其是在网络成员具有明显相同的社会环境属性时：住在相同的地方、拥有相同的时尚品位等。

网络特定成员通过与其他成员的紧密频繁联系，可能多次接触到同一信息。也就是说，密织网络中的几乎所有节点会接收到大量的冗余信息，这会明显降低信息接收的效率。这一现象有两种可能的结果：反复接收同一信息可能会强化接收者对该信息的认知与信任，同时也可能大幅度提升接收者对该信息的反感。

B. 分枝网络

分枝网络中，很少有成员彼此紧密频繁联系，成员大部分的互动都指向网络之外。这一类网络联系松散，且边界宽松。因此信息在分枝网络中的散播会比较慢。不过，这一类网络的真正角色是作为信息从一个密织网络向另外一个密织网络散播的桥梁。因此，在同一分枝网络中，所有成员不一定同时接收到相同的信息。

分枝网络中节点数量可能比较多，但边的数量却比较少，存在诸多的"结构洞"（structural hole）（见图3-13）。[②] 图3-13中的节点1与节点2、节点3之间都存在联结，节点2与节点4和节点5之间不存在直接联结，因此图中节点1拥有三个结构洞。那么，当节点1接收到某一信息时，节点2、节点3、节点4都可能同时接收到该信息；如果节点2接收到某一信息，那么只有节点1可能直接接收到该信息。图中节点4在该网络中的位置与节点1相同。不过这一说明仅仅局限于这一图中所显示的节点所属网络情形。假如该图中的节点2不仅仅归属于目前这一网络，而是同时也归属于另外一个密织网络，那么节点2所接收的信息就可能通过节点1迅疾散播到节点3与节点4。这一过程中，节点1担负着中介者（broker，该词有不同的中文翻译方法，比如"协调者""经纪人"等）的角色。仅就该图而言，节点4同样也可能担负这一角色。

[①] CROSS R，BORGATTI S P，PARKER A. Beyond answers：dimensions of the advice network［J］. Social networks，2001，23（3）：215-235.

[②] 蔡萌，任义科，赵晨，等. 网络结构模式与员工个人绩效：基于整体网络的分析［J］. 管理评论，2013，25（7）：143-155.

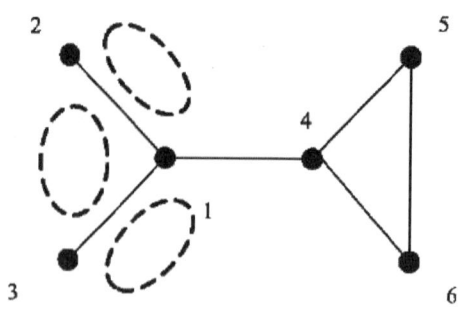

图 3-13　结构洞与中介者

（二）信息散播的协同生产网络模式

在社会网络视野中，信息的传播并不是单向的，而是在消费者网络（consumer network）成员中间交互传播，这是"协同生产网络模式"（Network Coproduction Model）[①] 的观点。在这一模式中，转送信息的公众会成为信息及其含义的协同生产者，信息通过特定方式进入特定的网络体系中（这一环节本质上就是播种过程，seeding），进而在这一网络体系的成员之间交互传递（见图 3-14）。

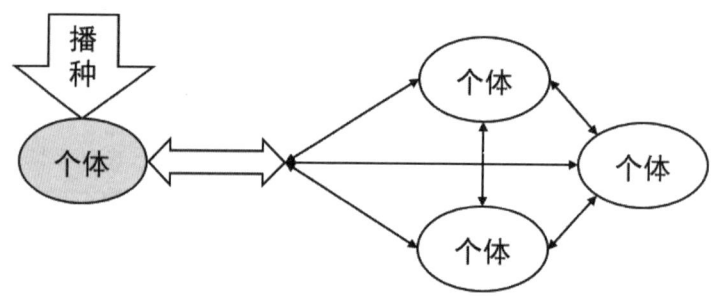

图 3-14　协同生产网络模式

"种子"（seeds）指信息的第一波接收者。"播种"，即将信息发送给种子。种子接收到信息之后，如果继续转发，就会出现第二代、第三代、第四代等。因此，信息传播的过程会表现为代际序列现象。

由此可见，种子是开启转发分享式信息传播过程的真正起点，因此对种子的选择与确定具备战略性意义。比如，日常生活中经常见到的电影点映活动，对观看者的选择极度重要，这一选择的要点本质上只有一项：什么人更可能喜欢这部电影？什么人

---

① KOZINETS R V, DE VALCK K, WOJNICKI A C, et al. Networked narratives：understanding word-of-mouth marketing in online communities［J］. Journal of marketing, 2010, 74（2）：71-89.

更喜欢分享？只有点映观众观看完电影之后广泛分享对电影的积极评价，才会为后续的代际传播奠定好积极的出发点。

不过并不是所有的种子都需要进行选择。比如第四章所说的《哈利·波特》第七部"主要角色死亡"的传播过程，其正式起点是2006年6月26日罗琳在电视访谈节目中的表述。在这一过程中，《哈利·波特》的营销传播者并没有特意选择种子。这是因为《哈利·波特》的关注者（包括各种媒体）会密切关注《哈利·波特》第七部的相关信息，不需要营销传播者的有意选择。对所有已经积累起广泛关注度的对象而言，都不需要对种子进行有意的选择。

基于代际序列，每一颗种子接收到信息之后，一旦进行转发分享，都可能会形成一棵信息散播树（tree of message transmission）。不同的种子会形成不同的信息散播树，不同的信息散播树之间可能会产生交叉，进而编织成一张散播网络。这正是网络模式的要点。

协同生产网络模式对媒体应用的启示包括两项：

第一，既然信息及其含义是被协同生产出来的，因此信息脱离源头越远，发生改变的可能性就会越大。不过，数字网络（digital network）更多通过粘贴、复制与链接、推送的方式转送信息，因此转送过程中的信息真实性（message fidelity）会得到有效保障。

第二，这一过程中，舆论领袖不再发挥关键作用。有研究者曾经通过数学建模方式研究在舆论形成过程中，是否少数影响力较大的个体驱动着舆论的形成。结果发现，大部分情况下，有影响力的个体（influentials）仅比普通个体发挥着稍微重要的作用（modestly more important）。因此这些研究者得出结论：大部分情况下，群体之间影响流的成功实现，并不是因为存在少数影响力大的能够轻易影响其他人的个体，而是因为存在一个很容易受到影响且能够影响周围其他人的决定性的群体（critical mass）。[①]

（三）媒体蛛网

在上述基础上，参考沉默的螺旋等理论体系，[②] 本书将社交媒体与传统大众媒体组成的综合媒体体系总结为"媒体蛛网"的样式（见图3-15）。

这就是在媒体应用实践中，应用者要面对的媒体体系。只不过，不同的应用情境

---

① WATTS D J, DODDS P S. Influentials, networks, and public opinion formation [J]. Journal of consumer research, 2007, 34 (4): 441-458.
② 沉默的螺旋理论（spiral of silence）的基本观点是：个体对群体中其他大部分人的意见的判断会影响该个体表达自己意见的意愿。该个体表达意见的状态又进而影响其他人的判断，并最终影响其他人表达意见的意愿。因此，社会互动会影响到人们表达意见的意愿。通俗地说：当一个人看到其他人不说，自己也不说，进而别人也会不说，最终就表现为沉默的螺旋式积累。

下，这一体系会在一些维度上有所不同。

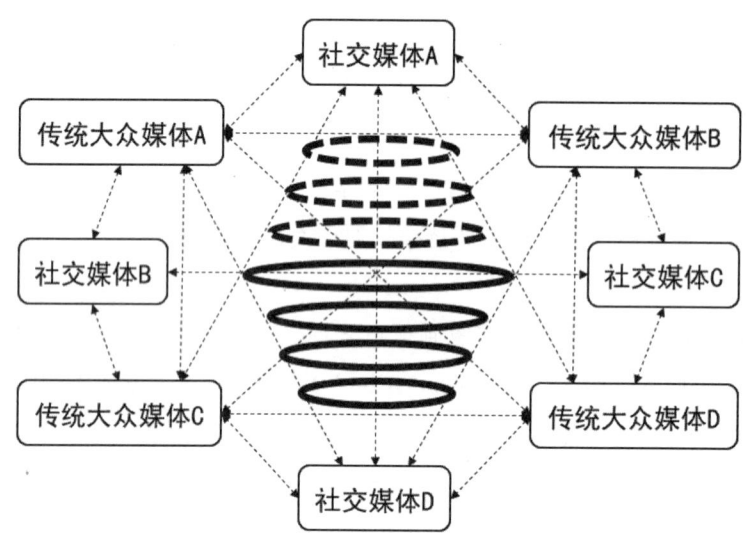

图 3-15　媒体蛛网

图中双向虚线展现的是不同社交媒体与不同传统大众媒体之间的互动，这种交错的互动形成一种"媒体网络"（与前述社会网络的机制一致），这一网络中所有媒体之间都可能发生双向的互动。位于中间的纺锤（议题纺锤）表示全生命周期状态下的议题：下端实线表示发展期，中间最大部分表示流行期，上端虚线部分表示消退期。所有议题都有自己独特的生命周期（agenda lifecycle）。

总体上，这一交错综合的媒体体系的特征如下：

第一，在特定内容的传播过程中，社交媒体与传统大众媒体同样发挥着十分重要的作用。任何媒体之间（无论社交媒体还是传统大众媒体）都可能产生互动。也就是说，这一媒体体系中的媒体间影响是多向的。

第二，在实践中，会有一些媒体（无论是社交媒体还是传统大众媒体）与其他媒体存在着更多且更紧密的互动（也可能因为某种原因，特定媒体身后有大规模的跟随媒体）。因此，这些媒体在信息传播过程中发挥着更关键的作用。如前文所说，这一类媒体可以称为"舆论领袖媒体"，犹如社会网络中的中心。不过，参考上述的 SIR 序列，在特定内容散播的过程中，不同媒体表现出不同的角色与状态。

第三，在具体的媒体应用实践中，特定社会组织面对的媒体网络体系之间的互动状态（参考前述社会网络的结构类型），会明显影响到该社会组织散播的内容的散播状态。

第四章　媒体应用的方式

第一节　两种基本模式

一、基本概念

如第三章所说，在媒体应用的视野中，媒体具备不同的可控性。基于此媒体可以大致分为两类：明显可控的媒体（简称"可控媒体"）和明显不可控的媒体（简称"不可控媒体"）。

与之相应，主要基于可控媒体的媒体应用模式，叫作"自主式模式"；相反，主要基于不可控媒体的媒体应用模式，叫作"依赖式模式"。与媒体可控性的连续轴一致，两种应用模式之间不存在绝对的差异，存在的只是程度的不同。因此，媒体应用基本模式也表现为一条连续轴（见图4-1）。

依赖式 ←――――――――→ 自主式

图4-1　媒体应用的"自主—依赖"状态连续轴

在实践中，绝大部分媒体应用活动都会综合应用可控媒体与不可控媒体，只不过总体上会有所侧重而已。比如，随着社交媒体的火爆，组织可以在各大社交平台上创建自身的官方账号，可以比较自由自如地策划并生产内容；而当特定社会组织更多使用报社、电视台等传统大众媒体，以及其他机构的自有媒体等时，对于该组织来说，其自由自如的程度会降低，组织需要尽量遵从这些媒体的规则以及提出的各种要求。

更加侧重于可控媒体的媒体应用，可以称为"明显自主式的媒体应用"，在连续轴上位于偏右的位置，简称为"自主式"；更加侧重于不可控媒体的媒体应用，可以称为

媒体应用实务

"明显依赖式的媒体应用",在连续轴上位于偏左的位置,简称为"依赖式"。

对于自主式模式来说,关键问题在于内容的吸引力。如果内容缺乏吸引力,即使通过可控媒体散播出去了,也无法获得有效的关注度。对于依赖式模式来说,关键问题则在于媒体应用的方式和内容的吸引力。如果内容毫无吸引力,即使媒体应用方式十分有效,也比较难以获得媒体的广泛关注。

二、自主式模式

自主式模式的基本点只有一个:策划巧妙,内容吸引力明显。

比如,2015年圣诞节前夕,巴西塔姆航空公司(TAM)开展了一次名叫"家人安全提示"的活动(见图4-2)。塔姆航空公司提前请到部分乘客的亲人,来"扮演"航空公司讲解安全提示的空乘人员,录制安全提示视频,所有活动都是在这些乘客毫不知情的情况下完成的。待这些乘客登机落座之后,很意外地看到自己的亲人出现在安全提示视频里,他们都很感动。这些感人的场面被详细记录下来,并通过塔姆航空公司可控的社交媒体渠道进行传播,这属于经典的自主式模式。

图4-2 "家人安全提示"活动

再比如,2016年3月,罗马尼亚国家歌剧院在克卢日这个城市的一次周六晚场电影开始前,开展了名叫"影院歌剧"的活动(见图4-3)。电影开始前出现"广告",观众没有任何意外。但是当人们发现这不是广告,而是台上台下两位歌剧演员在表演时,观众的意外就非常强烈了。这些强烈的意外表情就是这条内容的吸引点所在。这条视频被罗马尼亚国家歌剧院发到可控的社交媒体平台上,因此这也属于经典的自主式模式。

图4-3 "影院歌剧"活动

其实,有些内容的显著吸引力,并不是来自策划巧妙,而是来自借流。但无论是基于人为策划建构起来的吸引力还是借流而来的吸引力,都具备采取自主式模式的基础。

比如,2006年国际足联世界杯决赛于7月9日在德国柏林举行,中欧夏令时晚8点开始。在晚上10点左右的加时赛阶段,当着全世界狂热的球迷的面,法国队队长齐内丁·齐达内(Zinedine Zidane)以头顶撞对方队员马尔科·马特拉齐(Marco Materazzi)胸口,导致马特拉齐倒地,裁判直接将其红牌罚下(见图4-4)。

图4-4 齐达内以头顶撞马特拉齐

在之后的一次访谈中,齐达内表示,马特拉齐侮辱齐达内的家人在先。最终,经过点球大战,意大利队获得冠军。之后齐达内宣布退役。

这一事件引发广泛关注,成为全世界各大媒体的头版头条。法国《费加罗报》(Le Figaro)将这种行为界定为"令人憎恶的"。不过,第二天清晨的民意调查显示,61%的法国民众已经原谅了齐达内,52%的民众表示能够理解齐达内。

当齐达内回到法国,巴黎的协和广场上,成千上万的球迷挥舞旗帜,有节奏地喊着:"齐祖!齐祖!"(齐达内绰号"齐祖",Zizou。)当时的法国总统希拉克也进行了致辞。

迄今为止,齐达内在全球范围内的关注度的最高峰,仍位于2006年7月(见图4-5)。

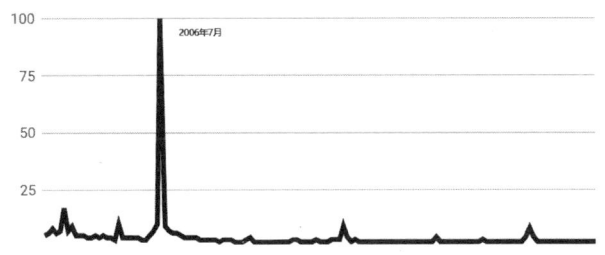

图4-5 "Zinedine Zidane"谷歌全球搜索趋势(2024年8月13日)

比赛结束后的几个小时内,互联网就风行了一项名为"齐内丁·齐达内赛"(Zinedine Zidane Game)的游戏热潮。该游戏由来自意大利米兰的美术设计师阿尔贝托·扎诺特（Alberto Zanot）花费不到一个小时设计而成。该游戏允许用户通过鼠标点击动作来操控游戏中的"齐达内"用头撞击意大利球员。最开始，扎诺特只是将该游戏通过电子邮件发送给自己的朋友。但是大大出乎他的意料，到7月11日，大约只用了一天的时间，该游戏已经获得150万次的浏览。该游戏以指数式速率在全球范围内扩散。即使到了三个月之后的2006年10月，谷歌搜索引擎中还能搜索到有关这一游戏的众多资料。

在这一事例中，讯息传送者可以使用的渠道是电子邮件与网络社区：扎诺特首先将这一游戏发送给朋友，其朋友又将这一游戏发送给各自的朋友，并将其上传到网络社区。这明显属于可控媒体的应用。

这一事例中的互动网络游戏自身设计十分简单，游戏本身没有明显特征。但是，站在与新闻事件相关联的角度上，这一游戏属于典型的"新闻游戏"（news game），与世界杯中的这次新闻事件紧密相关（齐达内与"齐内丁·齐达内赛"的谷歌全球搜索的高峰期完全吻合，都位于2006年7月，见图4-6）。与此同时，这款游戏并不进行意识形态的批判，而是更侧重于单纯的娱乐。这两者是这款游戏的吸引力所在。

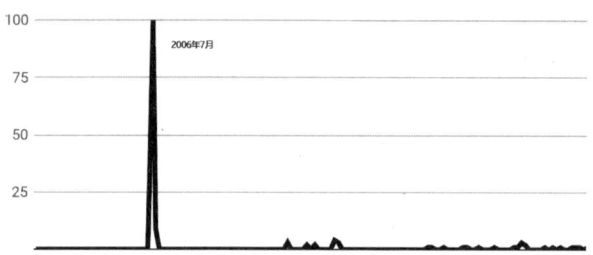

图4-6 "Zinedine Zidane Game"谷歌全球搜索趋势（2024年8月13日）

三、依赖式模式

依赖式的媒体应用模式很普遍，日常生活中最典型的表现就是：活动前邀请媒体，给媒体不同的回报（至少是车马费），以换取媒体的报道。这种报道往往比较枯燥教条，形式主义严重，其吸引力很弱。

比如，2018年7月28日，脉脉在上海长风大悦城中庭举行"去你的职场压力"新闻发布会，发布《职场人别慌——中国职场生存压力详解2018》报告（见图4-7）。脉脉把7月28日命名"职场解压日"。同一天，脉脉的"职场解压实验室"活动开始，持续到8月19日。迄今为止的一些报道有两个明显的特征：第一，的确有一些报道，但所有报道的浏览量不高；第二，几乎所有报道都使用相同的图片或动图（请参见第五章对通稿的说明）。

图 4-7 "去你的职场压力"新闻发布会

这一活动虽名叫"新闻发布会",但完全不满足新闻发布会的两项要求(请参见第六章中对新闻发布会的说明),加之其内容欠缺吸引力(或者说,活动组织者对活动新闻价值的挖掘严重不足,请参见第五章中对新闻稿等的说明),因此这一活动获得的报道也吸引力不足。

可以看到,通过关系或者砸钱的依赖式媒体应用模式,可以比较轻松地获得一些报道,但其关注度会大打折扣。这不只是因为媒体报道的积极主动性严重不足,也是因为活动本身的吸引力不足。如果内容本身有足够的吸引力,即使是依赖式模式,同样可能获得很多不可控媒体的报道。

比如,2009 年 4 月 20 日上午 9 点,100 名女孩聚集在伦敦皮卡迪利广场,跳起碧昂丝的《单身女郎》(*Single Ladies*)舞蹈,为当年 11 月即将举办的 "trident of its free"碧昂丝公演造势(见图 4-8)。这条视频明显来自围观者的拍摄与分享。虽然围观者是否拍摄、怎么拍摄、是否分享、怎么分享等都是难以自如控制的,但是这次歌舞式的快闪活动以及女子们的着装等,都具有明显的吸引力,会引发人们围观、拍摄并分享。因此,只要内容的吸引力足够强大,即使是依赖式的媒体应用,传播效果也会很好。

图 4-8 碧昂斯《单身女郎》快闪活动

四、混合式模式

将自主式模式与依赖式模式组合起来,便形成混合式模式。

比如,北京时间2018年3月6日,香奈儿的2018—2019年度秋冬成衣秀在巴黎大皇宫举办(见图4-9)。设计师卡尔·拉格斐(Karl Lagerfeld)为这次活动建构了一个秋季森林的场景。这种场景赋予了香奈儿的新品一种"优雅、浪漫"的体验性含义。大自然随季节的更替展现出不同的风韵,场景的象征性含义也非常契合香奈儿的品牌精神:流行稍纵即逝,但风格永存。一方面,活动有效使用跟进视频,①让不在走秀现场的人们都能够感受到活动的气息,这属于自主式传播;另一方面,活动也引发众多其他媒体的关注,这属于依赖式传播。

图4-9　香奈儿2018—2019年度秋冬成衣秀

第二节　正式与非正式方式

一、基本概念

基于对媒体施加影响的性质不同,媒体应用方式大致分为两类:"正式"(formal)与"非正式"(informal)。正式的媒体应用方式包括新闻稿、新闻发布会、演讲、访

---

① 跟进视频,指活动结束后,组织者有意编辑的、表现活动某一方面的视频。它一般通过自有媒体或便利媒体渠道传播,是营销传播活动获得更好效果的关键,能让活动超越举办地的限制,让更多不在举办地的人们以及这之后其他时代的人们都可能看到。

谈、报告、听证会、正式记录等，通过这些形式，信息以公开、正式的方式影响着媒体报道；与此不同，非正式的媒体应用方式包括非正式电话、私下会面、地缘/校缘/血缘关系、媒体俱乐部旅游、报道式广告、会餐或酒会过程中的交往、确立友谊的活动（如高尔夫、爬山等）、赠送礼品或免费票、贿赂等。① 在非正式的媒体应用方式中，信息以一种非正式、非官方的方式影响着媒体。总体而言，正式媒体应用方式是基于信息自身的价值，核心是信息传播，属于信息性关系；而非正式媒体应用方式则基于非信息的价值，核心并不是信息传播，属于非信息性关系。

在媒体应用过程中，如果社会组织的内容具有明显的新闻价值（或者可以挖掘到明显的新闻价值），可以考虑选择正式方式；如果社会组织的内容没有明显的新闻价值（或者暂时无法挖掘到明显的新闻价值），则可以考虑选择非正式方式。

正式方式与非正式方式之间的划分不是绝对的，两者只是程度上的不同，代表着两种不同的趋势。本质上两者表现为一条连续轴（见图4-10），实践中的任何一种方式都可以在这一连续轴上找到一个合适的位置。在合法性上，正式方式往往倾向合法合规，而非正式方式往往倾向违法违规。但其实，无论正式方式还是非正式方式，都会涉及复杂多样的社会性因素。因此，非正式方式不都是"坏"的，需要将其置入特定社会性判断框架中进行评价。

图4-10 媒体应用方式的"正式—非正式"连续轴

二、正式媒体应用方式

比如，1979年11月，美国哥伦比亚广播公司（CBS）的《60分钟》（*60 Minutes*）播报了由里森勒（Harry Reasoner）提供的报告，内容是伊利诺斯能源公司（Illinois Power Company）的消费者表示该公司的电价过高。该公司向1/3的美国公众提供电

---

① CAMERON G T, SALLOT L M, CURTIN P A. Public relations and the production of news: critical review and theoretical framework [M] //BURLESON B R. Communication Yearbook 20. Thousand Oaks: Sage, 1997: 111-115.
SHIN J H, CAMERON G T. Informal relations: a look at personal influence in media relations [J]. Journal of communication management, 2003, 7(3): 239-253.

能。该报告调查了该公司的三位原职员，他们表示该公司在核能领域缺乏经验，不努力对成本进行控制。节目播报后的星期一，伊利诺斯能源公司的股票价格下跌。伊利诺斯能源公司立即回应，制作了长达44分钟的录像带《我们的答复》(Our Reply)，针对公司员工、消费者以及股东，逐条对电视新闻中的内容进行反驳。到1980年年底，公司已经向立法人员、新闻记者、公司管理人员以及教育培训人员散发了超过2000多份录像带。[1]

伊利诺斯能源公司开启了反击敌对性电视报道的先河，其方式就属于典型的正式媒体应用方式。

又如，苏联军队入侵阿富汗后，美国广播公司的短剧 Amerika 进行了报道，不过这些武装人员的着装与联合国部队的制服十分相似。这种报道有损联合国形象。为了修复这一负面形象，联合国新闻部（Department of Public Information，DPI）进行了回应：第一，发布公开信，发送给美国广播公司所属媒体机构。第二，发布名为《联合国维和行动的事实》(United Nations Peace-Keeping-The Facts) 的系列新闻稿。第三，发布内容为联合国军事维和行动的视频新闻材料。[2] 这也属于典型的正式媒体应用方式。

其实，正式媒体应用方式的基础是"信息补贴"（请参见第五章中对信息补贴的说明）。

三、非正式媒体应用方式

一定程度上，非正式媒体应用方式的本质是：通过投媒体人员所好来对其施加人际影响，以期获得符合意图的报道，其本质即私下的人际关系。对此有人提供过比较极端的表述：有时甚至都不需要准备新闻稿，只需要拿起电话联系一些与自己有私人联系的记者或编辑人员，就可以获取自己预期的报道。[3] 无疑，这种非正式方式增加了媒体应用人员与媒体人员之间关系的复杂性。

以往的相关研究显示，非正式媒体应用方式比较多地出现于亚洲国家。如在印度尼西亚，新闻记者在采用外来材料的过程中，明显会受到非正式因素的影响，甚至存在着"红包新闻"（envelope journalism，即有偿新闻）的现象。[4]

---

[1] GRUNIG J, HUNT T. Managing public relations [M]. New York：CBS College Publishing, 1984：419-421.

[2] BALDWIN W H. As the world turns [J]. Public relations journal, 1987, 43 (3)：12-16.

[3] SHIN J H, CAMERON G T. A cross-cultural view of conflict in media relations：the conflict management typology of media relations in Korea and the U.S [M] //Manuscript submitted to the Public Relations Division of the Association for Education in Journalism and Mass Communication, 2002.

[4] SINAGA S T, WU H D. Predicting Indonesian journalists' use of public relations-generated news material [J]. Journal of public relations research, 2007, 19 (1)：69-90.

在韩国，非正式媒体应用方式确实对新闻报道产生了比较明显的影响。比如，韩国公关从业人员曾经对他们与记者之间的关系作出如下表述：

"即使记者没有访问我们的公司，不过我可以在任何我需要的时候会见他们，当我与记者友好地会面时，我们会谈很多事情，其中当然也包括私人事务。"

"不管需要处理什么事务，我都会向记者谈论我的个人爱好，比如听音乐、看电影，等等，以及我的个人想法。当我们拥有共同的爱好时，我们就会毫无保留、顺利地处理关系。"[1]

"（与记者）的积极关系对企业形象十分有利，良好的关系会促进忠诚，如果我们犯了错误，他们（记者）会认为这些都是可接受的，从而忽略掉。不过如果一些组织与记者的关系比较糟糕，这些记者就可能会比较严格地对待这些组织，也就可能扩大这些组织的消极方面甚至一些琐碎事务。"[2]

为了说明的便利，也依据不同媒体应用活动对媒体影响的不同表现，本书将非正式媒体应用方式分为两类：或以经济利益为基础，或以私人关系为基础。前者的本质是一种比较简明直接的交换关系——媒体应用人员以特定形式的经济利益（赠送、贿赂等）来换取特定状况的媒体报道（当然也可能是"不报道"）。后者指媒体应用人员仰仗与媒体人员的私人关系来获取特定状况的媒体报道。

两类非正式媒体应用方式之间往往存在着紧密的关联。比如，印度、韩国与日本的公关人员往往利用与新闻记者和编辑人员的良好关系实现特定的媒体报道目的，不过获得这种好处的方式往往是款待新闻记者吃喝或者赠送礼品甚至进行贿赂。[3] 因此，大部分情况下，经济利益是紧密私人关系的基础，私人关系往往是经济利益的结果。两类非正式媒体应用方式是很难分清的，同时有的非正式媒体应用方式也比较复杂，难以简单划分。本书主要为了便于说明，将二者加以划分。

在恰当性视角中，有的私人关系会明显违背情理（即会导致关系双方或某一方感到明显的不适），有的经济关系会明显违规甚至违法。无论是明显违背情理还是明显违规甚至违法，都是不恰当的。因此，非正式媒体应用方式表现为一条连续轴（见图4-11）。

---

[1] LEE J, BERKOWITZ D. Media relations in Korea: Cheong between journalist and PR practitioner [C] //Paper submitted to the Public Relations Division of AEJMC for the 2003 Annual Convention, Kansas City, MO. 2003.

[2] JO S, KIM Y. Media or personal relations? Exploring media relations dimensions in South Korea [J]. Journalism and mass communication quarterly, 2004, 81 (2): 292–306.

[3] SRIRAMESH K, KIM Y, TAKASAKI M. Public relations in three Asian cultures [J]. Public relations research journal, 1999, 11 (4): 271–292.

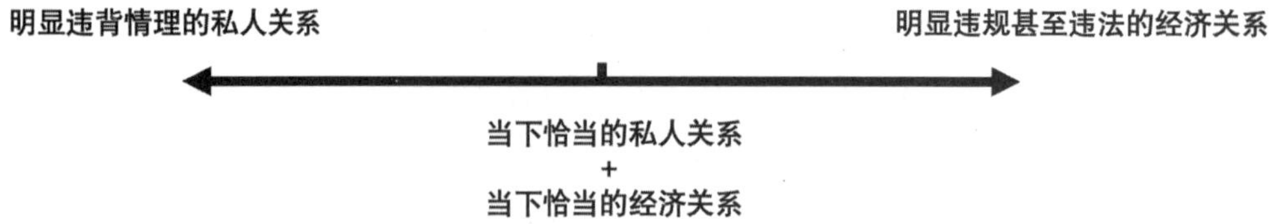

| 媒体应用实务

明显违背情理的私人关系　　　　　　　　　　　明显违规甚至违法的经济关系

当下恰当的私人关系
+
当下恰当的经济关系

图 4-11　非正式媒体应用方式的恰当性连续轴

其左端是"明显违背情理的私人关系",其右端是"明显违规甚至违法的经济关系",中间区域属于"当下恰当的私人关系"和"当下恰当的经济关系"。中间区域的非正式媒体应用方式,虽然有些也处于"灰色地带",但在当下的社会条件下,仍旧被认为是比较务实的方式。超越这一范畴的"私下关系",都处于明显违背伦理与法规的风险之中。

(一)以经济利益为基础的非正式媒体应用方式

以经济利益为基础的非正式媒体应用方式,指通过直接或间接付费的方式获得媒体报道的方式。这种现象也被称为"付费报道"。其中直接付费行为指媒体应用者为了获得报道以不同形式直接向媒体人员提供现金的现象,间接付费指媒体应用者以非现金的任何形式向媒体人员提供报酬的现象。①

我们之所以没有使用"有偿新闻"的概念,一是因为目前人们往往站在新闻记者的角度关注"有偿新闻",从而将其视为一种违反道德的行为,更多强调的是道德判断;二是因为媒体应用活动导致的报道本质上并非新闻,称其为"报道"更为准确。

以经济利益为基础的非正式媒体应用方式会导致"媒体不透明"(media non-transparency)现象。以往的众多研究将媒体不透明现象界定为通过任何形式为新闻报道提供报酬的现象,这一现象也被称为"金钱换报道"、媒体贿赂、红包新闻、付费新闻等。

"媒体不透明"概念的基础是"媒体透明"(media transparency)概念。"媒体透明"关注信息通过不同载体进行传播的方式与原因。当特定媒体满足三项特征时,该媒体就是透明的。这三项因素分别是:第一,消息来源是多样的,而且通常情况下不同的消息来源处于竞争状态(请参见第五章中对消息来源竞争关系的说明);第二,信

---

① KRUCKEBERG D,TSETSURA K. International index of bribery for news coverage [R/OL].(2011-01-10)[2011-03-15]. http://www.instituteforpr.org/topics/bribery-news-coverage-2003/.
TSETSURA K. Bribery for news coverage:research in Poland.[R/OL].[2011-03-15]. http://www.instituteforpr.org/files/uploads/Bribery_Poland.pdf.

息以公开的方式进行传播；第三，媒体以公开的方式获取经费。①

媒体不透明概念主要站在媒体经费来源的立场上，关注其对消息来源的使用以及信息传递方式的影响。或者说，这一概念着重关注的是媒体经费来源失范行为与媒体信息传播失范行为之间的关联。

将媒体不透明问题首先引入全世界视野的是俄罗斯的公关人员。2001年，一家名为普罗马克的俄罗斯公关公司针对媒体开展了一项"钓鱼"行动。2001年2月26日，普罗马克组织了一次新闻发布会，虚构了一家商店开业的信息并加以宣布，试图试探并揭露媒体的不当报道行为。新闻发布会后，有21家报纸联系了普罗马克。最终，在未经核实的情况下，有13家媒体同意付费报道，费用最高达2000美元。事后，普罗马克对此进行了披露，对这些媒体进行了公开羞辱。同时，该公司还把它所采用的方法与世界各地的公关公司分享。②

1. 直接付费

直接付费现象与"媒体受贿"（media bribery）、"红包新闻"（envelope journalism）等概念息息相关。甚至还出现了"ATM新闻"（ATM journalism）的概念，因为新闻受贿的行为已经由现金转为数字银行的形式。

一些机构因为能够慷慨给予有吸引力的红包和赠品而闻名。实际上，记者在参加活动时会对不同的组织者进行选择权衡，组织者在这一方面的慷慨程度是重要的考虑因素。③

在印度尼西亚，记者参加新闻发布会都需要给予报酬，只不过这些报酬被委婉地标示为"交通补助"。通常情况下，印度尼西亚记者由各种新闻发布会获得的现金数量与正常的薪酬相差无几。④

在俄罗斯，企业可以向媒体或记者个人支付费用以换取媒体上的正面亮相或是不予负面曝光。据估计，全俄7500家报纸、电视台和广播电台中，只有200家机构未接受这种费用。在莫斯科，"新闻交易"几乎形成了一套可循的标准。一位深谙内幕的记者透露，某大型日报的每月"封口费"高达两万美金。这意味着，在一个月内，该报

---

① KRUCKEBERG D, TSETSURA K. International journalism ethics [M] //DE BEER A S, MERRILL J C. Global journalism. Boston, Pearson Allyn & Bacon, 2004: 84-92.
② SCOTT C. Russian 'cash for coverage' expose lauded [J/OL]. (2001-03-23) [2010-05-20]. http://www.prweek.com/news/111008/.
③ LODAMO B, SKJERDAL T S. Freebies and brown envelopes in Ethiopian journalism [J]. Ecquid Novi: African journalism studies, 2009, 30 (2): 134-154.
④ MACNAMARA J. The impact of PR on the media [J/OL] (2008-08-12) [2011-03-07]. http://www.pria.com.au/sitebuilder/resources/knowledge/files/1172/primpactmedia.pdf.
MULIANA A C. Online journalism in Indonesia [D]. Singapore: Master Thesis of National University of Singapore, 2008.

纸将封锁任何有关该公司的负面消息。①

与此同时还有"开口费"。②1915年，袁世凯要复辟帝制，为了取得舆论支持，派帝制分子、《亚细亚日报》总编薛大可带30万元巨款去上海"运动报界"，同时派人到广州贿赂报人。当时，北京的《国华报》《国权报》，上海的《大共和日报》《时事新报》，长沙的《大公报》，广州的《华国报》都接受了袁世凯的贿赂。被派到广州的人，给每家报馆每月送银圆"三百"，对编辑、记者也大加笼络，发干薪、送宣传费、给红包。那些报纸便纷纷颂扬袁世凯的"雄才大略"，随后又声讨反袁的蔡锷将军。③在可控性的视野中，对于当时的大总统袁世凯而言，这些媒体都属于明显的不可控媒体（请参考第三章中对媒体可控性的说明）。

但是有的直接付费行为比较复杂，并不是付费与报道之间的直接交换。比如，《今日美国》于2005年1月中披露了著名保守派政论家威廉姆斯（A. Williams）与美国教育部的"秘密交易"。他以每年24.1万美元的费用受聘于美国教育部，在其主持的脱口秀《保守派》（The Right Side）、每周撰写的专栏中和参加的其他电视政论节目中，宣扬布什政府富有争议的教育政策——《不让一个孩子落后法案》（No Child Left Behind）。同时，他还鼓动其他黑人记者也这样做。《今日美国》报道，美国教育部与凯旋公关公司（Ketchum）签署了总额达100万美元的合同，威廉姆斯的工作就是合同内容之一。依据合约，在2004年间，威廉姆斯应当在其节目中经常性地对该法案加以评论，同时需要经常对美国教育部部长佩奇（R. Paige）进行采访。在这次活动中，付费行为是中介化的，因此更加隐秘。

《今日美国》的报道在公共关系领域也引起了关注。比如，美国公共关系协会发表声明指出：毫无疑问，这种合作关系早就应该被公之于众。2005年9月30日，美国审计总署发布报告，宣布美国教育部与威廉姆斯的合作是违法的，因为在这一活动过程中，政府的角色并没有公开。④

2. 间接付费

间接付费可以采取现金之外任何可能的形式，主要指不同形式的赠予，包括礼品、赠品、免费票券、免费旅游等。

但在付费报道活动中，赠予的形式及性质更加复杂。比如，新闻发布会提供的简便午餐，我们很难判定这是新闻发布会的必要组成成分，还是应当将其视为活动组织

---

① NEWSWEEK. A free press, for sale [J/OL]. (2004-06-27) [2011-02-17]. http://www.newsweek.com/2004/06/27/a-free-press-for-sale.html.
② 童钟鸣."开口费"也当治理 [J]. 中国记者，2009（1）：16.
③ 郑连根. 民国时期的"封口费" [J]. 学习月刊，2009（1）：54.
④ TOPPO G. Education Dept. paid commentator to promote law [N/OL]. USA Today，2005-01-06 [2011-02-21]. http://www.usatoday.com/news/washington/2005-01-06-williams-whitehouse_x.htm.

者提供给记者的免费赠品。因此，依据不同的标准，提供简便午餐的新闻发布会可能被划归为正式媒体应用活动，也可能被界定为非正式媒体应用活动。比如，在非洲，记者的薪酬普遍偏低，因此一顿免费午餐意味着一种十分有力的诱惑。在埃塞俄比亚就有"餐车记者"（buffet journalists）的说法，指经常出现于各种招待会、发布会等场所享用免费餐饮但又不一定给予报道的记者。①

为媒体人员提供免费旅行主要与旅游行业相关。比如，新加坡航空公司经常会收到记者索取国际机票的请求，并答应会在特定报道中给予积极报道。在指责公共关系人员缺乏伦理规范的时候，媒体或许是正确的，不过更多时候是五十步笑百步。②

（二）以私人关系为基础的非正式媒体应用方式

按照"动态社会影响理论"（dynamic social impact theory）③的说法，人与人之间通过任何途径的频繁联系，都会增进双方之间的熟悉程度。该理论的"聚类倾向"（clustering tendency）认为，比较熟悉的个体之间会相互影响彼此的观念。因此，通过发展与媒体人员的紧密关系，媒体应用人员就可能影响媒体人员的观念。与此同时，公共关系领域中的"个人影响"模式（personal influence model）也认为，公共关系从业人员的主要职责是与媒体、政府等关键领域中的相关人员确立积极、稳定的私人关系。④

因为私人关系的这种重要性，以至于有的研究者大张旗鼓地强调，媒体应用活动的关键内容就是发展与媒体人员的私人关系（personal relationship）。⑤ 在有关媒体应用工作岗位的招聘启事中，往往都要求应聘者有丰富的媒体关系资源，甚至有的直接标示为"人脉"资源。这种现象凸显出私人关系在媒体应用活动中的重要地位。

目前关于私人关系在媒体应用活动中的角色的研究大多集中于亚洲地区，尤其是东亚与东南亚地区，主要涉及日本、韩国、中国台湾地区、印度尼西亚、印度等。比如，在印度、韩国与日本，公共关系人员并不经常采用新闻稿的方式，而是直接给存在良好关系的新闻记者与编辑人员打电话的方式将自己的材料直接"放置"到媒体报

---

① LODAMO B, SKJERDAL T S. Freebies and brown envelopes in Ethiopian journalism [J]. Ecquid Novi: African journalism studies, 2009, 30（2）: 134–154.
② MACNAMARA J. The impact of PR on the media [J/OL].[2011-03-07]. http://www.pria.com.au/sitebuilder/resources/knowledge/files/1172/primpactmedia.pdf.
③ LATANÉ B. Dynamic social impact: The creation of culture by communication [J]. Journal of communication, 1996, 46（4）: 13–25.
④ GRUNIG J, GRUNIG L, SRIRAMESH K, et al. Models of public relations in an international setting [J]. Journal of public relations research, 1995, 7（3）: 163–186.
⑤ MALAN M. Quid pro quo: a journalistic look at NGO-media interaction in Africa [J]. The brown journal of world affairs, 2005, 6（2）: 173–184.

道中，获取这种好处的方式即款待新闻记者吃喝或者赠送礼品甚至进行贿赂。①

在中国台湾地区，记者能够接受来自消息来源方提供的赠品，包括礼品、免费旅行等。②这种人际关系效果比较明显。比如，台湾《苹果日报》一位受访财经记者表示："有些记者跟公关公司的交情很好，记者会帮公关公司争取耶！他们会跟上司要求某一则新闻一定要上或一定要做大，还有些客户很会'鲁'，还会每天都去关切记者什么时候要上他的稿子，最后，长官也就让这则新闻用小稿上版面，让记者能交差。"③

其实在中国大陆同样也存在类似现象，主要表现为媒体人员让消息来源方来核实稿件的行为。④

在韩国，有一种十分知名的现象，叫"初版屏蔽"（first-edition screening）现象，指在正式出版之前，媒体人员会将初步确定下来的报道内容提交给媒体之外相关机构的人员审阅并提出建议的现象，其主要目的是避免可能的负面信息。这种现象也被称为"第三级守门"（third gatekeeping），是相对于消息来源（第一级守门）、媒体人员（第二级守门）而言的。⑤初版屏蔽现象的基础来自双方紧密的、稳定的私人关系，这种关系为媒体之外的人员提供了广泛参与媒体报道的便利。

韩国的公共关系从业人员与记者对双方之间紧密的私人关系比较认同，认为这种关系对于双方而言都是有利的，并不会给媒体的专业角色带来不利影响。⑥公共关系从业人员对其与记者的关系的典型表述如："新闻记者往往将公共关系从业人员视为重要的消息来源，他们会认真地倾听我们，我十分喜欢他们的这种态度。"

但是，实际上，这种以私人关系为基础的媒体应用方式并非亚洲地区独有，世界其他地区也存在类似的现象，只不过具体表现有所不同而已。比如，西班牙加泰罗尼

---

① SRIRAMESH K, KIM Y, TAKASAKI M. Public relations in three Asian cultures［J］. Public relations research journal，1999，11（4）：271-292.

② LO V H，CHAN J M，PAN Z. Ethical attitudes and perceived practice：a comparative study of journalists in China，Hong Kong，and Taiwan［J］. Asian journal of communication，2005，15（2）：154-172.

③ 胡瑞麟. 媒体综效化对新闻生产与公关运作的影响：以媒体集团内公关公司为例［D］. 台北：世新大学，2007：60.

④ 陈力丹，王辰瑶，季为民. 艰难的新闻自律：我国新闻职业规范的田野观察/深度访谈/理论分析［M］. 北京：人民日报出版社，2010：199-225.

⑤ LEE J，BERKOWITZ D. Third gatekeeping in Korea：the screening of first-edition newspapers by public relations practitioners［J］. Public relations review，2004，30（3）：313-325.

⑥ LEE J，BERKOWITZ D. Media relations in Korea：Cheong between journalist and PR practitioner［C］//Paper submitted to the Public Relations Division of AEJMC for the 2003 Annual Convention，Kansas City，MO. 2003.

亚地区受访记者与公关人员都表示比较信任私人交往。[①] 在意大利，很多公共关系从业人员都曾经做过记者。对于他们而言，维系与媒体人员的私人关系也很重要。[②]

四、正式与非正式方式的整合使用

在媒体应用实践中，正式与非正式方式往往会整合使用。

比如，2015年5月6日，小米在北京北辰五洲皇冠国际酒店召开安卓机皇小米Note顶配版赏鉴会（见图4-12）。赏鉴会前半场大部分都是雷军在讲解说明小米Note顶配版的各方面数据。之后当雷军介绍到这款手机配有HIFI音乐时，小米向在场所有媒体人员赠送头戴式HIFI耳机，让媒体人员可以试听小米Note顶配版的音乐功能。[③]

这次活动的大部分采取的是正式方式，即以信息传送为主；赠送头戴式HIFI耳机的方式属于典型的非正式方式。因此，这次活动兼具正式的信息型关系要素和非正式的经济利益导向型关系要素。

图4-12　小米Note顶配版赏鉴会

又比如，在第一章就已经提到的"泄露"（Leak），其自身同样综合了正式与非正式两种方式。

美国政府官员们经常私下里透露一些他们本无权透露或不愿意正式发布的消息，如果一项新政策以这种方式被报道后遭到强烈反对，那便宣告此报道纯属无稽之谈。比如，在越战高峰时期，尼克松总统的国家安全顾问基辛格经常找《纽约时报》华盛顿分社社长拉斯顿吃饭，席间向他透露尼克松政府的一些内幕消息。餐桌上谈到的内

---

① XIFRA J, COLLELL M R. Media relations in Catalonia：A co-creational approach［J］. Cuadernos de Información，2009，（25）：81-90.
② VALENTINI C. Beyond the traditional PR competencies-personalised networks of influence as strategic resources for successful PR activities［M/OL］.［2011-02-28］. http://www.instituteforpr.org/research/awards/euprera/papers/.
③ 小米公司视频中心. 小米Note顶配版赏鉴会［EB/OL］.（2015-05-06）［2017-11-14］.http://v.youku.com/v_show/id_XOTUwNTk5NTc2.html?spm=a2h0k.8191407.0.0&from=s1.8-1-1.2.

容往往成为拉斯顿笔下的独家新闻,见诸次日的《纽约时报》,引起普遍关注。① 两者之间的私人关系在这一过程中扮演着重要角色,同时私下会餐这种形式本身就带有强烈的非正式色彩。但是,真正促使媒体报道的关键要素并不是这种私人关系,而是显得十分私人化的活动过程中传递的信息本身的价值。

泄露的内容也非常广泛,包括把任命某人的消息或总统第二天的讲话提前释放给媒体,试探国内外公众的反应;"泄露"某种战略构想,如核武器的使用,以实现对世界其他国家的威慑,并试探国际舆论的反应,然后再根据反馈进行调整,等等。② 这种现象也被称为"试探气球"(trial balloon)。例如,某官员以匿名为条件提供一项市长计划,播出后如果公众反映好就执行,如果不好,市长就出面宣布该报道完全是捏造的,让媒体人员成为替罪羊。③

第三节 开门与关门方式

一、基本概念

基于向媒体发送或提供信息的积极主动性的具体状态,可将媒体应用方式大致分为两类:"开放门户方式"(open press strategy)与"关闭门户方式"(closed press strategy)。④

开放门户方式可以简称"开门方式",指社会组织更积极主动地向媒体提供或发送信息的方式,其意图是希望获得更多报道或者至少能够接受有更多报道。

关闭门户方式可以简称"关门方式",指社会组织尽量避免甚至彻底拒绝向媒体提供或发送信息的方式,其意图是不希望有更多报道("没有新闻就是好新闻")。

实际上,我们应当将"开门"与"关门"视为一种相对的概念,因为在实践中两者根本无法彻底分开;开门与关门之间只有程度的不同,只代表着两种趋势(见图4-13)。实践中的媒体应用方式往往同时综合使用"开放"与"关闭"两种方式,从

---

① 张少威. 中国政府要学习美国政府是如何利用传媒的[N]. 人民日报·华南新闻, 2002-02-28 (002).
② 刘伟. 美国政府推行媒介外交的手段与策略[J]. 对外大传播, 2006(7): 32-35.
③ 史密斯. 新闻道德评价[M]. 李青藜, 译. 北京: 新华出版社, 2001: 170.
④ EVANS F J. Managing the media [M]. Connecticut: Greenwood Press, Inc, 1987.

而位于连续轴上的某一点。因此，这里所谓的"开门方式"，实际上指"明显的开门方式"，即在连续轴上位于明显靠右的位置；这里所谓的"关门方式"，实际上指"明显的关门方式"，即在连续轴上位于明显靠左的位置。

图 4-13 开门方式—关门方式连续轴

北京时间 2016 年 9 月 27 日，美国大选首场总统候选人电视辩论在纽约州霍夫斯特拉大学举行。希拉里和特朗普就就业、税收、种族歧视、网络安全等问题展开"正面交锋"。两人在辩论中频繁打断对方讲话，火药味十足。[①] 希拉里与特朗普的总统竞选辩论当然不是"闭门"式，而是通过 NBC 直播的，甚至 NBC 是这次辩论的直接参与者（或者叫共谋）。这就是典型的明显的开门方式，这也是美国官方开展意识形态传播的渠道。

2017 年 7 月 15 日至 16 日，泰国甲米奥南海滩（Krabi Ao Nang Beach）的智选假日酒店（Holiday Inn Express）举办了一场媒体参访活动（请参见第六章中对媒体参访的说明），邀请记者们到甲米府参观体验智选假日酒店还有当地著名的海滩。记者们可以享受酒店的游泳池、精美的餐食，还被邀请到甲米府著名的旅游景点。酒店方专门安排了记者与酒店经理的采访，以方便记者们更深入地了解酒店；酒店方为记者们提供了一些活动的素材（精彩的表演、特色美食、整洁的房间的照片和酒店的其他信息等），方便记者们报道这次参访活动。这也是一次典型的明显的开门方式。

2019 年 10 月 4 日，NBA 火箭队总经理莫雷（Daryl Morey）发布涉港不当言论，引发中国公众的强烈舆论反应。2019 年 10 月 10 日，火箭队在日本开展海外系列赛的日本赛，赛后的媒体见面会上，CNN 记者克里斯蒂娜·麦克法兰（Christina Macfarlane）询问台上的哈登（James Harden）和维斯布鲁克（Russell Westbrook）对莫雷事件的看法，火箭队媒体见面会主持人进行了阻止。哈登和维斯布鲁克的做法是：毫无表情，呆呆坐着，不作回应（见图 4-14）。这就是"几乎完全关门"的状态。正是因为这种"几乎完全关门"的状态，导致克里斯蒂娜·麦克法兰十分尴尬。因此，事后火箭队还专门就此向她公开表示歉意。

[①] 希拉里特朗普开"撕"首场辩互有攻防［N/OL］.新京报，2016-09-28［2024-07-20］.http://www.xinhuanet.com/world/2016/09/28/c_129303034.htm.

| 媒体应用实务

图 4-14　哈登与维斯布鲁克的表现

与哈登和维斯布鲁克两人的回应状态不同,随后麦克法兰又追问火箭队主教练德安东尼,德安东尼并没有"毫无表情,呆呆坐着,不作回应",而是左顾右盼地说了几句话,意思只有一个:我不能说什么,我跟 NBA 观点一致(见图 4-15)。本质上这并不属于"明显的关闭门户"方式,只能属于"不那么明显的关闭门户"方式,或者称为"开一条门缝"的方式,在上述连续轴上位于中间偏右的位置。这一方式虽然同样没有提供有效的信息,但不至于让提问者感到十分尴尬。因此,德安东尼通过"开一条门缝"的方式,尽力维系了与记者的心理性关系(媒体回应过程本身就包含着维系与媒体从业人员关系的成分)。比较而言,德安东尼的回应方式,要比哈登和维斯布鲁克的回应方式更有利一些(对火箭队而言)。

图 4-15　德安东尼的表现

德安东尼采取的回应方式,在语言学上,叫"躲闪回避"。这种方式在信息传递维度上,相当于"进行不完整的回答"。躲闪回避就是用逃避的方式有意不回答问题,或者说有意在回答中不提供提问者所期待的全部信息。躲闪回避还有另外一种作用:回避责任,避免承担不必要的或者可能的不利责任。躲闪回避的具体方式有很多种:"不理不睬""对提出的问题予以承认但不回答""对提出的问题加以质疑""对提出的问题进行攻击""对提问者进行攻击""明确拒绝回答""阐述自己对相关事务的看法""进行不完整的回答""重复前面问题的回答""声明或暗示问题已回答",等等。

总体上躲闪回避方式分为两类:明显闪避和潜在闪避。明显闪避,就是直接明确地表示不能回答。最决绝的就是"不理不睬"。哈登和维斯布鲁克的方式,就是典型的不理不睬:眼睁睁看着你,就是不回答你的任何问题。明显闪避会导致被访者跟记者产生紧张关系。潜在闪避,是说了很多,但不能提供完全的具体明确有效的信息,只能部分满足或根本不能满足记者的信息需求。潜在闪避,更容易避免被访者跟记者产生紧张关系。

关闭门户方式存在很大的问题，因为它可能导致记者的怨恨，并可能疏远大量持赞同态度的记者（请参见第五章中对消息来源与媒体之间关系的说明）。实际上很多记者都会对此作出回应，比如在报道中直接指出：相关方面拒绝接受采访或难以作出评论。这往往被认为是一种故意的报道手法。[①] 关闭门户方式将导致不同的媒体态度，具体表现为不同的媒体表现（见表 4-1）。

其中媒体态度最好的状态表现为：媒体不再予以关注，也就是不再报道。这种结果本质上就是"你不理我，我也就不理你"，双方各自相安无事。这种状态下，本质上媒体根本没有对关闭门户行为采取任何"报复式"报道，这就是表 4-1 中的"零级"所要凸显的要点。应该说这是关闭门户方式最积极的结果。

当媒体态度最消极时，媒体的具体表现是：采取双管齐下的"报复式"报道，即不但报道关门过程的现象与细节，同时还寻找其他消息来源（往往是与此时媒体的观念与倾向比较一致的，请参考第五章中对媒体与消息来源之间的协作关系的说明），这就是表 4-1 中"四级"所要强调的要点。总体上看，所有可能引发媒体进行"报复式"报道的关闭门户方式，都应当尽量慎重使用。

表 4-1 关闭门户方式的后果——媒体的表现

	界定	解读	媒体消极态度
无	关系疏远，不再互动	媒体报道意愿明显削弱甚至完全消失	零级
有	记者行为回应	记者个体的行为回应，媒体报道层面不一定有所表现（因为媒体报道过程的参与者不仅仅包括某一记者个体，还包括众多不同的参与者。这就是媒体逻辑的一个重要维度，请参见第二章中对媒体逻辑的说明），但可能成为媒体事件，进而引发其他媒体的报道。	一级
	详尽报道关门过程	媒体表达最基本的消极态度，进行最低级别的"报复式"报道。	二级
	寻找其他消息来源继续报道	媒体报道意愿强烈，往往寻找跟关门者认知不同的消息来源，进行中度的"报复式"报道。	三级
	报道关门过程+找其他消息来源	媒体报道意愿最强，进行最高强度的"报复式"报道。	四级

处于"一级"消极状态的记者个体行为回应现象同样值得重视。比如，2016 年 11 月 24 日中央电视台第 4 频道的报道《韩国内抗议韩日签署〈军事情报保护协定〉 国防部拒绝采访 记者集体放下相机以示抗议》。当时韩日签署协定，记者们在会场外等候但相关人员拒绝接受采访，于是现场记者们统一将采访设备放置在地面，排成两队静默站

---

① EVANS F J. Managing the media [M]. Connecticut：Greenwood Press，Inc，1987：149-152.

立；韩日双方官方人员不得不从两排记者中间的狭窄缝隙中侧身经过（见图4-16）。这种"非暴力静默表态"行为是记者行为回应的典型现象，但在实践中并不常见。

图4-16　韩日签署协定后记者们的行为回应

相对而言，处于二级和三级的现象比较常见，尤其是处于二级的"详尽报道关门过程"更加常见。这是因为：直接报道关门过程，比寻找其他消息来源更加便利。当然，在实践中，消极态度达到二级的情况下，媒体往往会十分自然地晋级到三级，即不但直接报道关门过程，同时也寻找其他消息来源。比如，2016年4月3日，住在北京一家和颐酒店的女士弯弯（化名）被陌生男子跟踪后强行拖拽并用力撕扯头发。之后弯弯通过社交媒体进行了公布，瞬间成为热点话题，被称为"拖拽门"事件。和颐酒店对媒体的信息需求采取"尽量关门"的方式。于是，4月8日山东卫视的报道《女子酒店遇袭之后》显示：山东卫视记者因无法从宾馆方面获得信息，于是转而寻找到宾馆房客、保安、保洁人员，这些本来都属于"另类消息来源"的人员（在正常的报道过程中，这些消息来源几乎不可能被媒体使用），统统成为这条报道的"权威消息来源"；关键是，这些消息来源为山东卫视提供了对和颐酒店不利的信息（见表4-2）。与此同时，这一事件中的关键一方弯弯，也成为这一报道的主导消息来源。按照媒体可控性的视角，在这一报道过程中，对于和颐酒店而言，山东卫视扮演着典型的不可控媒体的角色。

表4-2　《女子酒店遇袭之后》中的"另类消息来源"

二、媒体报道得以完成的三项决定因素

实际上,一条报道得以最终完成,有三项决定因素:媒体进行报道的意愿(强/弱)、媒体事先是否知晓(知晓/不知晓)和潜在报道对象获得报道的意愿(强/弱)。这三项要素相互整合,建构出五种具体的媒体报道情境(见表4-3)。

表4-3 五种媒体报道情境

媒体知晓	媒体的意愿	报道对象的意愿	
		强	弱
知晓	强	两相情愿	媒体围攻
	弱	追求媒体	没有报道
不知晓	强	两相情愿	瞒天过海
	弱	追求媒体	没有报道

第一种情境为"两相情愿",其要素组合表现为:媒体知晓/不知晓+媒体的意愿强+报道对象的意愿强。这种情境允许最简单的开门方式,只需要进行简单告知即可获得媒体报道。

第二种情境为"媒体围攻",其要素组合表现为:媒体知晓+媒体的意愿强+报道对象的意愿弱。这种情境下最难的是关闭门户,因为媒体会穷追不舍。这种情境往往发生于危机情境中。比如前述的"拖拽门"事件,和颐酒店回应人员只进行例行的简单化的说明,对"群起而攻之"的媒体的各种提问几乎均采取关门方式,但只能任由媒体将这种关门现象直接报道出去,甚至导致部分媒体进而寻找其他"另类消息来源"。前述的"韩日签署协定"事件,也属于典型的"媒体围攻"情境。

第三种情境为"瞒天过海",其要素组合表现为:媒体不知晓+媒体的意愿强+报道对象的意愿弱。在这种情境下,关闭门户方式是有可行性的,即可以趁媒体不知道时赶紧关门。

第四种情境为"追求媒体",其要素组合表现为:媒体知晓/不知晓+媒体的意愿弱+报道对象的意愿强。在这种情境中,最难的是开放门户,因为即使报道对象一厢情愿,但可惜媒体无论如何都缺乏报道意愿。这种情境在营销传播实践中比较常见:很多社会组织都渴望得到报道,但媒体就是缺乏动力。

第五种情境为"没有报道",其要素组合表现为:媒体知晓/不知晓+媒体的意愿弱+报道对象的意愿弱。这种情境本质上并不值得关注,因为对于公众而言好像什么都没发生。

三、虚掩门户方式

前述火箭队总教练德安东尼采取的回应方式，综合了开门与关门两种方式，是一种整合式的复杂方式，我们将其称为"虚掩门户"方式。

虚掩门户方式的使用情形十分广泛，有时是组织机构在被动情况下不得不"开一条门缝"以"息事宁人"，有时是组织机构主动出击以实施"饥饿营销"。因此，实践中存在两种虚掩门户方式：被动式虚掩门户和主动式虚掩门户。

（一）被动式虚掩门户：贝克曼的有限开门状态[①]

1979年9月21日，美国国务院通报说贝克曼公司（Beckman Instruments）[②]的两名员工在萨尔瓦多被绑架，司机（当地人员）被杀害。这两名职员中，一名是该公司在萨尔瓦多分支机构的负责人，另一名是一名工程师。

恐怖分子是中美革命党分子（Revolutionary Party of Central American Workers，成立于1975年，1980年前后基本解散），他们有两个要求：第一个是要求该公司在美国、欧洲与拉丁美洲的指定的报纸上刊登整版政治广告。如果广告没有刊登，两名人质的生命就会有危险。第二个是要求该公司付给一定数量的赎金（数量比较大，未被公开）。当赎金支付后，人质被释放并乘飞机到达位于南加州的安大略国际机场，时间是1979年11月7日。两名员工被囚禁了47天。

在整个过程中，贝克曼公司对相关信息进行了严密封锁，其具体表现是：两名员工的具体信息以及赎金的具体数量，均未得到报道。贝克曼要求两名遭绑架的员工拒绝接触媒体。其中一名员工爽快答应，另外一名员工心存犹豫。贝克曼表示，一旦员工接触媒体，贝克曼将不再担负中间人角色，员工只能独立应对所有后续事务。最终这名心存犹豫的员工同意拒绝接触媒体。人质获释6个月之后，媒体再次提出采访遭绑架员工。贝克曼表示：关于这次绑架事件没有任何新的信息，贝克曼也不再关注此次事件。

迄今为止可以公开看到的关于此次事件的报道很少，因为几乎没有可供拍摄的对象，电视报道也几乎绝迹。目前仅查询到一篇报道：1979年10月10日《公告报》（*The Bulletin*）刊登了名为《一家企业满足了他方刊发报纸广告的要求》（*Firm meets demand for newspaper ads*）的报道，展示《纽约时报》两个版面的广告，并指出其费用

---

① EVANS F J. Managing the media [M]. Connecticut: Greenwood Press, Inc, 1987: 105-117.
② 现名"贝克曼·库尔特有限公司（Beckman Coulter, Inc.）"，生产生物医学实验室仪器，总部位于加利福尼亚的布雷亚（Brea）。

为 30,960 美元。报道还指出:《洛杉矶时报》当天也刊登了同样的广告,费用为 27,220 美元(见图 4-17)。

图 4-17 《公告报》报道

迄今为止据说是关于全部事件的唯一一张照片,是其中一名员工获释后抵达安大略国际机场的一张照片(见图 4-18)。据称这张照片来自时任贝克曼公司公共关系经理的格雷戈里(Bill Gregory),但迄今为止没有任何确凿的回应。

图 4-18 一名员工抵达安大略国际机场

整个事件过程中贝克曼公司与媒体的联系渠道只有两种:第一,两次不当面的媒体联系;第二,两次媒体见面会(每次只发布一条新闻稿,不回答任何其他问题;两条新闻稿仅仅简要陈述事实,毫无额外解读)。

第一条新闻稿:

1979 年 10 月 10 日

为了确保被中美革命党分子控制着的两名员工,贝克曼仪器公司接受中美革命党分子的要求,在中美革命党分子指定的中美、美国与欧洲的一些报纸上刊登包含着中美革命党分子革命宣言的广告。

媒体应用实务

公司期望在这些广告刊登后，自己的员工能安全返回。

公司的两名员工分别是：丹尼斯·A.麦克唐纳（Dennis A. McDonald），37岁，法斯图·R.布舍里（Fausto R. Busheli），41岁。他们于9月21日在萨尔瓦多被绑架。在这次袭击中，萨尔瓦多保镖José Luis Paz Tratara被打死。中美革命党分子声称美国人是好人。

麦克唐纳是公司在萨尔瓦多分支机构APLAR的经理，该分支机构生产电子仪器的零件。布舍里，是公司在加州总部的工程师，正在萨尔瓦多出差。

APLAR共雇有500多名萨尔瓦多工人，已经运营了两年多。

中美革命党分子的广告声称对绑架贝克曼员工事件负责，谴责"北美帝国主义分子"，并要求人们支持中美革命党分子的革命事业。

第二条新闻稿：

1979年11月7日

贝克曼公司于9月21日在萨尔瓦多被绑架的两名员工丹尼斯·A.麦克唐纳和法斯图·R.布舍里于今天早晨安全返回，已经与他们的家人相聚。两人状态良好。

他们将接受彻底的医疗检查，之后会与自己的妻子和孩子在一个不公开的地方进行休养。

麦克唐纳，37岁，是公司在萨尔瓦多分支机构APLAR的经理，该分支机构生产电子仪器的零件。布舍里，41岁，是公司在加州总部的工程师，正在萨尔瓦多出差。

他们于昨天晚上被释放，因为公司满足了绑架者中美革命党分子的要求。绑架者的要求包括：在美国、中美及欧洲的报纸上刊登包含中美革命党分子的宣言的广告，并支付相当数量的赎金。

贝克曼公司与媒体的状态就是典型的"开了一条门缝"的状态，在前述连续轴中位于中间点偏右一点的位置上（见图4-19）。

图4-19 贝克曼公司的被动式虚掩门户状态

贝克曼公司采取虚掩门户方式的原因大致如表4-4：

表 4-4　贝克曼公司采取"开一条门缝"状态的原因

原因		说　　明
内在	总体处于低度中介传播情境（甚至人际传播情境），媒体应用需求很低	该公司的产品是科学仪器，这些产品的目标消费者是各类专业机构，并不是普通公众。
	比较保守的文化	该公司的员工大部分都是科学家与工程师。典型的科学家与工程师并不喜欢炫耀，总体上比较保守。该公司的公共关系经理格雷戈里与其助理伊士曼（Elke Eastman）同意公司的媒体应用方式比较保守，但认为这种策略比较合适，十分成功。
	消息来源缺失	这一类事务属于国家层面的国际政治事务，媒体在贝克曼公司与美国联邦相关机构之外，无法找到便利且有效的其他消息来源。
	贝克曼公司的受害者身份	对贝克曼公司而言，此次事件源自外部有意的攻击，贝克曼公司在这一事件中同样属于受害方。
外在	更有新闻价值的其他事件严重遮蔽了贝克曼事件的关注度	1979 年 11 月 4 日，52 名美国外交官和平民被扣伊朗美国大使馆。1981 年 1 月 20 日被释放，时长 444 天。

贝克曼公司的案例启示我们：并不是所有情境都需要向媒体开放门户，在特定情况下，可以不向媒体提供信息，同时也不会招致媒体的消极态度。但这需要条件，因此拒绝向媒体提供信息时，需要经过仔细认真的思考策划。对于贝克曼公司而言，促成最终成功的因素不止一条。所有这些因素中，假如有任何一条缺失，贝克曼公司的掩门策略都有可能失败。

（二）主动式虚掩门户：罗琳的欲擒故纵式掩门状态

2007 年 7 月 21 日，注定是一个很不平凡的日子。因为，就在这一天，哈利·波特系列的终结版《哈利·波特与死亡圣器》（Harry Potter and the Deathly Hallows，以下简称《哈7》）正式出版了！这一天早已经成为很多人翘首以盼的日子，因此出现了彻夜排队买新书的现象。

这种彻夜排队买东西的现象，跟苹果新品发布前夜如出一辙。其实，这本书在出版之前早已经开始了预售。2007 年 4 月 12 日，美国最大连锁书店 Barnes & Noble 宣布：通过其网站预订《哈7》的数量已超 50 万本，创造了新的历史纪录。2007 年 7 月 21 日首发当天，美国合计售出 830 万本，英国售出 265 万本，并在美国创造出 24 小时图书销售新的吉尼斯世界纪录。《哈7》肯定是有一套营销方案的。不过，《哈7》全套营销活动的起点，并不在新书发布的时刻，而是足足提前了一年。

| 媒体应用实务

2006年6月26日，同样也是很不平凡的一天。在这一天，英国第四台（Channel 4）播出了访谈节目 *Richard and Judy*，节目中的嘉宾正是罗琳（J. K. Rowling）。罗琳在节目中，貌似不情愿地说：在终结版里，有两位大家都很熟悉的角色的生命将会走向终结，其中可能就包括年轻的哈利。但主持人怎么问，她就是不说！还煞有介事地说，自己写着写着会"号啕大哭"！

这无疑强化了公众的期待，生死谜团引得全球"哈迷"竞相猜测。① 试图将这一话题保持在公众视野中的不仅仅是罗琳女士，也包括系列小说的出版商、系列电影的制片与发行者，还有无数生产与销售相关衍生产品的企业。其实，准确地说，这次虚掩门户过程的主角是出版商布鲁姆斯，这是因为，据说布鲁姆斯花费了1000万英镑，来确保新书内容在首发之前不被泄露（此处指的是真正的泄露，而不是作为媒体应用方式的"泄露"，请参见第一章与这一章对"泄露"的说明）。准确地说，这些可以统称为"罗琳利益联盟"。

罗琳采取的方式，可以称为："把门开一条缝，但立马关门！"

按照前文所说的媒体报道情境的划分标准，罗琳所处的正是典型的"媒体围攻"情境，媒体具备强大的报道意愿，其实罗琳所代表的利益联盟也有强大的获得报道的意愿，只不过有意采取了"欲擒故纵"的手法，进一步激发媒体的报道意愿。

罗琳的"表述"，自然也引发了雪崩般的媒体报道。当天以及第二天，全球大部分主要媒体统统跟进报道，都在热议：到底谁会死去呢？会是哈利·波特本人吗？《纽约时报》及其网站给予显著报道。即使一向比较严肃的《华尔街日报》也进行了报道。

比如，《纽约时报》在2006年6月27日的报道《罗琳计划又有两个"哈利·波特"角色死亡》：②

> J. K. 罗琳昨天透露，至少有两个角色将在第七部中死去，她所说的将是她最畅销的《哈利·波特》系列的最后一部。但她小心翼翼，不具体表明这两个角色是谁。罗琳女士已经说过，第七部的最终章是在很久以前写的。她在英国第四台播出的一次采访中说："最后一章被藏了起来，尽管它现在已经有了小的变化。""一个角色幸免于难，但我不得不说两个角色死了，我不想这样。"当被问及更具体的问题时，她补充道："不，我不会明确回答，因为我不想收到攻击邮件或其他任何东西。"她确实说过，她理解作家想在一部成

---

① 郭珊，邓碧波. 哈里·波特生死谜团将揭晓 《哈7》英文版明日全球同步发行[N]. 南方日报，2007-07-20（A15）.
② GELDER L V. Rowling plans two more "Harry Potter" deaths[EB/OL].（2006-06-27）[2024-07-21]. https://www.nytimes.com/2006/06/27/books/27rowling.html.

功的系列小说中杀死主角的愿望。"我从未想要在第七部结束之前把他干掉，"她说，指的是哈利，"因为我一直计划写七部，这就是我想要的。然而，我完全能理解一个作家的心态这样想：'好吧，我要把主角们杀掉，因为这意味着不可能再有非作者创作的续集。'"

这一案例中，罗琳等采取的就是典型的主动式虚掩门户方式，也就是人们常说的"饥饿营销"策略。不过采取这种方式必须有一项前提条件：已经积累起疯狂的流量。没有这个条件，谁也搞不成饥饿营销。纯正的饥饿营销的状态是：人们如饥似渴想要尽量提前看到庐山真面目，并争取最先炫耀这种体验！与此同时，销售热潮并不会稍纵即逝。在这一含义上说，迄今为止全球范围内适合开展饥饿营销的社会组织就没几家。当然，实践中自称开展饥饿营销的情形比比皆是。这种"自称"行为本身仅是试图强化内容吸引力的方式而已，其吸引力是否足够，那是另一回事。

罗琳的饥饿营销策略包括三项要素：第一，"开一条门缝"，放出一点消息，就一点点；第二，渲染造势，强调说自己是多么的痛苦，同时对各种"泄露"持续进行各种回应；第三，把门关紧，有人问起来，打死也不说。

罗琳利益联盟对"泄露"进行的回应，尤其发挥了独特的吸引力。

《哈7》正式发售前，的确出现过各种"泄露版"。其中最典型的是：2007年7月16日，据说是翻拍美版《哈7》全部759页的一套图片流传出来。罗琳联合其律师声称，的的确确出现了泄露。2007年7月18日，《巴尔的摩太阳报》和《纽约时报》的报道都声称，很多泄露内容是真实的。这些泄露内容以及各种"说法"，如同搅拌机一样，让人们更加迷离，尽早看到最终版的期待也就更强烈。

中国出现的并不是"泄露版"，而是"推测版"。2007年5月，正当中国读者苦候《哈7》推出之际，一名热情"哈迷"写的25万字的帖子被上传到多个"哈利·波特"的网站上，声称是《哈7》的结局。在该结局中，主角哈利没有死去，而是与另一主角金妮结婚。金妮一直暗恋哈利，这个大团圆结局或多或少道出部分"哈迷"的心声。不过，很快"哈迷"们就失望了，因为"哈利·波特"系列英国出版商布鲁姆斯强调：网上的版本全是弄虚作假。布鲁姆斯发言人表示，该公司已有严密安保措施看守着那份真正的结局，除罗琳外只有3个人看过，他们全是出版社的高层。[①]

当年布兰妮发布新歌前对互联网上流传的一条几秒钟的"泄露版本"同样进行了回应，其具体表现是：布兰妮不但不打击，还转发并评论，她反问，你们信吗？这条泄露内容，是真的吗？在应用"泄露"方式方面，布兰妮的利益联盟和罗琳的利益联

---

① 瑛子."哈7"假结局网上流传　英出版商严守罗琳原稿[N].中国新闻出版报，2007-05-11(004).

盟之间，存在着确定无疑的一致之处。

国内有人将饥饿营销界定为"通过控制产量，强化人们的饥渴程度"。这完全是荒谬的。比如：大街上卖烤红薯的大叔，是否也可以贴一个布告，宣布从明天开始，减产50%。然后，人们一定会去彻夜排队，去抢购第二天的第一块热乎乎的烤红薯，并第一时间分享到朋友圈吗？因此，在媒体应用的视野中，精准的饥饿营销界定应当是这样的：基于十分有利的既有流量，对外传信息加以有效控制，试图引发公众广泛热烈的关注的方式。

在这一含义上讲，饥饿营销属于一种"组合拳式"的媒体应用方式。

第四节 媒体应用方式的体系

这一章讲解了两种基本的媒体应用模式（自主—依赖）以及两项区分媒体应用方式的基本视角（正式—非正式；开门—关门）。总体上两种基本模式与两项基本视角之间的关系如图4-20。

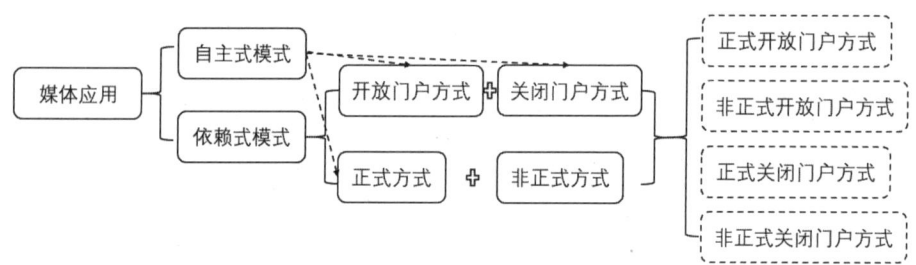

图4-20 媒体应用方式的内在关系状态

自主式模式不需要采取任何非正式的方式，因为自主式模式以使用可控媒体为主导，所以，自主式模式只能采取正式的开放门户或关闭门户方式。

基于两项基本模式与两项基本视角之间的交叉，我们可以大致区分出四类组合式的媒体应用方式：正式开放门户方式、非正式开放门户方式、正式关闭门户方式、非正式关闭门户方式。

其中除了"正式关闭门户方式"之外，其他三类都比较好理解。

正式开放门户方式表现为：以基于内容自身的信息价值为主导，尝试获得媒体的报道。非正式开放门户方式表现为：以基于私人关系与经济关系为主导，尝试获得媒体的报道。非正式关闭门户方式表现为：以基于私人关系与经济关系为主导，尝试促使媒体减少报道或不作报道。

正式关闭门户方式的独特性在于：理论上，如果特定社会组织提供给媒体有信息价值的内容，媒体会进行报道，不可能出现关闭门户的现象。不过，这里所说的"正式关闭门户方式"的实际情形是：在面对某一事件时，媒体为了获取其他维度上有价值的内容，与相关社会组织交易，选择减少报道或不作报道。在实践中这种情形比较少见，因为这种情形有一项必要前提：事件相关社会组织必须拥有媒体十分渴求的信息。

美国国会新闻秘书为了争取媒体的支持，并不为记者提供食品或娱乐之类的赠品，而是提供相关的"内部消息"。正如一名新闻秘书所说的，他会给记者"很多"，尤其是与他自己所属的部门无关的一些消息，这种信息会促使记者们处于竞争关系，竞相获取这些"重要"信息。[1] 美国国会新闻秘书与记者之间的这种"交易"，就包含着在需要时促使记者减少报道或不作报道。

实际上，在媒体应用的实践中，所有媒体应用方式之间并不是互斥关系，而是相互交叉、相互整合的关系，最终表现为综合应用的样式。

---

[1] DOWNES E J. Hacks, flacks, and spin doctors meet the media: an examination of the congressional press secretary as a (potential) public relations professional [J]. Journal of public relations research, 1998, 10 (4): 263-286.

第五章　媒体导向的材料

所谓"媒体导向的材料",即以获得媒体报道为目的发给媒体的材料。这些材料的具体形式与载体各种各样,发给媒体时的路径也各种各样。

因音频媒体(以广播电台为主,包括音频类社交媒体平台)总体上在媒体应用实践中的应用率偏低,本书暂时没有对音频类材料加以说明。不过,无论基于什么载体,媒体导向的材料都遵循着基本的规律。

第一节　报道的两种场景

媒体报道的含义有两个维度:历史含义(习惯认知)与语境含义(具体报道临时建构的含义)。本书所谓的"报道语境"指特定报道自身所建构的特定的含义情境;特定报道所要传达的含义,就立足于该报道所建构的含义情境;如果脱离这一含义情境,报道所要传达的含义将会受到一定的影响,甚至无法有效传达。

任何报道文本都同时包含历史含义与语境含义,只不过以其中某一含义为主导,另一含义为辅助。因此,实践当中的报道表现为一条连续轴(见图5-1)。位于连续轴左端的报道属于典型的历史含义主导的报道,其含义基于公众的习惯认知,最明确,即其文本含义闭合度(closure)最高,因此受众最容易解读;相反,位于连续轴右端的报道属于典型的语境含义主导的文本,其含义最不明确,即其文本含义闭合度最低,受众解读难度最高,需要受众投入更多的解读努力才可能恰当解码报道的含义。总体上,左侧的报道可以称为"惯例报道",右侧的报道可以称为"独特报道"。比较而言,独特报道的吸引力会更强。

闭合度指文本含义的明确程度,即受众可以清晰捕捉到作者所建构的含义的程度。[①] 按照艾柯(Umberto Eco)的划分方法,文本分为两种:"闭合文本"(closed text)

---

① O'SULLIVAN T, HARTLEY J, SAUNDERS D, et al. Key concepts in communication and cultural studies [M]. London and New York: Routledge, 1994: 42-43.

和"开放文本"（open text）。通俗地讲，闭合文本的解读已经受到文本生产者明显的界定，而"开放文本"则允许甚至鼓励多种不同的解读。①

历史含义　　　　　　　　语境含义
←——————————————————→

图 5-1　报道含义连续轴

比如，2017 年 4 月 11 日，CCTV-2 的报道《财经链接：航空公司为何超额售票？》②对航空公司超额售票的基本原因进行了说明。不过报道中通过"资料"的形式，展现了海南航空公司的场景（见图 5-2）。

图 5-2　《财经链接：航空公司为何超额售票？》

---

① ECO U. The role of the reader [M]. London，Hutchinson. Bloomington：Indiana University Press，1979.
② 央视网.财经链接：航空公司为何超额售票？[EB/OL].（2017-04-11）[2017-06-25].https://tv.cctv.com/2017/04/11/VIDEWiu9xCGwDJjbZOhMf5HP170411.shtml.

| 媒体应用实务

　　这条报道本质上是对2017年4月9日美国联合航空公司的"暴力逐客"事件的"回应"或"解读"。美联航的这次事件引发了全球极度的关注，据说机上乘客拍摄的一条视频在一天之内就获得87,000次分享，并获得680万次的浏览。①

　　这条报道大概位于上述连续轴的偏右位置，其闭合度比较低。这是因为：这条报道的图文关联很不明显。在语言解说维度上，这条报道详尽解释了航空公司超售的原因。但在视频维度上，这条报道比较集中地展现了海南航空的乘客办理业务的场景和乘客登机进入机舱后的场景。海南航空的视觉标识在机场设置与空乘人员穿戴物上均有明显显示。但报道并没有明确说明航空超售与海南航空之间的关联。在含义解读层面上，受众不得不"努力"将图文两维含义进行"有机的"整合，最终得出各自的解读。因此，在这一报道中，语境含义占据明显位置。

　　其实，在媒体应用的视野中，这条报道中的"图文无关"，是受众站在解读视角中推测其报道意图的有效入口。要说明这一问题，需要从多模态文本（multimodal text）的视野出发。

　　"模态"（mode）指任何可以产生含义的社会性与文化性的资源（resource）。② 多模态视野的核心观念是：文本中不同"模态"之间是相互依存的状态。

　　在当今的传播条件下，除最传统、最简单的纯文字报道以及最简单的广播语音报道之外，其他所有的媒体报道本质上都属于多模态文本。尤其是视频类的报道，是迄今为止最"完备"的多模态文本，这是因为：比较而言，只有视频才最可能同时容纳最丰富的含义建构维度。

　　因此，作为典型的多模态文本，《财经链接：航空公司为何超额售票？》中的解说内容、解说措辞与语调、机场乘客和服务人员的状态、机舱中乘客与空乘人员的状态、展现乘客与空乘人员的视角与景别，等等，都是报道语境的建构者。

　　从这种多模态的视野来看，《财经链接：航空公司为何超额售票？》中的"悖论"就更加显著：视频中展现的乘客与空乘人员的状态都十分自如。基于这一报道所处的泛义社会性语境来看，这种状态与超额售票可能导致的社会问题之间明显不符。因此，这一报道明显无法简单立足于历史含义。

　　从媒体报道的受众接收场景的视角来看，不同类型的媒体报道文本适用于不同的接收场景。所谓"受众接收场景"，指受众接触并与特定媒体报道进行互动时所处的场景。

　　媒体报道的受众接收场景大概分为三类："闲余场景""局促场景"和"专注场景"。

---

① ZUMBACH L.United Airlines' brand takes a beating after bumped passenger dragged off plane［EB/OL］.（2017-04-10）［2023-06-05］. https://web.archive.org/web/20170411072704/http://www.latimes.com/business/ct-united-drags-passenger-0411-biz-20170410-story.html.

② KRESS G. What is a mode?［M］//JEWITT C. Routledge handbook of multimodal analysis. London：Routledge，2014：60-75.

在闲余场景中，受众处于某种比较宽松或舒适的环境中（比如：宽松的地铁、舒适的餐厅等），受众没有明确的信息获取意图，时间宽裕，心情比较放松。在这种场景中，受众对报道的卷入度（involvement）不高，仅仅采取浏览的样式。在局促场景中，受众同样没有明确的信息获取需求，但所处的社会或物理环境不够舒适宽松，这种环境给受众的报道解读行为带来明显的影响，直接导致受众不能轻松与媒体报道互动。在专注场景中，受众有明确的信息获取需求，对报道的卷入度十分明显，因此可以很大程度上忽略受众所处社会性或物理性环境带来的影响。

表 5-1 媒体报道的受众接收场景

	受众卷入度	报道的闭合度
闲余场景	不明确	尽量高
局促场景	低	必须高
专注场景	高	可以不高

总体而言，历史含义主导型的报道更适合于闲余场景，而语境含义主导型的报道更适合于专注场景。正因如此，在众多的场景下（比如搭乘公共交通系统上下班、等候、短暂休息，等等），社交媒体的各种娱乐化内容（尤其是短视频）才最受受众的欢迎！与之相应，所有有深度的严谨的内容（无论通过传统大众媒体还是社交媒体），在生活的众多场景中都会遭遇明显的限制，因此其流量注定会明显逊色于各种娱乐化内容。

第二节 消息来源现象

一、消息来源界定

消息来源有不同的界定，但一般认为消息来源就是指向媒体提供信息的人、机构或材料。

与之相反的是，台湾学者臧国仁认为仅仅从向媒体提供信息的角度来界定消息来源是过于狭窄的，缺乏对社会系统中各成员之间相互来往的动态把握，可能会忽略媒体报道过程中很多"隐藏未显"的社会行动者。因此臧国仁转而视消息来源为："社会行动之竞争者，彼此竞相在媒介论域中争取言说论述的主控权。这些竞争者各自透过组织文化动员资源与人力，建构符合组织框架的言说内容，并试图接近媒体，以争取其接纳论点，成为新闻框架的核心与基本立场，从而影响社会公众，建构社会主流思潮。"① 这种观点凸显了媒体报道的社会属性，关注到消息来源以及媒体的社会性角色，即信息传播的目的与动机等因素，同时已经隐含了下文所说的消息来源之间的竞争关系。

在媒体应用的视野中，媒体报道中所提及的内容的来源，总体上分为两类：信息式消息来源和意图式消息来源。前者仅仅为媒体提供某一信息，只不过这一信息对某一群体而言具有明显的吸引力（具备明显的新闻价值），因此这种消息来源主动接近媒体的意愿并不明显。后者则试图通过媒体将自己的观点散播出去，进而实现自己的特定意图，因此这种消息来源主动接近媒体的意愿非常明显。前述臧国仁的消息来源界定就明确凸显出意图式消息来源的本质。

当然意图式消息来源的观点也一定会搭载特定的信息，因此，从外在层面上看，后者同样也是提供信息，只不过后者通过各种讯息策略（message strategy）来直接或间接传递自己的观点。比如，最简单的一种讯息策略即选择：选择向媒体说 A 讯息还是 B 讯息，从中体现消息来源的观点，同时又没有破坏客观中立的状态。很明显，讯息策略是意图式消息来源的必备品。但是，在实践中，讯息策略应用不好甚至不当的意图式消息来源同样也可能会有效地完成其社会角色，这是因为意图式消息来源与媒体之间还存在着另一类关系状态：非正式关系。

对两类消息来源加以判断时，关键标准并不是它们是否给某一对象带来了积极或消极影响，而是报道语境是否体现出消息来源明显的意图（或者偏向）。2017 年 11 月 7 日，安徽卫视的报道《上海：男子骑共享单车行窃 "大数据"帮忙破案》中，② 警方讲述了一次破案经历，其中提及了摩拜大数据为破案带来的关键线索。虽然这一报道对摩拜方面有积极影响，但这一报道语境并没有体现出对摩拜方面的明显偏向，即作为消息来源的警方意图不明确。因此这一消息来源仍旧属于信息式消息来源。

但在实践中，两种消息来源的界限并不那么清晰明确。实践中的消息来源要么信息导向很明显，要么意图导向很明显（见图 5-3）。

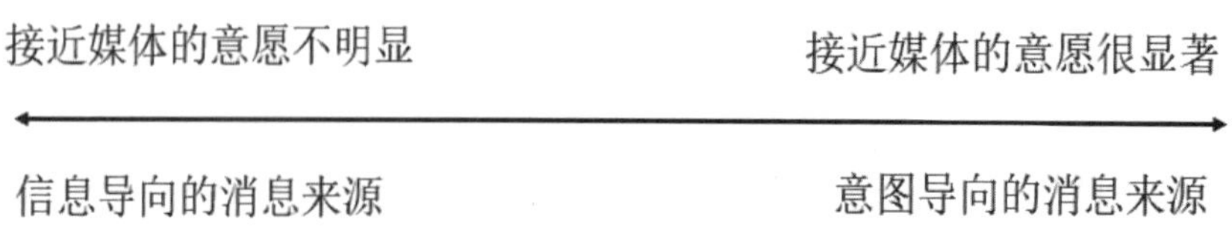

接近媒体的意愿不明显　　　　　　　接近媒体的意愿很显著
←――――――――――――――――――――――→
信息导向的消息来源　　　　　　　　意图导向的消息来源

图 5-3　实践中的消息来源连续轴

---

① 臧国仁.新闻媒体与消息来源：媒介框架与真实建构之论述［M］.台北：三民书局，1999：165.
② 央视网.上海：男子骑共享单车行窃 "大数据"帮忙破案［EB/OL］.（2017-11-07）［2023-06-05］.http://news.cctv.com/2017/11/07/VIDEnNtlvAYubJI7ASEie8Aa171107.shtml.

比如，2017年11月15日，中央电视台第13频道的报道《共享单车的押金，去哪了？》[①]中，提及一位某共享单车办公区门外的保安。这位保安仅仅为记者描述了申请退押金的基本现象，仅在报道中无法明显感受到他的明确意图。同时在报道中也仅仅是比较被动地对记者的询问作出回应，其主动接近媒体的意愿也不明显。这就是比较典型的信息式消息来源。与之形成明显对比的是排队申请退押金的群体。他们在镜头前显示出明显的表达意愿。这一群体就是比较典型的意图式消息来源。

2013年10月20日，《北京晚报》第3版刊登名叫《北京二手房市场重现观望　高房价、高税负、高贷款利率　楼市"三高"吓跑购房人》的报道：[②]

"等了半年，一分没降不说，还越卖越贵。"吃惊于205万元只能买个开间，小韩决定暂时放弃老房。和新房市场频现"日光"不同，进入"银十"，京城二手房市场重现观望，高税负、高利率下的高房价，成为压倒购房人的"稻草"。

押宝：从新房转战二手房

"你怎么还没买房？早让你买新盘，这会就后悔吧。"每次朋友见面，小韩总会被"揭伤疤"，而他自己也颇为后悔，当初不该把宝押在二手房上。

80后的小韩到了结婚买房的年纪，今年春节，和父母商量后，一家人凑了50万元的首付，想买套小户型。最初，小韩把眼光投向了郊区新盘，总价低，一百二三十万就能买个小两居。可节后没多久，北京再度收紧楼市调控，不仅单身限购套数从2套缩小到1套，而且二手房交易的个税税率攀升到20%。一下子，买房人纷纷涌进新盘市场。

"那阵子，随便去个楼盘，登记排号的人都乌泱泱得上千，更泄气的是，开发商的回答永远是'开盘待定，但前期没买上房的人还等着呢'。"小韩告诉记者，捧着钱等买房的人，真像是买白菜，不还价、不挑剔、不怕贵，有一套就行。

购房人的追捧，也顺利让新盘价格水涨船高，总赶不上趟的小韩于是转战二手房市场。"听多了没了、买不上，我也没信心了。"押宝二手房的小韩，寄希望于高税负能逼降房价，并把见效时间定在了半年。

[①] 央视网.共享单车的押金，去哪了？［EB/OL］.（2017-11-15）［2023-06-05］.https://tv.cctv.com/2017/11/15/VIDE7feadeD39AGBwSY4d9GG171115.shtml.
[②] 北京二手房市场重现观望　高房价、高税负、高贷款利率　楼市"三高"吓跑购房人［N］.北京晚报，2013-10-20（3）.

失算：半年单价涨了1万

可惜，市场并不像小韩想象中的美妙。半年之后，新盘市场依然是紧俏到不行，而二手房房价则是全面攀升。

西南三环曾被视为京城房价的价格洼地之一。上周末，小韩看了西南三环万年花城小区的一套52平方米北向一居室，业主报价算是周边最低——205万元，折合单价39000元/平方米，可加上不满五年的个税和契税，总房款至少得220万元，折合单价超过了42000元/平方米。

单价高了以外，议价空间也越来越小。没等小韩开口谈价，业主就直接表示，价格可接受再看房，首付多可考虑让个1万或2万，其余免谈。

"今年春节那会，您花32000元/平方米的单价，就能在万年花城买套房子，这半年价格全涨起来了。"经纪人告诉小韩，42000元/平方米已经是一居室的正常成交价，此后只会越来越高。

观望："三高"压倒购房人

"现在，想在五环里买单价低于30000元/平方米的房子，都已不可能了。"再三思索后，小韩决定将买房计划"缓一缓"，高房价、高税负、高贷款利率，"三高"已经成功压垮了他。

来自伟业我爱我家市场研究院的数据显示，2013年三季度，北京全市二手住宅交易均价为29950元/平方米，与上季度的房价相比上涨了5%。其中，城六区二手房交易均价为40107元/平方米，环比二季度的房价涨幅为5%；而近郊和远郊区县的二手房交易均价也达到23187元/平方米，环比上季度涨幅达7%。

"10月份，像小韩这样重现观望的二手房购房人，会陆续出现。"伟业我爱我家集团副总裁胡景晖分析，复苏5个月后，北京二手房市场快速回暖的势头在四季度或将有所减缓。一方面，房价持续上涨；另一方面，银行购房贷款优惠难觅，房贷申请难度增大，购房成本的增加迫使部分购房需求不得不暂缓购房计划。不过，对于房价的走势，胡景晖依然表示，在目前的调控政策下，购房人盼望的下跌不会出现。

这一报道的最大特征是：试图采取讲故事的样式，比较详尽地讲述了某一"半匿名"人物（报道中主角叫"小韩"，这种名称约等于匿名）的买房经历与各种感受，只是在结尾提及另一明确的消息来源"伟业我爱我家市场研究院"和"伟业我爱我家集团副总裁胡景晖"。这一消息来源在报道中仅仅基于上述"小韩"的事情对买房事务作出评论，但对买房有刚需的公众而言，这家机构的评论无疑会显得相当权威。因此，这一消息在上述连续轴上位于右侧，属于不那么明显的意图式消息来源。

二、消息来源的偏向与竞争关系

当记者面临多个消息来源时，到底选择哪一个消息来源？在这种情形下，大部分记者会在考虑各方面因素的前提下系统性地偏向某些消息来源，相对地忽视了另一些消息来源，这种现象就是消息来源偏向现象（news source bias）。在全球范围内，总体上，政府机构比非政府机构有更多的机会成为媒体的消息来源；也就是说，政府机构是媒体报道中消息来源偏向的重要对象。这是因为：通常情况下，媒体在新闻时效性与公信力的压力下，总是试图将政府人员或代表政府正式立场的各种机构作为消息来源。这种主导性的消息来源也被称为"权力精英"（Power Elites）。[①]

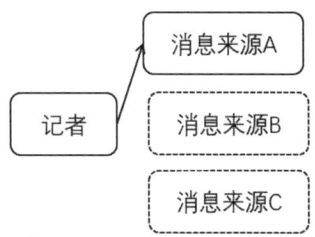

图 5-4　消息来源的偏向

对消息来源偏向现象首次进行系统关注的是对 1989 年阿拉斯加埃克森·瓦尔迪兹号（Exxon Valdez）油轮漏油事件报道的研究。[②]

1989 年 3 月 24 日晚上 9 点 12 分，埃克森石油公司的游轮埃克森·瓦尔迪兹号驶离阿拉斯加瓦尔迪兹港。游轮装载原油 200,984.6 立方米。午夜 12 点 4 分，瓦尔迪兹号撞上暗礁，几天内泄漏原油约 41,000 立方米。泄漏出的原油最终污染的海域长达 2,100 公里。

1993 年，时任俄亥俄州立大学新闻学副教授的史密斯（Conrad Smith）发表了他对这次事件为期六个月四家媒体（《华盛顿邮报》、《纽约时报》、《洛杉矶时报》和《安哥拉治每日新闻（Anchorage Daily News》》）的报道的研究，并指出：政府机构是名副其实的主导消息来源。

---

① SMITH C. News sources and power elites in news coverage of the Exxon Valdez oil spill [J]. Journalism quarterly，1993，70（2）：393-403.
② SMITH C. News sources and power elites in news coverage of the Exxon Valdez oil spill [J]. Journalism quarterly，1993，70（2）：393-403.

媒体应用实务

表 5-2 瓦尔迪兹号漏油事件报道中的消息来源情形

	消息来源的数量	参与的报道数量	被引用的数量	每一消息来源被引用数量
政府	102（40.2%）	531（48.9%）	1574（51.1%）	15.4
石油企业	46（20.5%）	223（18.1%）	684（22.2%）	14.9
科学家	21（8.3%）	81（7.5%）	234（7.6%）	11.1
渔业	16（6.2%）	59（5.4%）	146（4.7%）	9.1
环保机构	20（7.8%）	57（5.2%）	112（3.6%）	5.6
其他受影响行业	11（4.3%）	32（2.9%）	92（3.0%）	8.3
个体	16（6.2%）	35（3.2%）	81（2.6%）	5.1
动物救助	9（3.5%）	25（2.3%）	58（1.9%）	6.4
石油专家	6（2.3%）	21（1.9%）	47（1.5%）	8.9
法律专家	5（1.9%）	18（1.7%）	44（1.4%）	8.8
媒体观察人员	2（0.8%）	4（0.4%）	8（0.3%）	4.0
合计	254（100%）	1086（100%）	3080（100%）	

在上述消息来源偏向的情形下，不同的消息来源之间就出现了一种竞争关系，竞争的目的是争取获得媒体的偏向。可以看出，正是消息来源偏向的现象直接导致了消息来源的竞争关系，同时消息来源之间的竞争关系的结果，自然又表现为消息来源偏向现象，而两者之间的这种关系的基础又表现为多消息来源并存的状况（见图5-5）。

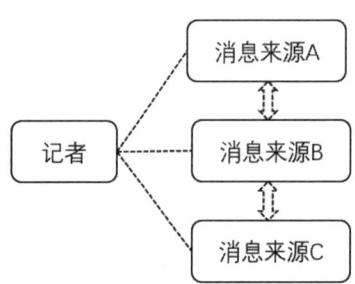

图 5-5 消息来源之间的竞争关系

在媒体应用的视野中，消息来源的偏向与竞争关系是一体两面、相互依存的。

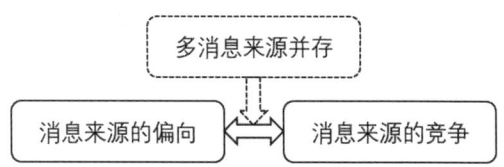

图 5-6 消息来源的偏向与消息来源的竞争关系

不同消息来源之间还可能存在协作关系。当不同消息来源之间的观点一致或类似时，彼此之间的关系即协作关系；当不同消息来源之间的观点不同或对立时，彼此之间的关系即竞争关系。存在协作关系的不同消息来源，在需要时可以通过组成联合力量，进而在与其他消息来源的竞争过程中增加获胜的可能性。

下面通过两个相似的报道来展示上述关系的具体表现。

报道1：《河南南召矿难发现5具矿工遗体 3矿工仍生死不明》[①]

新华网郑州8月14日电（记者李丽静）记者14日从河南省南阳市政府获悉，截至8月14日，南召县白土岗镇任家庄发生透水事故的非法小煤矿已打捞出5具遇难矿工遗体，井内仍有3名矿工生死不明。现场搜救仍在进行。

8月5日1时，河南省南召县白土岗镇任家庄煤矿在进行非法开采时，发生透水事故，正在井下工作的8名矿工被困，矿主逃逸。

经初步调查，这个事故矿井证照不全，煤矿负责人无视国家法令和政府监管，非法开采，造成事故。

事故发生后，南阳市及南召县有关领导都赶到现场指挥营救。由于事故井内淤泥太深，加之坑道内有石块、坑木等大量塌方，搜救工作不断被阻。目前现场搜救工作仍在紧张进行。

在该报道中，事件发生地的政府机构——河南省南阳市政府成为直接的、权威的消息来源，这在一定程度上避免了新闻记者从其他消息来源那里获取信息，同时一定程度上也就将来自政府的比较有利的立场带入新闻报道，进而有了有利于南阳市政府的新闻报道（见图5-7）。

---

① 新华网. 河南南召矿难发现5具矿工遗体 3矿工仍生死不明［EB/OL］.（2006-08-14）［2011-01-11］. http://news.xinhuanet.com/society/2006-08/14/content_4960362.htm.

| 媒体应用实务

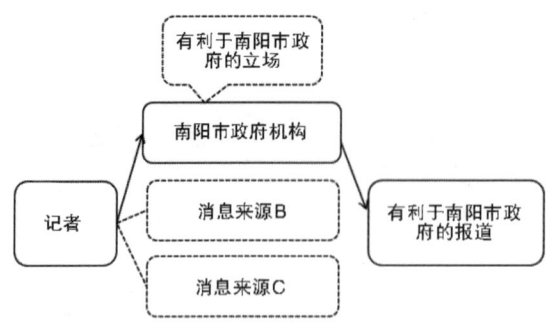

图 5-7　南阳市矿难报道过程中的消息来源机制

其实在这种情况下,政府机构的主要做法比较简单:提供信息补贴。

报道 2:《山西静乐县黑煤窑发生矿难 6 人死亡》[①]

本报 8 月 13 日讯(特约记者靳子荣)12 日上午,位于静乐县杜家村后山的一黑口子发生惨剧,导致 6 人死亡。截至记者发稿时,当地政府未就此次事故给予任何说明。

经过 4 个小时的颠簸,记者终于在今日下午 2 时到达事故现场。经过一番交涉,记者获准通过警方设置的警戒线,顺着崎岖的山路走了一个多小时,记者来到出事的坑口。几名公安民警正在现场守护,记者看到在距离地面十余米的一黑口边上放着 6 具遇难者尸体。一位现场的工作人员告诉记者,事故发生在昨日早上 6 时左右,晚上 10 时矿山救护队赶到现场,今日凌晨 1 时终于将 6 名遇难者尸体抬了出来,对于出事的原因,该工作人员不愿回答。

下午 5 时,记者在杜家村镇政府见到了死者赵玉平的姐姐等人。她说,赵玉平六七年来一直在这一带的黑口子打工,到这个口子干了半年多点就出事了。她们想去山上看一看,但警察在路口把守不让去,到镇政府找人却都找不到。记者在采访中了解到这个黑口子是杜家村一个叫"锁锁"的人与另两名人合伙开的,"锁锁"在此次事故中也已死亡。记者在采访中始终未见到该镇的主要领导,一位镇政府的工作人员肯定地告诉记者,后山的口子都是黑口子,出事的口子也不例外。

下午 6 时,记者赶到静乐县县委办公室,但空无一人。随后记者又来到该县政府值班室,工作人员称接到了杜家村的事故报告,但相关记录不在他手里。

[①] 山西静乐县黑煤窑发生矿难 6 人死亡[N/OL].山西晚报,2006-08-14[2011-01-11].http://news.sina.com.cn/c/2006-08-14/02309740023s.shtml.

从该报道可以看出，在记者报道过程中，作为具有权威性的消息来源——山西静乐县政府（以及杜家村镇政府）没有积极地协助记者的采访工作，甚至当记者积极接近时还消极应对，这种媒体关系策略导致的结果大致包含两个方面：

第一，一定程度上，这促使记者接近其他消息来源——受害者家属，并在这些消息来源处获取了对当地政府不利的信息，比如，"她们（死者赵玉平的姐姐等人）想去山上看一看，但警察在路口把守不让去，到镇政府找人却都找不到"。这种说法明显表现出受害者家属对相关政府机构的不满态度。第二，更进一步，这促使记者采取与当地政府对立的立场，这可以在报道的内容中找到迹象："经过一番交涉，记者获准通过警方设置的警戒线"，"记者在采访中始终未见到该镇的主要领导"，"下午6时，记者赶到静乐县县委办公室，但空无一人"。我们可以这样说：媒体实际上采取了与其他消息来源（受害者家属）相同的立场。我们可以通过图5-8来说明这个问题。

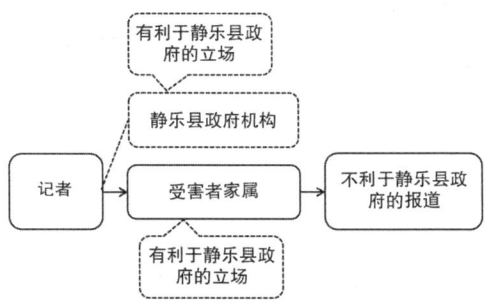

图5-8 静乐县矿难报道过程中的消息来源机制

其实这种现象在消息来源偏向的研究中已经有了一定的结论。比如，相关研究已经发现：一定程度上，新闻记者会倾向于选择和自己意见相同的消息来源。①

三、信息补贴

"信息补贴"（information subsidy）最初指消息来源免费为媒体提供的信息内容，②或消息来源以不同的具体方式为媒体提供的信息；③之后，泛指为了获取媒体的时间或

---

① LANG K, LANG G E. The unique perspective of television and its effect: A pilot study [M] // SCHRAMM W. Mass communications. Urbana: University of Illinois Press, 1972: 544-560.
NACOS B L. The press, presidents and crises [M]. New York: Columbia University Press, 1990: 188-189.
② KRUCKEBERG D. International journalism ethics [M] //MERRILL J C. Global journalism: survey of international communication. White Plains, NY: Longman, 1995: 77-87.
③ GANDY O. Beyond agenda-setting, information subsidies and public policy [M]. Norwood, NJ: Ablex, 1982: 61.

媒体应用实务

空间而向媒体提供的任何项目。①

本质上信息补贴就是消息来源企图建构媒体报道的一种方式。② 比如,加拿大阿尔伯塔省第 12 任省总理克莱恩(Ralph Klein)当政期间,采取了三项信息补贴样式:第一,提高新闻稿发布的速度;第二,为媒体提供更多接近省总理的机会;第三,通过更多、更具策略性的"信息泄露"(leak)。③ 由此可见,广义的信息补贴的外延十分广泛(包括有形与无形两个维度)。

水均益记述了他当年在伊拉克采访时的情形,其中提及的穆赫辛,就是基于对信息补贴的掌控力,对水均益进行寻租:④

> 伊战期间,伊拉克当局对各国媒体在当地的采访报道,有一套严格的管理规定。全球媒体参与的"新闻大战",成了伊拉克新闻管理部门的滚滚财源。
>
> 伊拉克新闻部有一个下属部门,叫"国际媒体管理中心",规定所有的外国记者到伊拉克,都必须去那里报到、登记、办采访证。管理中心下发的临时采访证,相当于有效期 10 天的签证,10 天过后,如果要延期,就需要再申请、再交钱。若有记者报道了伊拉克当局不喜欢的"负面新闻",等采访证过期后,管理中心就不再延长,等于变相驱逐出境。
>
> 新闻中心的老大叫穆赫辛,是一位中等身材、西装革履的伊拉克人。无论多么大牌的记者,跟他打交道也得下本钱。
>
> 大权在握的新闻中心十分腐败。记者在当地采访,必须有一个官方派出的所谓"陪同"跟随,实际上就是伊拉克当局安排在我们身边的一个探子,专门监视记者的一举一动。电视记者在大街上任何一个地方,都不能做现场、越洋的连线报道,只能在新闻中心配楼二楼的楼顶平台上,给一个四五平方米的空间,让你画地为营。但是,这块空间必须由穆赫辛批准,不用说,又得花钱。我多次跟穆赫辛打交道,时间长了,隔三岔五,你不见他,他还想你呢,常常派人来找我,老远就喊:"水,穆赫辛想见你。"我一听,坏了,又得"出血",就揣上 50 美元去了。

---

① BERKOWITZ D. Refining the gatekeeping metaphor for local television news [J]. Journal of broadcasting and electronic media,1990,34(1):55-68.
② BERKOWITZ D,ADAMS D B. Information subsidy and agenda-building in local television news [J]. Journalism quarterly,1990,67(4):723-731.
③ KISS S J. Selling government:the evolution of government public relations in Alberta from 1971—2006 [D]. Kingston:Queen's University,2008.
④ 水均益. 益往直前:水均益看世界[M]. 武汉:长江文艺出版社,2014.

闲聊片刻后，他用阿拉伯的握手方式道别，我就从兜里把手拿出来，手心里捏着美元，说："哈比比（阿拉伯语'亲爱的'），那就非常感激了。"一握手，他就从我手里把那 50 美元给拿走了。

有一次，穆赫辛又派人来叫我，我正想找他帮忙联系采访伊拉克副总理阿齐兹，探听紧张局势下萨达姆高层的口风，便一路小跑到他办公室，只见他神色诡异："哎，水，过来。"我凑过去，穆赫辛压低声音问："你们中国有'伟哥'吗？"我一愣，心想，嗨，这个真没有！但我有求于他，只能咬牙说："有。"穆赫辛立刻兴趣盎然："那你给我弄点儿。"我满口答应："行，没问题。"接着提出交换条件："副总理的那个采访，你是不是能……"他很豪爽地说："没问题，包在我身上。"

回去之后，我就犯了愁，跟同事冀惠彦嘀咕："穆赫辛跟我要'伟哥'，咱上哪儿给他弄去啊？"冀惠彦有个常备药箱，他想了半天说："这个藿香正气胶囊，把盒儿拆了，里面的胶囊上没字儿。"

我揣着藿香正气胶囊，钻进穆赫辛的办公室。他一使眼色，问："怎么样？""嗯，"我点点头，很神秘地说，"没问题。"

三天后，我路过他办公室门口时，被他堵住了："水，过来。"我试探着问："怎么样？"他咧嘴笑了，说："非常非常棒。"我当时就傻眼了，心想，不会吧？好半天才回过神来问："真的吗？""很强。"他满意地说。

我回去给冀惠彦讲了，给其他同事讲，跟很多朋友讲，每讲一次，大家都捧腹大笑。

最早对信息补贴现象加以关注的是 20 世纪 80 年代初时任哈佛大学传播学副教授的甘迪（Oscar Gandy）。甘迪首先指出了记者在进行报道时的"最低付出原则"（rule of least effort）："因为需要按照时间要求生产出可以成功发表的内容，记者会对在内容类型与形式方面都满足这一目标的他人提供的信息加以关注并予以使用。通过降低记者在满足组织要求的过程中不得不进行的投入，信息补贴提供者得以提高所提供的信息获得使用的可能性。"[①] 与此同时，消息来源也可以控制信息，提高信息获取的成本，降低信息被报道的可能性。这是信息补贴的另一面。

理解这个概念的关键在于理解如下现象：媒体生产过程的费用以及时间方面的束

---

① GANDY O. Beyond agenda-setting, information subsidies and public policy [M]. Norwood, NJ: Ablex, 1982.

媒体应用实务

缚迫使媒体使用这些信息补贴。①

对信息补贴的依赖虽然让媒体的工作方便许多，但同时也变相减少了所使用的信息来源的数量，因为媒体会慢慢地习惯使用熟悉的消息来源。② 这就导致了消息来源的偏向现象。

新闻生产过程中消息来源与记者之间的关系实际上带有强烈的价值交换的色彩：一方要以尽量低的成本进行新闻生产，另一方要以尽量低的成本传播自己的信息。那么，怎样降低成本？可以通过信息补贴。消息来源通过信息补贴来降低媒体获取信息的成本以便提高媒体采用的可能性，其关键是信息的"免费属性"。③

结合前述的消息来源之间的竞争关系，信息补贴现象也揭示出媒体之间可能存在的竞争关系：为了争夺特定消息来源提供的信息补贴，不同媒体（表现为具体的记者）之间存在着竞争关系。与此同时也可能在一些媒体之间出现协作关系：基于彼此之间的某种协作基础，不同媒体之间联合争夺特定消息来源提供的信息补贴，以便增加获胜的可能性。

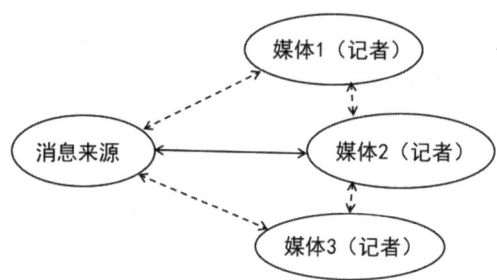

图 5-9　媒体之间的竞争关系与协作关系

---

① BERKOWITZ D. Assessing forces in the selection of local television news [J]. Journal of broadcasting and electronic media, 1991, 35 (2): 245-251.
　BROWN J D, BYBEE C R, WEARDEN S T, et al. Invisible power: newspaper news sources and the limits of diversity [J]. Journalism quarterly, 1987, 64 (1): 45-54.

② BERKOWITZ D. Assessing forces in the selection of local television news [J]. Journal of broadcasting and electronic media, 1991, 35 (2): 245-251.

③ BARTLETT R. Economic foundations of political power [M]. New York: The Free Press, 1973: 188.

第三节 媒体资料包

一、基本概念

"媒体资料包"（media kit、press kit、media pack、press pack、media packet、press packet）有时也被称为"媒体资料套装"、"新闻资料袋"、"信息包"（information packet）等。

简明而言，媒体资料包是特定组织发送给媒体的关于特定对象（组织、项目、产品/服务、活动）的材料组合，并经过预先的精心组织与包装，其目的是便于发送并便于媒体人员就特定主题进行材料的接收与了解。具体的做法往往是：特定人员预先依据特定的传播目的，对相关材料进行针对性的整理并纳入单一的包装之内，以便打包提交给记者，并试图争取记者按照传播者的意图来解读这些材料。

二、媒体资料包的类型

（一）载体形式

依据载体性质，媒体资料包可分为三类：印刷形式、数字形式、在线形式。三种形式的媒体资料包在实践中往往会组合使用（见表5-3）。

表5-3 媒体资料包类型（载体）

	说明	关键特征
印刷	纸质形式	便于现场直接阅读与标注，但其保存与携载存在一定不便
数字	数字形式（或基于移动存储，或基于互联网渠道）	便于通过电子设备直接进行材料处理
在线	互联网在线形式	便于搜索、查询；但不一定便于下载并直接使用

印刷形式是最传统的一种形式。这种形式的明显优势在于：记者在现场能直观阅读，同时可以在材料上直接增加一些批注与评论。这种形式也更易于加强记者对新闻发布会的参与度，便于其更好地参与提问或者访谈。其不足也十分明显：因为当今的记者基本都已经采取数字形式的工作方式，印刷形式的材料不能为记者提供"剪切/复

媒体应用实务

制—粘贴"的机会,甚至当记者需要其中的某一图片时,还不得不进行额外的处理。在这一方面,"数字媒体资料包"(electronic press kit,EPK)的优势就十分明显。数字媒体资料包往往通过网站、电子邮件、CD/DVD等形式进行传送。

在线媒体资料包往往位于特定网站(一般是特定组织的门户网站)的在线媒体中心(实践中有不同的称呼,比如"在线新闻中心"或"在线新闻室"等)。在线媒体资料包最明显的优点是:可以充分借助超级链接将所有相关的材料加以汇集。因为在线媒体资料包可包含多种载体的材料,且能充分利用超级链接的方式,因此社交媒体的应用是在线媒体资料包必不可少的前提。

在线媒体资料包的不足表现为:在线媒体资料包大大削减了关系因素的影响,同时也将主动权转移到记者手中。因此,在实践中,在线媒体资料包往往与其他形式的媒体应用方式组合使用(或只作为其他媒体应用方式的辅助)。

比如,英特尔是2024年巴黎奥运会的官方合作伙伴,英特尔就此开展了多维度的传播活动。与此同时,英特尔也在线发布了不同形式的材料。比如媒体资料包"英特尔在2024巴黎奥运会与残奥会"(Intel at Olympic and Paralympic Games Paris 2024)。[①] 这份资料包合计包括五项内容:新闻稿、信息图表、图片、视频、联络信息(包括传统联络方式与社交媒体联络方式),且整个页面提供了直接打印、超级链接等快捷应用方式(见表5-4)。

表5-4 英特尔的媒体资料包

致辞视频	国际奥委会主席就英特尔在奥运会中的应用致辞	
新闻稿(合计四条,每一条新闻稿中都包含一条视频)	《英特尔驱动的AI平台可能点亮下一代奥运健儿的希望之路》	
	《2024年巴黎奥运会上,英特尔的AI平台向全世界首次展示8K互联网直播》	

---

① Intel. Intel at Olympic and Paralympic Games Paris 2024 [EB/OL]. (2024-07-31) [2024-08-02]. https://www.intel.com/content/www/us/en/newsroom/resources/olympic-paralympic-games-paris-2024.html#gs.ch00rc.

第五章 媒体导向的材料

	《从运动员到生成式 AI 开发者：英特尔通过 AI 系统应对现实世界中的挑战》	
	《英特尔将 AI 平台创新体现于奥运会的日常生活之中》	
图片		
信息图表		
视频	英特尔为 2024 巴黎奥运会提供赛事自动亮点展现	
	英特尔为 2024 巴黎奥运会提供三维视频	
	英特尔为所有人提供体验赛事的机会	
	英特尔为 2024 巴黎奥运会提供无障碍通行服务	
	英特尔为美国队训练中心提供无障碍通行服务	

（二）内容侧重点

媒体资料包的具体内容依据使用的情境、受众、用途等而定。比如，将新企业的相关信息报告给媒体（侧重于企业），或者将特定企业的新产品的相关信息加以报告（侧重于产品）。

按照内容侧重点，媒体资料包大致分为两类：信息式和展示式（见表5-5）。

表5-5　两类资料包

	说明	本质
信息式	所有材料都围绕一份新闻稿，都为了凸显新闻稿的新闻价值。新闻稿之外的所有材料，是媒体人员判断这一新闻稿价值的参考资料。新闻稿决定着媒体资料包的主导方向。	给媒体发送一条新闻稿，同时提供辅助材料，促使媒体人员更好地认识新闻稿的价值。
展示式	将某一对象直接展示给媒体。推广意图更强，因此需要考虑媒体的内容需求。往往以图片或视频为主，图片或视频需符合媒体需求。	为媒体报道提供便利的素材。

信息式媒体资料包的常见内容包括：新闻稿、特定对象的背景资料（组织、人物、活动等）、以往的相关报道、特定对象的高品质图片/视频素材、媒体联络信息、展示材料（包括PPT等材料）、问答材料（主要指常问的问题及其解读等），如图5-10所示。前文所说的英特尔媒体资料包就是典型的信息式资料包。

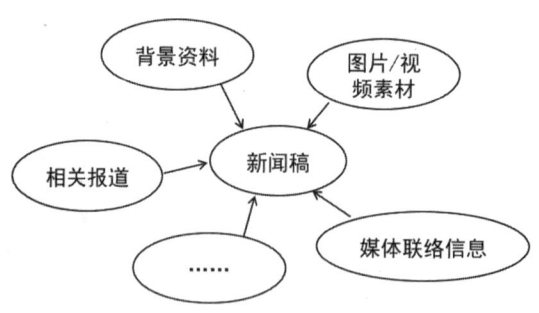

图5-10　信息式媒体资料包

展示式媒体资料包的常见内容包括：特定对象的背景资料（组织、人物、活动等）、以往的相关报道、特定对象的高品质图片/视频素材、媒体联络信息、展示材料（包括PPT等材料）、问答材料（主要指常问的问题及其解读等）等（见图5-11）。

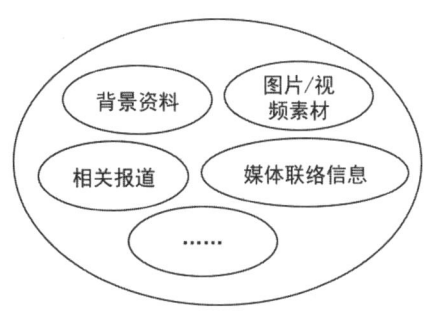

图 5-11　展示式媒体资料包

比如，2023 年保时捷推出全新版的卡宴 GTS，并发布媒体资料包。[①] 这份资料包不包含新闻稿，而是聚焦于展示全新款卡宴的基本数据以及图片与视频。这份资料包包括 7 项内容：亮点、概要、动力系统与性能、底盘、内外设计、配套设备、历史。每一部分内容都包含对汽车基本特征的文字说明。在所有这 7 项内容之外，组合高清可下载的图片与视频，来分别展示不同色系的卡宴。其视频本质上就是后文所说的视频素材（见图 5-12）。

图 5-12　保时捷媒体资料包图片举例

第四节　新闻稿

一、通稿现象

"通稿"往往被认为是来自新闻通讯社的稿件，因为在传统的新闻操作中，新闻通讯社在采访到一些重要新闻以后，会以一种统一的稿件方式发给需要稿件的媒体，这一稿件被称为"通稿"。[②] 之后，通稿的内涵没有改变，不过外延明显有了扩展，指特

[①] Porsche. The new Cayenne GTS [EB/OL]. [2024-08-04]. https://newsroom.porsche.com/en/press-kits/the-new-cayenne-gts.html.

[②] 袁端端，范以锦. 地方通稿滥用分析及其改善之策 [J]. 新闻实践，2010（9）：17-20.

媒体应用实务

定社会组织提供给媒体的预先准备好的新闻稿，试图获得媒体的报道。

实践中，通稿的使用很容易简单化，产生"绝对统一的新闻稿"的现象。下面我们以 2006 年都灵冬奥会期间联想在国内获得的报纸报道为例，说明企业领域"通稿"的简单化现象（见表 5-6）。

表 5-6 都灵冬奥会期间联想在国内获得的报纸报道[①]

	时间	题目	出处
1	2-9	《联想企业级 PC 助阵都灵冬奥会》	《国际商报》
2	2-13	《联想 PC 助阵冬奥盛会》	《电脑报》
3	2-13	《"中国巫师"赶考冬奥会》	《中国计算机报》
4	2-16	《冬奥背后的无声竞技 联想与中国健儿共创佳绩》	《大众科技报》
5	2-20	《Lenovo 新品冬奥会期间海外上市 联想国际化进入攻坚阶段》	《电脑商报》
6	2-20	《冬奥会背后的无声竞技 联想与中国健儿共创佳绩》	《计算机世界》
7	2-25	《联想开天：评论员席的"中国骄傲"》	《科学时报》
8	2-27	《苛刻见证品质 联想昭阳行走冬奥赛场》	《计算机世界》
9	2-27	《联想全球品牌都灵冬奥会首度放异彩》	《电脑报》
10	2-27	《联想开天冬奥尽显"零故障"本色》	《计算机世界》
11	3-3	《联想开天冬奥尽显"零故障"本色》	《科学时报》
12	3-6	《苛刻见证品质联想昭阳行走在冬奥赛场》	《中国电脑教育报》
13	3-8	《联想电脑首赢奥运征程硬仗》	《中华工商时报》
14	3-16	《联想首次挑战奥运"零故障"》	《中国企业报》
15	3-25	《联想开天电脑 冬奥身后的无冕之王》	《科学时报》
16	3-27	《都灵冬奥会联想"零故障"服务国际大客户》	《中国高新技术产业导报》
17	3-30	《联想"零故障"服务都灵冬奥会 极大提升中国企业品牌和产品质量美誉度》	《大众科技报》

仅从标题我们可以明显感受到：绝大部分报道都是"统一"的。假如进一步对比报道的具体内容，我们可以发现更加"恐怖的统一"现象（见表 5-7）。

[①] 2011 年 8 月 10 日搜索 CNKI 全文报纸数据库。

表 5-7 都灵冬奥会联想报纸报道比较

标题	《联想开天冬奥尽显"零故障"本色》，《计算机世界》，2006年2月27日，第A36版	《联想开天冬奥尽显"零故障"本色》，《科学时报》，2006年3月3日，第007版
正文	在严寒的都灵赛场，担负着庞大的赛讯资料收集、整理、发布工作的新闻中心正在紧张地运转着。来自中国的超过千台联想开天电脑和工程师成了这里最引人注目的主角，为世界各地的新闻工作人员提供本次赛事新闻的全部信息服务。 新闻中心是都灵向全球各个国家发布比赛进展、实况转播的新闻聚集地，来自世界各地的新闻记者汇集于此。本次都灵冬奥是有史以来，新闻工作人员最多的一届。有超过了1万名来自世界各地的记者和新闻工作人员参与此次冬奥会赛事新闻的全程报道。 如此巨大的媒体关注，导致了都灵冬奥会的新闻系统对硬件性能的超常规要求。当上万名新闻工作人员同时登录系统进行赛事信息的整理、发布，随之而来的亿万计数的信息量、访问量，大大地增加了系统宕机、网络拥挤等不良状况出现的几率。此前2002年、2004年的奥运赛事中，均有此类事故发生——对于联想开天电脑来说，从入场的第一天就面临着如此严峻的考验。然而，让所有人兴奋的是，截至今日，人流穿梭的新闻中心里印有"Lenovo"标志的所有开天产品没有出现过任何问题，创下了"零"故障率纪录。 联想开天首次服务全球的顶级赛事，便展现出卓越的性能品质，为中国赢得了骄傲，向世界证明了联想开天的优秀品质。联想开天商用PC是联想付诸心血，多年来精心打造的一款旗舰产品。联想开天商用机拥有领先的技术，它平均无故障运行时间（MTBF）达到7万小时，标志了世界一流的稳定性；它曾荣获Intel国际创新PC大奖，该奖项仅授予那些在该年度技术创新显著、引领业界发展潮流中表现最突出的产品。同时，联想开天还具有在奥运会这样的复杂应用面前超稳定运行、无故障支持全程服务的实力。在2004年，开天商用PC凭借可靠、稳定、安全三大性能一举通过了国际奥委会（IOC）	在严寒笼罩的都灵赛场，担负着庞大的赛讯资料收集、整理、发布工作的新闻中心正在紧张地运转着。来自中国的超过千台联想开天电脑和工程师成了这里最引人注目的主角，为世界各地的新闻工作人员提供本次赛事新闻的全部信息服务。 新闻中心是都灵向全球各个国家发布比赛进展、实况转播的新闻聚集地，来自世界各地的新闻记者汇集于此。本次都灵冬奥是有史以来，新闻工作人员参加人数最多的一届。有超过了10000名来自世界各地的记者和新闻工作人员参与了此次冬奥会赛事新闻的全程报道。 如此巨大的媒体关注，导致了都灵冬奥会的新闻系统对硬件性能的超常规要求。当上万名新闻工作人员同时登录系统进行赛事信息的整理、发布，随之而来的亿万计数的信息量、访问量，大大地增加了系统宕机、网络拥挤等不良状况出现的几率。此前2002、2004年的奥运赛事中，均有此类事故发生——对于联想开天电脑来说，从入场的第一天就面临着如此严峻的考验。然而，让所有人兴奋的是，直到此时此刻在人流穿梭的新闻中心里印有"Lenovo"标志的所有开天产品没有出现过任何问题，创下了"零"故障率的纪录。 联想开天首次服务全球的顶级赛事便展现出卓越的性能品质，为中国赢得了骄傲，向世界证明了联想开天的优秀品质。联想开天商用PC是联想付诸心血，多年来打造的一款旗舰产品。联想开天商用机拥有领先的技术，它平均无故障运行时间（MTBF）达到70000小时，标志了世界一流的稳定性；它曾荣获INTEL国际创新PC大奖，该奖项仅授予那些在该年度技术创新显著、引领业界发展潮流中表现最突出的产品。同时，联想开天还具有在奥运会这样的复杂应用面前超稳定运行，无故障支持全程服务的实力。在2004年，开天商用PC凭借可靠、稳定、

正文	专业的严格测试，被指定为2006年都灵冬季奥运会惟一PC专用产品。 　　新闻中心的任务就是将各大新闻机构的新闻报道及时，准确地向全球发送，新闻工作者们分秒必争、全程跟踪。计算机的任何一次小的失误都可能带给新闻工作者莫大的遗憾。为了以防万一，联想的工程师们时刻待命，以便一旦出现问题，及时补救。然而，开天一直保持着稳定、安全的运行，完全适应新闻工作者的各种要求，确保了查询、访问、互连、传输顺畅。现场检验的结果是无一款开天产品出现任何故障，开天的出色表现不仅为所有在场的新闻人员赢得了充分的时间，亦充分护卫了他们的辛勤劳动成果，赢得了在场工作人员集体的信赖与支持。联想开天的品质表现并不仅限于此，在冬奥会的露天开幕式现场，联想开天还经受住了严寒、巨大温差的种种考验，没有任何一台机器产生异样，顺利地保证了奥运会开幕式的圆满成功。 　　首次征战奥运会，联想开天便一直以最佳的状态坚持，守护，确保赛事顺利进行的同时，亦保障了冬奥赛讯时时、顺利地联通五洲。对于开天的品质，奥组委给予了一致认可与好评。国际奥委会主席罗格在亲切会见正在都灵坐镇指挥的联想集团董事会主席杨元庆时还表示："作为第一次服务奥运的中国企业，联想的表现让我们非常满意，同时也非常欣喜，让我们对联想的产品和服务能力都有了更深的认识和信任。"	安全三大性能一举通过了国际奥委会（IOC）专业的严格测试，被指定为2006年都灵冬季奥运会惟一PC专用产品。 　　新闻中心的任务就是将各大新闻机构的新闻报道及时、准确地向全球发送，新闻工作者们分秒必争，全程跟踪。计算机的任何一次小的失误都可能带给新闻工作者莫大的遗憾。为了以防万一，联想的工程师们时刻待命，以便一旦出现问题，及时补救。然而，开天一直保持着稳定、安全的运行，完全适应新闻工作者的各种要求，确保了查询、访问、互连、传输顺畅。现场检验的结果是无一款开天产品出现任何故障，开天的出色表现不仅为所有在场的新闻人员赢得了充分的时间，亦充分护卫了他们的辛勤劳动成果，赢得了在场工作人员集体的信赖与支持。联想开天的品质表现并不仅限于此，在冬奥会的露天开幕式现场，联想开天还经受住了严寒、巨大温差的种种考验，没有任何一台机器产生异样，顺利地保证了奥运会开幕式的圆满成功。 　　首次征战奥运会，联想开天便一直以最佳的状态坚持、守护，确保赛事顺利进行的同时，亦保障了冬奥赛讯时时、顺利地联通五洲。对于开天的品质，奥组委给予了一致认可与好评。国际奥委会主席罗格在亲切会见正在都灵坐镇指挥的联想集团董事会主席杨元庆时还表示："作为第一次服务奥运的中国企业，联想的表现让我们非常满意，同时也非常欣喜，让我们对联想的产品和服务能力都有了更深的认识和信任。"

　　通稿之所以"通"，有的是套路化的结果，有的则是完全有意图的结果，即：实践当中有人对这种通稿有明显的需求。比如：

　　　　有一次，笔者到某地采访这个地区工业经济的发展情况。这是一次"应邀"采访。到了之后，却发现行程安排中，涉及工业的地方并不甚多。采访进行到一半，我觉得掌握的材料很不全面，甚至难以成文。于是，和当地接待的同志提出增加一些采访内容，多找一些熟悉情况的人谈，看一些与工业经济有关的采访点。但他们好像对此并不热情。我们本是"应邀"而来的，为什么提出的采访要求,却得不到热情的回应,我心生纳闷。这时,对方才告诉我们,其实报道的事情很简单,不用太费心。他们拿出一篇已经写好的稿子给我们看。稿子从主题到细节应有尽有,留下的仅仅是"本报记者"后面的空白,原来,"准备"稿子已经成为他们接待采访的一项重要工作。这次经历让我知道,在企业之外,在发布会之外,也可以有"通稿"。

另外一次是参加某村的典型报道采访。当时各媒体的记者去了好几个。因为时间紧,大家都对采访有些担心。这么短的时间,要采访的都是那几个人,能得到自己需要的材料吗?但是,一到当地,就收到几大本材料,分门别类装订成册。最让我难忘的是,后面还"附"了一篇已经写好的稿件,完全是"量身定做"的,不同记者收到的是不同的"附件"。尽管稿件材料大同小异,但确实各有差异。我们感叹,他们的接待工作做得"何其不易"。①

对通稿的"通",我们需要慎重。为此,我们可以提出三项问题,以此显示我们下面要说的新闻稿,并不简单等同于实践中的通稿。这三项问题也是后面我们说明新闻稿时的出发点:第一,给众多媒体同样的材料,还是分别给不同的材料?第二,如果提供同样的材料,有什么要求?有什么优势?第三,如果分别提供不同的材料,有什么要求?有什么优势?

二、新闻稿概念

这一部分讨论的新闻稿具备如下几项基本特征:不付费,不借助私人关系,借助信息自身的价值(新闻价值)。因此,这一部分讨论的对象只能称为"新闻稿"。

简明而言,新闻稿是为媒体准备的有明显新闻价值(有时是经由新闻稿写作者挖掘出来的)的特定内容,目的是分享信息并让公众知晓。②

新闻稿的两项关键要点是:新闻价值(服务于特定目的性的新闻价值)+目的性。新闻价值是实现目的性的基础,缺乏新闻价值基础的目的性只能导致新闻稿产生过于明显的营销推广色彩,最终只能被认为是软文;同时,这里的新闻价值,是服务于特定目的性的新闻价值。

---

① 魏永刚.走出通稿之困[J].新闻实践,2010(9):14-16.
② BASKIN O W, ARONOFF C, LATTIMORE D L. Public Relations:The Profession and the Practice[M]. Madison,WI: Brown & Benchmark Publishers,1997:493.

媒体应用实务

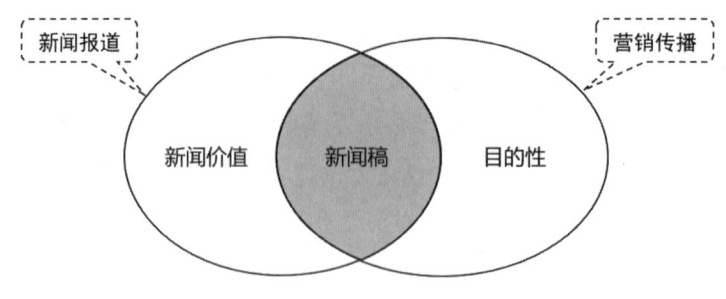

图 5-13 新闻稿的本质

为了感受第二项特征，我们观察下面这条报道。

延庆自行车骑行线遍布全县[①]

本报讯（通讯员赵新忠记者于丽爽）在延庆，有这样一支自行车队，他们每周活动一次，穿行于妫川大地和赤城、怀来等地。与延庆县骑行协会相比，他们年纪更轻，设备和技术更专业，以QQ群集结的联系方式更时尚，这就是延庆骑域自行车队。

骑域自行车队创建于2007年，经过4年发展，队伍不断壮大，现有队员110人，其中年纪大的50多岁，小的10多岁，平均年龄26岁。骑域自行车队除了每周组织一次骑行活动外，每年还要组织多次大型骑行活动。

7月17日，骑域自行车队组织骑行大海坨活动，20余名队员从县城的中踏广场出发，沿农场路、康张路、松闫路到达海坨山脚下，最后把车扛上了山顶。

骑域自行车队的队员们在骑行中不仅提高了车技，更收获了一份份真情。网名"亮子"的队员今年27岁，8月底，他随队骑行去怀柔区黄花城，当行至大庄科乡解字石村附近的下坡时，"亮子"摔了出去。队友见到后，马上停下车将他扶起，询问伤情。得知"亮子"只是受了轻伤后，队友们又护送他到昌平区长陵村卫生院处理了伤口。"亮子"感慨地说："其实是小伤，但大家却很'紧张'，当时感觉特别温暖。"

为了验证骑行水平，寻找差距，锻炼意志品质，一些队员还于6月18日参加了延庆县举办的八达岭长城杯首届北京国际自行车骑游大会。虽然没有获得名次，但队员们没有一个中途放弃比赛，全部坚持骑到了最后。

眼下，延庆县正在建设"中国骑游第一县"，正是有了骑域自行车队这样的骑行爱好者的身影，让遍布全县的骑行线路更加美丽。

[①] 延庆自行车骑行线遍布全县[N].北京日报，2011–11–01（9）.

这条报道的本意是：告知北京市民，在延庆地区可以获得比较好的骑行体验。对于北京地区有骑行需求的群体而言，理论上这一信息是有一定新闻价值的，但目前这条报道的目的性太强了（促销色彩很强），以至于总体上淹没了本应该有的新闻价值。本来在这一内容中，新闻价值与目的性是可以有效兼顾的。

三、新闻稿基本类型

新闻稿总体上分为两类：记录报告式新闻稿和强新闻价值式新闻稿。

表 5-8 新闻稿类型

类型	说明	
记录报告式新闻稿	内容带有强烈的记录色彩，并聚焦新闻写作中的常见要素：谁，在哪里，什么时间，做了什么，结果如何等。因此，其结构完全遵循新闻报道常见结构。	高度唤醒式（同样是记录报告样式，但内容对特定人群有明显吸引力）
		简单记录式（内容本身没有明确的关注者群体）
强新闻价值式新闻稿	内容凸显某种维度的新闻价值（内容吸引力），至于常见的新闻写作要素，会在正文中按需说明。结构也不一定严格遵循新闻报道常见结构。	

（一）内容吸引力

发给媒体的材料需要尽量有吸引力，才更可能获得媒体的认可。这就是这一节要说的问题。

说到媒体内容的吸引力，人们往往想到的是新闻价值。本质上，新闻价值说的是新闻报道的吸引力要素，但这聚焦的是新闻报道。从更泛义的视角来看，只说新闻价值就远远不足了，我们应当从更普适性的视角来关注所有类型内容的总体吸引力要素。

不过，已有的新闻价值相关研究也蕴含着丰富的启示。1991年，休梅克（P. J. Shoemaker）等从两种视角来关注新闻价值："事件导向"（event-oriented approaches）和"语境导向"（context-oriented approaches）。① 这种比较早的新闻价值框架凸显了一项要点：所谓新闻价值，不仅仅包括新闻事件本身的因素，更包括新闻事件以及媒体所处的情境语境。换句话说：媒体内容的吸引力，不仅仅来自内容本身。在传统新闻学研究中，这就是新闻价值研究的内在基因。在广告传播研究中，这就是广告吸引力的内在基因。本书将其统称为"吸引力要素"。

---

① SHOEMAKER P J, DANIELIAN L H, BRENDLINGER N. Deviant acts, risky business and U.S. interests: the newsworthiness of world events [J]. Journalism quarterly, 1991, 68 (4): 781-795.

媒体应用实务

综合上述各方观点，并遵循通俗、简明、便利的原则，本书提出媒体报道的吸引力要素的框架（见表5-9）。这些要素可以作为以获得媒体报道为意图的内容生产的参考方向。

表5-9 媒体报道的吸引力要素

要素		说明
认知	知识	某一领域的见解，视野拓展
	观念	逻辑认知——认同，与上述框架中的众多内容对应
感性	奇特	非常出乎意料，与新闻价值中的奇特性一致
	感触	涵盖从感慨到感动的情绪
	感官	各种很有冲击力的感性刺激
	愉悦	开心、愉悦、趣味等
	纯真	童真、自然、可爱等
	竞争	冲突、挑战等，带有明显的不确定性，同时也可能带有明显的围观心态
实用		解决某一具体需求

（二）高度唤醒式新闻稿

这一类新闻稿虽简单记录事实，但对特定群体而言其内容具备重要性（新闻价值）。因此，这一类新闻稿不需要明显的"策划"。其中的逻辑类似于：极端迷恋某一明星的人，只要一听到该明星的名字，就会十分兴奋；或者，极端关注股票市场的人，只要一听到股票或金融方面的新闻，就会十分兴奋。

我们以《三菱日联金融集团与摩根士丹利拟在日本成立合资证券公司》为例进行说明：

三菱日联金融集团与摩根士丹利拟在日本成立合资证券公司[①]
新的行业领先者将为客户在日本提供卓越的零售和机构经纪业务

东京和纽约，2009年3月26日——三菱日联金融集团（MUFG，三菱日联）（纽交所代码：MTU）与摩根士丹利（纽交所代码：MS）于今天宣布签署一份备忘录，拟将三菱日联证券公司（Mitsubishi UFJ Securities Co., Ltd.）和摩根士丹利日本证券公司（Morgan Stanley Japan Securities Co., Ltd.）合并

[①] 三菱日联金融集团与摩根士丹利拟在日本成立合资证券公司［EB/OL］.（2009-03-26）［2010-10-19］.http://www.morganstanleychina.com/press/docs/090326_press.pdf.

成立为一家合资证券公司。

该份备忘录的签署是双方多项合作计划中的重要一步,反映了双方共同的目标,即充分利用2008年10月达成的全球战略联盟合作关系。该拟定中的合资公司将会在日本成为一个新的行业领先者,向客户在日本提供广泛的零售经纪业务网络,全方位的机构经纪业务服务以及强大的全球资源支持。

上述双方两家证券公司将在合并完成后作为一家合资公司来运营,管理团队由双方的成员共同组成。三菱日联金融集团将持有合资公司60%股份,摩根士丹利将持有40%股份。该合资公司将在日后被命名。双方将共委派五名代表作为该合资公司的董事,其中三名来自三菱日联金融集团,两名来自摩根士丹利。剩余董事席位的安排将依据股权所有结构作相应配置。

三菱日联主席兼首席执行官畔柳信雄表示:"此次备忘录的签署,是我们双方全面战略合作进程中非常重要的一步,也使我们更接近了合作目标,即聚合双方在日本的卓越业务、打造一个更强大更成熟的金融机构,使得我们能更好地响应双方客户的需求。"

摩根士丹利主席兼首席执行官麦克先生(John J. Mack)表示:"此次成立的合资公司,是目前我们和三菱日联在众多领域推进的合作之一。此次合作增强了我们战略联盟的强大潜力,使得摩根士丹利全球发展版图得以扩展,更好把握全球金融服务领域的契机。今日签署的备忘录也同样体现了我们对服务于日本市场的坚定承诺,以及我们在这个市场持续开拓业务发展机遇的共同目标。"

摩根士丹利将任命此次合资公司的董事长,三菱日联也将做出对总裁和首席执行官的任命。三菱日联还将任命一名负责合资公司的零售及中间市场业务的副总兼首席执行官,该人士将负责对零售及中间市场业务经营的管理事务。摩根士丹利将任命一名负责机构证券业务的副总兼首席执行官,该人士将负责管理合资企业的机构业务,并将负责与摩根士丹利的全球网络通力合作。三菱日联将任命一名机构证券业务的副主管。其他高级职位也将由双方相应级别的高管出任。

双方计划从现在至2010年3月底期间完成有关合资公司的最终合作协议。合资公司将有待监管部门进行批准。

作为摩根士丹利的重要投资人,三菱日联于近日举荐三菱日联董事平野信行于摩根士丹利董事会供职。2009年3月10日,摩根士丹利董事会任命平野信行先生为董事会董事。

除在日本设立合资公司之外,三菱日联和摩根士丹利正协商在其他业务领域的具体合作意向,旨在使这一全球化联盟的战略意义最大化,最新进展会由两家公司适时发布。

关于三菱日联金融集团

三菱日联是一家世界一流的金融集团,截至2008年3月31日,其资产总额逾190万亿日元(约合1.8万亿美元)。三菱日联业务范围包括商业银行、信托银行、证券、信用卡、消费融资、资产管理及租赁服务。该集团的运营子公司包括日本最大的商业银行东京三菱日联银行、日本一流的信托银行三菱UFJ信托银行以及日本最大的证券公司三菱UFJ证券。如欲获得更多有关三菱日联的资料,请登入网站http://www.mufg.jp/english/index.html。

关于摩根士丹利

摩根士丹利(纽交所代码:MS)是一家全球领先的国际性金融服务公司,业务范围涵盖投资银行、证券、投资管理及财富管理服务。公司在全球37个国家设有超过600家办事处。公司员工竭诚为各地企业、政府机关、事业机构和个人投资者提供服务。如欲获得更多有关摩根士丹利的资料,请登入网站www.morganstanley.com或其中文网站www.morganstanleychina.com浏览。

《上海证券报》的报道《三菱日联与摩根士丹利拟成立合资证券公司》[①],几乎完全基于这一新闻稿:

> 三菱日联金融集团与摩根士丹利26日宣布签署一份备忘录,拟将三菱日联证券公司和摩根士丹利日本证券公司合并成立为一家合资证券公司。三菱日联金融集团将持有合资公司60%股份,摩根士丹利将持有40%股份。双方计划从现在至2010年3月底期间完成有关合资公司的最终合作协议。合资公司计划仍有待相关监管部门的批准。
>
> 据悉,该合资证券公司管理团队由双方的成员共同组成。双方将共委派5名代表作为该合资公司的董事,其中3名来自三菱日联金融集团,两名来自摩根士丹利,剩余董事席位的安排将依据股权所有结构作相应配置。
>
> 据了解,除在日本设立合资公司之外,三菱日联和摩根士丹利正协商在其他业务领域的具体合作意向。

《上海证券报》的报道大致可以说明这条新闻稿的价值:对股票投资市场而言,三菱日联和摩根士丹利的合作无疑值得关注。

---

① 三菱日联与摩根士丹利拟成立合资证券公司[N].上海证券报,2009-03-27(8).

这一新闻稿在以下四个方面表现出显著特征，也是新闻稿写作需要遵守的要点：

第一，内容以叙述为主。

第二，只关注一件事。这一点很重要。有研究者已经指出，新闻稿不被注意或不被采用的原因之一就是新闻稿里有太多的主题。[①]

第三，通过引用他人评价的方式进行评论。该新闻稿中引用了三菱日联主席兼首席执行官畔柳信雄、摩根士丹利主席兼首席执行官麦克的两段简明言论。另外一处比较明显的评论来自第二段："该份备忘录的签署是双方多项合作计划中的重要一步，反映了双方共同的目标，即充分利用2008年10月达成的全球战略联盟合作关系。该拟定中的合资公司将会在日本成为一个新的行业领先者，向客户在日本提供广泛的零售经纪业务网络，全方位的机构经纪业务服务以及强大的全球资源支持。"这一段比较直接地对这次事件的意义与社会影响进行了比较简明的说明，但营销色彩没那么强。

第四，遵循了比较严谨的消息写作的倒金字塔格式——先摘要说明，再逐一给予详尽说明。

不过，常见的新闻报道结构并不只有倒金字塔结构，还有其他的结构，比如时间顺序式、悬念式、并列式。[②]这几种基本结构请参见新闻写作方面的相关说明。

（三）简单记录式新闻稿

这一类新闻稿自身并没有明显的新闻价值，写作者也没挖掘出明显的新闻价值，其关注群体也并不明确。在实践中，这一类新闻稿显得比较套路化，在内容选择与格式上都十分中规中矩，缺乏吸引力。比如，《港澳加强两地旅游联系》[③]：

> 由旅游事务专员区璟智率领的旅游界代表团今（四月十六日）早前赴澳门，与澳门特别行政区政府旅游局局长安栋梁举行会议，就港澳共同关心的旅游课题交换意见。
>
> 旅游事务署和澳门特区政府旅游局最近同意设立年度旅游交流机制。今次是在新机制下首次安排的交流会。
>
> 澳门特别行政区政府社会文化司司长崔世安在会后接见并宴请代表团。
>
> 香港代表团的成员包括香港旅游发展局总干事刘镇汉和香港旅游业议会

---

① BOLLINGER L. A new scoring method for the press release[J]. Public relations quarterly, 2001, 46(1): 31-35.
② 周胜林，尹德刚，梅懿. 当代新闻写作[M]. 上海：复旦大学出版社，2004.
③ 港澳加强两地旅游联系[EB/OL].（2008-04-16）[2008-04-28]. http://www.tourism.gov.hk/resources/sc_chi/paperreport_doc/press/2008-04-16/ties-sc.pdf.

主席何栢霆。

双方在交流会上讨论的课题包括诚信旅游、共同推广和发展"一程多站"旅游路线,以及内地假期和有薪年假新政策对两地旅游业的影响。

区璟智说:"该机制提供一个有效平台,让两地官员和旅游机构就共同关心的旅游政策交换意见,并有助深化和加强两地在旅游发展和推广方面的合作和伙伴关系。这次讨论非常有用。"

区璟智表示,香港和澳门是一个更大旅游区的一部分,对游客来说均各具独特的吸引力。

"港澳凭借不同的旅游景点,相辅相成,互为补充,丰富游客的旅游体验。"

安栋梁说:"香港和澳门的旅游资源各有特色,相信在资源互补下两地旅游业可达双赢效果。今天的交流会是个宝贵机会,让两地旅游部门加强沟通,进一步巩固旅游范畴的合作和联系。"

下次港澳旅游年度交流会将由香港主办,预计于明年初举行。

(四)强新闻价值式新闻稿

这一类新闻稿最大的特点是:对新闻价值进行了明显细微的挖掘,在新闻稿表述方面也有效凸显出新闻价值。

比如,2008年2月26日,尼尔森在线(Nielsen Online)发布的新闻稿《消费者生产的媒体:进化还是革命?尼尔森在线发布首次研究结果》(Consumer generated media: evolution or revolution? Nielsen Online releases first of its kind CGM study),对新闻价值的挖掘就十分精准深入,且在表述方面也进行了有效的凸显:①

> 2008年2月26日,悉尼——尼尔森在线今日发布的消费者生产的媒体(CGM)领域中的首次研究发现,消费者生产的媒体正在影响着消费行为,从传播样式到购买决策无一例外,绝大部分互联网用户现在都参与到一些CGM活动之中。
>
> 作为这一领域中的首次报告,尼尔森在线发布的这份《消费者生产的媒体报告》对澳大利亚和新西兰在线消费者中CGM的发展及其驱动力与阻力

---

① Nielsen Online. Consumer generated media: evolution or revolution? Nielsen Online releases first of its kind CGM study [EB/OL]. (2008-02-26) [2024-08-02]. https://img.scoop.co.nz/media/pdfs/0802/cgm_mr_nzfeb08.pdf.

进行了最先进的分析，并对其发展趋势及在线消费行为中的这一趋势蕴含的机遇进行了预测。

……

这一新闻稿最大的特点在于：导语并不是"有闻必录"式地说明"什么时间、什么地点、什么人、做了什么、有什么结果"，而是凸显某一具体方面的发现。这一点对相关领域的人员来说都具备明显的新闻价值。

再比如，《北京晚报》的报道《EMS投递员月薪真能1.5万？北京EMS负责人：业绩好算提成能达到》[①]：

> 本报讯（记者傅洋）昨天，一条关于薪水的消息受到人们的特别关注。EMS在网上招聘投递员，开出了5000至8000元/月的高工资，据说除了高工资之外，业绩优秀的加上各种福利奖金，月薪能达到1.5万。对此，北京的EMS负责人表示，业绩好的投递员，算上底薪+提成能达到这个数字。
>
> 又逢"双11"，快递企业竞单将进入一个高峰，与此同时，快递行业对快递员的需求也在增长，不少快递企业希望用高薪留住员工。昨天，据媒体报道称，在招聘网站上，EMS给出5000至8000元/月的高工资。除高工资外，EMS还提供了更优厚的福利待遇。业绩优秀的月薪能达到1.5万。这与民营快递快递员大多3000至5000元/月的薪金标准相比，薪水大大地提高了。
>
> 记者昨天求证北京EMS相关负责人得知，这一情况基本属实。这位负责人告诉记者，快递员的薪水采取底薪+提成的方式，但由于目前业务量大，揽收和派送数量多的业务员薪酬也更高，最终能达到1.5万月薪的也大有人在。实际上，业务好的快递员早在两三年前就能月薪过万了。
>
> "企业还为员工免费提供宿舍，免费发放统一的工作服和交通工具。"EMS负责人告诉记者，除了给员工提供"五险一金"外，国企投递员的福利保障与民营快递加盟店的"自带交通工具者优先的"的招聘条件相比，也非常有优势。在EMS招聘的营销岗和投递一线岗位中，大专甚至本科生具有相当比例。就薪水而言，管理层面反而没有这么高的薪水。因此，一些刚入行在营销岗锻炼的大学生，一两年后由于留恋一线的高薪而不愿意转岗。
>
> 快递企业频频开出高薪招人，是由于行业快速增长的需求所致。记者从北京EMS了解到，其员工数量从几年前的5000人增至了今年的8000人，是

---

① EMS投递员月薪真能1.5万？北京EMS负责人：业绩好算提成能达到[N].北京晚报，2012-10-31（13）.

| 媒体应用实务

北京地区快递员数量最多的企业。以往 EMS 针对快递员也曾有过招聘,但以企业内部工作人员推荐为主,今年是首次大面积向社会招聘。其负责人透露,今年的招聘计划原定是 1000 人,但从实际需求考虑,招聘计划将再增加 1000 人。

业内人士认为,以往不愿意放下身段的快递国企,今年先是出现了对电子商务订单的降价,这一次又开出优厚条件大规模招聘,这将对快递市场产生很大冲击。这说明,快递行业的竞争真的已经进入白热化阶段。

这条报道通过挖掘新闻价值的方式,明显为 EMS 员工的薪资状态建构了十分积极有利的形象。跟前述尼尔森在线的新闻稿一致的是:这条新闻稿从标题到导语,都没有简单记录,而是凸显最有吸引力的方面。

四、新闻稿写作

有一个明确的意图,基于这个意图挖掘新闻价值,并把新闻价值通过有效的表述凸显出来。这就是新闻稿写作的基本规律。

换句话说:新闻稿里的新闻价值需要挖掘,也需要表述。

比如,《中粮福临门携藻油 DHA 创中国食用油"护脑"时代》[①]:

近期,中粮福临门藻油 DHA 食用油批量上市,新产品富含高纯度海藻 DHA,是目前市场上领先含有藻油 DHA 的食用油产品。这标志着,中国食用油正式进入"护脑"时代。

《DHA 及其功效在全球的认知度》报告和《中国人 DHA 食用情况》营养调查显示:中国人对 DHA 及其功效的认知度虽然全球领先,但 DHA 摄入量却普遍低于国际通行标准,儿童的摄入量更是堪忧。

作为行业领军企业,中粮福临门继去年成功推出甾醇玉米油之后,针对我国 DHA 摄入水平普遍偏低的现状,再次在高端油种发力,突破技术壁垒,成功将藻油 DHA 添加到食用油中,使得人们对补充 DHA 多样化的设想变为了现实,开创了"食用油补充 DHA"这一直接、快捷、健康"护脑"方式的先河。这不仅给整个行业带来技术上的革新,更带动了整个产业的震撼升级。

业内人士介绍,中粮福临门藻油 DHA 食用油突破性的加入非转基因、无海洋污染的藻油 DHA 成分,可以被大脑充分吸收,有效补充大脑营养。

据悉,中粮福临门藻油 DHA 食用油的 DHA 来源于全球 DHA 领导品

---

① 中粮福临门携藻油 DHA 创中国食用油"护脑"时代[N].东方早报,2010-08-18(A35).

牌——美国马泰克公司的 Lifes DHA，Lifes DHA 直接从藻类中提取，是一种不含海洋污染的 DHA。整个生产过程都经美国食品和药物管理局（FDA）批准。如今，美国绝大部分的婴儿配方奶粉中均含有这种 DHA，并且在世界 75 个国家的超过 350 种婴儿配方奶粉、膳食补充剂、食品和饮料中都可以找到。

同时，它还具有 DHA 纯度高、高温下稳定性强等优势，更重要的是其不含 EPA（鱼油中含有），而 EPA 对于婴幼儿、孕妇群体的健康可能产生危害，因此，DHA 更成为儿童、准妈妈们摄取的优选。

中粮福临门相关人士表示，凭借完善的品质管理、强大的技术革新能力、品牌实力及服务优势，一定会将"中粮福临门藻油 DHA 食用油"打造成中国"护脑"食用油品类的领导品牌。

这一新闻稿的最大问题是新闻价值挖掘不足，同时新闻稿的表述也存在不足（有明显的隔靴搔痒的欠缺感，当然首先是因为新闻价值没有挖掘到位，所以缺失了焦点，丧失了写作的防线）。

下面我们通过一条具体的新闻稿的改动历程，来演示新闻稿的写作注意要点。

表 5-10　一条新闻稿的改进之路①

第一版	第四版
更美 App 推出智能面部分析测试颜值高效变美	更美 App 首推"智能面部分析"功能，人工智能成医美行业新风向
近期，全球最大医疗美容与健康服务平台更美 App 推出了"智能面部分析"的新功能，通过上传照片帮助用户分析脸型和五官，并给出对应的医美建议。 调查显示，大部分用户在整容之前，都会向医生和平台上的整容达人咨询自己应该做哪些面部改善。更美 App 产品负责人表示，"这一功能正是面向这些有变美需求，但对自己的面部构造和医美改善方法不那么了解的用户，通过智能分析能给出针对性的建议，帮助用户更高效变美"。	近期，全球领先的医疗美容与健康服务平台更美 App 推出了"智能面部分析"的新功能，通过上传照片帮助用户分析脸型和五官，并给出对应的医美建议。据悉，更美 App 是全行业第一家推出"智能面部分析"功能的公司，创造性地将科学与美学相结合，开创了人工智能与医疗美容结合的先河。 调查显示，大部分用户在整容之前，都会向医生和平台上的整容达人咨询自己应该做哪些面部改善。更美 App 产品负责人表示，"这一功能正是面向这些有变美需求，但对自己的面部构造和医美改善方法不那么了解的用户，通过智能分析给出针对性的建议，帮助用户更高效变美"。

---

① 这条新闻稿由一位学生写于 2017 年 7 月。这里对这条新闻稿写作过程的说明完全用于说明专业话题，绝对不包含任何价值判断。在此对这位学生以及更美 App 致以最诚挚的谢意！

正文	记者测试后得到"平直眉、丹凤眼、正常鼻翼、薄唇、尖脸、尖下巴"的标签，点击标签可看相应的医美建议。记者点击"薄唇"，得到的建议是"玻尿酸填充上下唇"，在此之前记者并不知道有这种丰唇方法，忍不住开始在更美App上搜索该项目。 据知情人士透露，更美App是全行业第一家推出"智能面部分析"功能的公司，将科学与美学相结合，开创了人工智能面部分析新时代。未来更美还将推出"整容模拟器"功能，在智能分析之后用户可选择自己想做的项目进行模拟，系统自动生成整形后的外貌，为用户的变美决策提供更加科学的参考依据。 更美App创始人兼CEO刘迪说道："更美致力于帮助求美者更轻松地变美，相对于传统医美行业，互联网医美平台有很多可以改善的，更美将这些细节做好，用户求美会更轻松高效。" 据悉，更美App已拥有1800万用户，6000多家医疗机构以及1万多名医生入驻，平台上有260万真人整形案例，电商业务覆盖全国100多个主要城市及日本、韩国、泰国、中国台湾等国家和地区。	记者测试后得到"平直眉、丹凤眼、正常鼻翼、薄唇、尖脸、尖下巴"的标签，点击标签可看相应的医美建议。记者点击"薄唇"，得到的建议是"玻尿酸填充上下唇"，在此之前记者并不知道这种丰唇方法，忍不住开始在更美App上搜索该项目。更美App还将推出"整容模拟器"功能，在面部智能分析之后用户可选择自己想做的项目进行模拟，系统自动生成整形后的外貌，为用户的变美决策提供更加科学的参考依据。 人工智能是一个可以改变人类生活的重大科学技术，有广泛的应用领域，特别是在垂直领域有极高价值。更美App在消费医疗领域开创性地引入人工智能分析，开启了"医疗美容+人工智能"新时代，这些举措将进一步加固更美行业第一的地位。 近两年来，医美行业整体向着强调技术、强调管理能力、强调客户关系维护、强调消费体验的方向转向，所有这些变化都指向医美行业需要为用户提供更加专业、长期的服务。互联网医美平台相对于传统医美行业在此方面有很多独特优势。目前来讲，更美完成了帮助用户发现变美需求，了解变美手段，选择医美项目、医院医生，完成订单，预约医生，分期付款，医美保险，术后恢复，医美圈子沟通交流等一站式服务体系搭建，并形成了完整的医美生态圈，求美者获取信息、交流、购买都可以在更美上轻松完成。未来，更美App将继续在资本寒冬中深耕垂直领域、持续产品优化，筑建起行业高壁垒。 据悉，更美App已拥有1800万用户，6000多家医疗机构以及1万多名医生入驻，平台上有260万真人整形案例，电商业务覆盖全国100多个主要城市及日本、韩国、泰国、中国台湾等国家和地区。

在新闻价值的挖掘与表述方面，第一版与第四版的关键区别至少有两种：第一，第四版标题有效凸显了所写功能的界定，同时还搭载了"人工智能"可能蕴含的吸引力；第二，第四版的导语对标题里的关键信息进行了简略展开式的再次凸显。

总体而言，新闻稿写作的基本要求包括：

第一，一则新闻稿只说某一事件的某一维度。

第二，内容上应当符合新闻写作的要求，营销色彩不能过于明显。

新闻价值是新闻稿的核心要素，因为新闻价值是媒体采用新闻稿的关键判断标准。更重要的是，新闻价值是新闻稿的主要资本。因此，新闻稿的写作者被认为是一个

"竞赛者",而非"旁观者"。①

第三,标题和导语是新闻稿的关键部分,首先需要突出新闻稿的新闻价值。标题与导语是新闻稿表述的核心。当然,正文应当与标题和导语一致,标题与导语是正文的中心。如果正文部分与标题和导语不对应,那是新闻稿写作中最低端的错误。

第四,新闻稿可以通过一些方式加入价值判断,其主导方式有两种:一是选择(对同一事件的不同方面进行选择,而不是否定);二是引用他人的评价。

与传统大众媒体的新闻稿相比,社交媒体平台中的新闻稿更加追求新闻价值(毕竟这是吸引力所在),同时也更加在意内容的表述(通过表述强化吸引力)。总体上,社交媒体平台中的新闻稿的关键特征有三种:

第一,在格式与形式上更加灵活,摆脱传统写作模式的束缚。只要有利于凸显所写内容的新闻价值,怎么写都可以(比如,配图等)。

第二,往往带有明显的个人色彩。社交媒体中的内容本来就以带有明显的特定内容生产者的风格作为吸引力。

第三,与之相应,社交媒体平台上的新闻稿带有更明显的植入色彩。主要原因是,所要提及的对象往往被"融入"某种个人化色彩强烈的故事叙述或观念之中。正因为这一点,社交媒体平台中的新闻稿带有更加明显的软文色彩。

第五节 软文

在媒体应用的视野中,软文是一种比较常见的方式。

软文的基本状态大概是:在外在维度上尽量靠近所在载体(比如报纸、电视、社交媒体等)的常见样式,在内在维度上基于推广对象之外的内容引出推广对象,基本规律即"图穷匕见"。

一、基本概念

(一)硬新闻和软新闻

西方把新闻分为"硬新闻"(hard news)和"软新闻"(soft news)两大类。硬新

---

① EISENSTADT D. How to make video news releases work [J]. Public relations quarterly, 2001, 47 (4): 24–25.

闻也被称为"纯新闻报道"（spot news/straight news），指题材严肃、具有一定时效性的客观事实报道。通常情况下，时政新闻、经济新闻、科技新闻都属于硬新闻的范畴。而软新闻主要是指人情味浓厚、风格轻松活泼的社会生活新闻，主要涉及的是人们生活中普遍关心的事情。软新闻指受众想要的信息，而不是受众必需的信息。硬新闻多用倒金字塔结构，导语多为概述型，只交代最重要的事实，标题更加具备概括性；软新闻的结构和导语写作则不拘一格。这样操作起来很容易，也自由。①

但是，这里的"软新闻"，并非媒体应用领域中的"软文"。上述说明已经显示，软新闻的"软"侧重于内容，而这里说的软文的"软"，却是在强调营销色彩的软化。

本质上，软文属于广告的范畴，只不过披着新闻报道的外衣。换句话说，软文给人一种"第三者"写作的印象。②因此，相对于硬广告而言，软文的主要特征包括两种：第一，软文的营销色彩没有那么强；第二，软文形式介于新闻与广告之间，即广告的形式要素趋于淡化，同时更加靠近所处渠道的样式，这会获得受众更多的关注与信任。

（二）新闻化广告

从某种程度来看，软文（advertorial）与"新闻化广告"（editorial style advertising）的含义一致。"新闻化广告"是伪装、模仿成新闻报道形式的广告，是一种特意设计来营造一种阅读新闻报道的体验的广告。③比如，当某一新产品投放市场之际，产品的相关信息以记者采访的形式出现在媒体上。④新闻化广告在形式上完全采取新闻报道的样式，大部分是以类似典型报道、纪实报道的形式介绍特定对象，有时甚至还有"答记者问""采访札记"等用语。⑤这样做的目的是试图拥有新闻报道的形式，促使受众摆脱广告的接收心态，采取新闻的接收方式。

新闻化广告往往与非正式的关系紧密关联。比如，这种广告的费用往往是隐性的，是媒体或记者为私利出卖报道权、发稿权，其费用往往低于同等版面、时段的广告费用。⑥

---

① VIVIAN J. The media of mass communication [M]. Boston: Allyn and Bacon, 2003: 270.
② 郭志鹃. 重新认识软文：网络传播中公关"软文"的发展与变异 [J]. 新闻知识, 2010（1）: 72-74.
③ Gameron, G T, JU-PAK K H. Information pollution? Labeling and format of advertorials [J]. Newspaper research journal, 2000, 21（1）: 65-76; KIM B M, PASADEOS Y, BARBAN A. On the deceptive effectiveness of labeled and unlabeled advertorial formats [J]. Mass communication and society, 2001, 4（3）: 265-281.
④ ECKMAN A, LINDLOF T. Negotiating the gray lines: an ethnographic case study of organizational conflict between advertorials and news [J]. Journalism studies, 2003, 4（1）: 65-77.
⑤ 刘红玉. "新闻广告"与媒体社会责任 [J]. 青年记者, 2005（12）: 60-61.
⑥ 刘红玉. "新闻广告"与媒体社会责任 [J]. 青年记者, 2005（12）: 60-61.

中国境内出版的第一份中文报纸是《东西洋考每月统记传》，1833年由外国传教士创刊于广州。1835年7月号这期上的《广东省城医院》，时间、人物、事件等信息齐备，俨然是标准的消息导语。正文强调："宽仁孚众，是耶稣门生本所当为。今有此教之门徒，普济施恩，开医院广行阴骘尽情，可谓怀悯急之仁。每日接待病人及各项症故，且赖耶稣之颂祐，医痛效验焉。有盲者来，多人复见。连染痼疾，得医矣。四方之人常院内挤拥，好不闹热。医生温和慈心，不忍坐视颠危，而不持不扶也。贵贱男女老幼，绪品会聚得痊。"①这一内容主体强调的是医院的诊疗技术之好。因此，这一内容被认为至少有新闻化广告的色彩，甚至被认为是中国新闻化广告的发端。

新闻化广告一直备受争议，因为它混淆了"新闻报道"与"广告"之间的界限，在受众辨别不清的情况下，误导受众认为它是纯粹的新闻报道。②这就是所谓的混淆效应。与一般广告相比，受众更容易主动地接触这类新闻报道形式的广告，对其内容的注意、评价、卷入、接受、记忆程度都会比较高。③

受众对新闻化广告的认知明显受到所在媒体的"认知权威"（perceived authority）的影响：当特定媒体在受众心目中拥有比较高的权威时，该媒体上的新闻化广告也会获得更高的关注度、评价、接受度。④有研究也显示，读者对新闻化广告以及一般广告的卷入度会明显受到所在平面媒体知名度的影响：当平面媒体知名度比较高时，读者对其新闻化广告的卷入度会比对一般广告高。⑤

传统媒体中的广告、软文与新闻稿的区别，请见表5-11。这一区别可以帮助我们更好地理解软文的本质。在社交媒体平台中，三者之间的界限更加模糊不清。

---

① 李晶."广告疑似症"为何难诊：医疗机构新闻报道"掺沙子"现象一瞥［N］.中国工商报，2010-07-27（1）；胡正强，马骎.饮鸩止渴：广告新闻化的媒介行为分析［J］.河北师范大学学报（哲学社会科学版），2010（1）：139-146.
② CAMERON G T, JU-PAK K. KIM B. Advertorials in magazines: current use and compliance with industry guidelines［J］.journalism and mass communication quarterly, 1996, 73（3）: 722-733.
③ KIM B H, PASADEOS Y, BARBAN A. On the deceptive effectiveness of labeled and unlabeled advertorial formats［J］.Mass communication & society, 2001, 4（3）: 265-281;
LORD K R, PUTREVU S. Advertising and publicity: an information processing perspective［J］.Journal of economic psychology, 1993, 14（1）: 57-84.
④ REIJMERSDAL E, NEIJENS P, SMIT E. Readers' reactions to mixtures of advertising and editorial content in magazines［J］.Journal of current issues & research in advertising, 2005, 27（2）: 39-53.
⑤ 张瑞洋.报导式广告与一般广告对阅读者讯息涉入之影响：以平面媒的知名度为干扰变项［D］.台北：东吴大学，2004.

表 5-11　传统媒体中的广告、软文与新闻稿

	广告	软文	新闻稿
接收	广告部门	广告部门或新闻部门中配合广告宣传的机构	新闻部门
内容	显得客观程度不高，可信度不高	显得客观程度不高，可信度高于广告低于新闻稿	显得客观程度比较高，可信度比较高
应用	广泛	广泛	内容有明显的新闻价值

（三）品牌化内容

前述的"新闻化广告"只是模仿新闻报道样式的广告，而"品牌化内容"（branded content）则是在内在层面上的"广告化"：将广告主的内容尽量有效地融入媒体的正常新闻报道中，试图吸引目标公众的参与，进而建构互动与关联。[1]这属于人们常说的"新闻植入"的范畴，体现的是广告主对新闻报道更加深入的介入。但"品牌化内容"并不是我们这里要说的"软文"，"品牌化内容"仍旧属于新闻报道领域的事务。在这一点上与"赞助内容"（sponsored content）一致。赞助内容指融入报道中的由品牌方资助的内容。[2]

无论品牌化内容还是赞助内容，体现的都是广告主对媒体报道的介入。在实践中，这种介入会有不同的表现。以美国为例，有研究者曾经以问卷方式调查美国 250 位日报主编对广告介入新闻内容的看法，发现有高达 93% 的主编表示曾遭遇到广告主试图以经济理由（广告预算）来干预他们的新闻生产，也就是促使媒体不报道特定内容或应该报道特定内容，有 37% 的主编承认他们曾经向广告主屈服。[3]

一些媒体甚至设立专门的机构，来应对来自广告主的报道需求。比如，台湾东森

---

[1] KÜNG L. Innovators in digital news.[M]. London：I.B.Tauris，2015.

[2] BIVINS T.Mixed media：Moral distinctions in advertising, public relations, and journalism [M]. London：Routledge，2009；CAMPBELL C，COHEN J，MA J.Advertisements just aren't advertisements anymore：a new typology for evolving forms of online "advertising" [J]. Journal of advertising research，2014，54（1）：7-10；IKONEN P，LUOMA-AHO V，BOWEN S A. Transparency for sponsored content：analysing codes of ethics in public relations, marketing, advertising and journalism[J]. International Journal of Strategic Communication，2017：11（2）：165-178；LOPEZOSA C，CODINA L，GONAZLO-PENELA C. Off-page SEO and link building：general strategies and authority transfer in the digital news media [J].El profesional de la Información，2019，28（1）：1-12；SERAZIO M. How news went guerrilla marketing：a history，logic，and critique of brand journalism [J]. Media, culture and society，2020，43（1）：117-132.

[3] SOLEY L C，CRAING R L. Advertising pressure on newspaper：a survey [J].Journal of advertising，1992，21（4）：1-10.

新闻就设有"专案中心"。① 其中各部门之间的关系分别是：广告业务部门与新闻采编部门就相关问题进行协调，并将相关专案交与专案中心办理；新闻采编部门为专案中心提供采编建议，并对专案中心提供的材料进行编审；其他采访中心为专案中心提供机动性采访支援；文字记者/摄影记者以及编辑具体执行相关的专案，并就相关的问题进行回应。

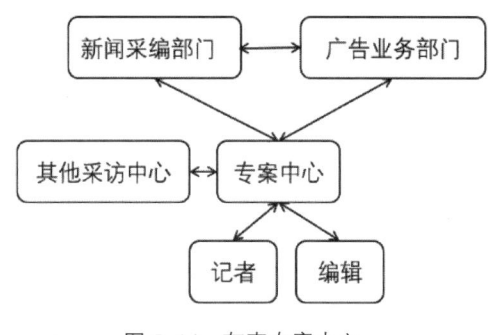

图 5-14 东森专案中心

东森一位新闻财经记者对专案中心的工作机制进行过描述："就我们公司的新闻部门来说，采访路线分有党政、社会、生活、财经跟地方，另外还有一组记者归在一个我们称为专案中心的单位，他们就是专门处理广告商相关工作，会签订一个合约，其中包含新闻露出的次数或规定要参加记者会进行采访，也就是直接'买新闻'。他们直接买新闻时段、次数，甚至有时候还指定主播去采访，是要求现场连线。像这些事务就都是由新闻部门内的专案中心去处理。"②

（四）媒体的主动行为

有时，媒体会主动为特定广告主作出特定状态的报道，以便换取广告主的广告投放。这种报道并不属于软文。

比如，在第二次世界大战后，美国报纸增加的版面都是为服务广告主而设立的，无线电视与有线电视的节目也是如此，特别是那些大型集团所属的媒体更会为迎合广告主的需求而刻意生产一些内容。这些报道只是换取广告投放的筹码，是比较典型的广告与新闻的交换过程。美国著名的《滚石》(*Rolling Stone*)杂志也曾刻

---

① 胡瑞麟. 媒体综效化对新闻生产与公关运作的影响：以媒体集团内公关公司为例[D]. 台北：世新大学，2007：41.
② 胡瑞麟. 媒体综效化对新闻生产与公关运作的影响：以媒体集团内公关公司为例[D]. 台北：世新大学，2007：38-43.

意增加某些内容，甚至改变其言论立场，以便吸引更有实力的广告主。① 美国《名利场》(*Vanity Fair*)的前主编布朗曾表示，1984年美国经济危机时，该杂志通过刊登主要广告主的特别报道的方式渡过难关。这些广告主包括乔治·阿玛尼、拉夫·劳伦、卡尔文·克莱因、伊夫·圣罗兰等。这种做法的效果比较明显，比如，该杂志在1989年4月期的广告总计长达37页，这些广告主曾经在不久前获得该杂志的积极报道。②

台湾有一种"业配新闻"，即配合广告业务而进行的报道，更准确地说，是为了吸引广告客户的广告投放而免费赠送的报道。不过，这种"赠送"的报道一般并不位于黄金时段。这种"赠送"的报道，也不属于软文。

（五）软文界定

本书对软文的界定是：来自媒体之外的、尽量模仿所在渠道样式且尽量强化吸引力的、非传统硬广告形式的、适应不同载体的推广性内容。

其要点有四项：

第一，软文内容带有媒体之外某一方面的推广意图。

第二，尽量模仿所在渠道的外在样式，与此同时也尽量在内在层面靠近所在载体常见内容的状态，以便强化其吸引力。比如，如果在报纸上刊登，软文需要尽量模仿报纸上的报道；如果在电视上出现，则尽量模仿自然的电视报道的样子；如果在社交媒体平台出现，则尽量模仿社交媒体平台常见内容的样子。在这一点上，我们这里所说的"软文"要超越前述的"新闻化广告"的范畴。尤其是随着社交媒体应用的普及，很多社交媒体中的软文，并不需要模仿传统新闻报道的样式，而是只需要模仿所在社交媒体中常规内容的样式。

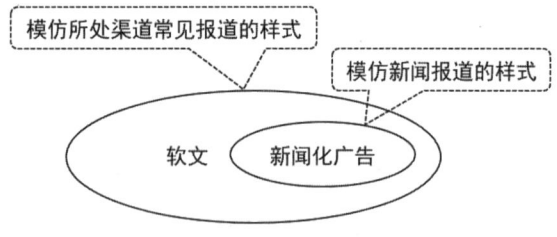

图 5-15　软文与新闻化广告的异同

---

① BARUHURST K G, MUTZ D. American journalism and the decline in event-centered reporting [J]. Journal of communication, 1997, 47 (4): 27-53.
② SHOEMAKER P J, REESE S D. Mediating the message [M]. New York: Longman, 1996: 188.

这一点与"原生广告"（native advertising）的含义是一致的。"原生广告"指与所处载体样式特征一致的广告，①其焦点是：广告模仿所处载体的形式特征进而试图在受众体验维度上尽量避免违和。有研究者指出：原生广告概念就是新闻化广告概念的发展。②

不过，软文与原生广告存在着不同。软文概念的出发点就是要尽最大努力从外在到内在都靠近所在载体常见内容的样式，以便强化软文"图穷匕见"的效果；当然，实践中因为在内外两个层面相似度的不同，软文会有不同的表现。与之不同的是，原生广告概念的出发点还是广告，仍旧从广告的视野来关注出现在特定载体中其从外在模仿所在载体常见内容样式的推广性内容。

我们认为，软文与原生广告的外延是一致的，两者之间的不同仅在于概念界定的出发点不同，区别就在于，是站在特定载体常见内容的角度去看，还是站在传统广告的视角去看。因此，两者遵从的逻辑不同，要求与期待也就不同。

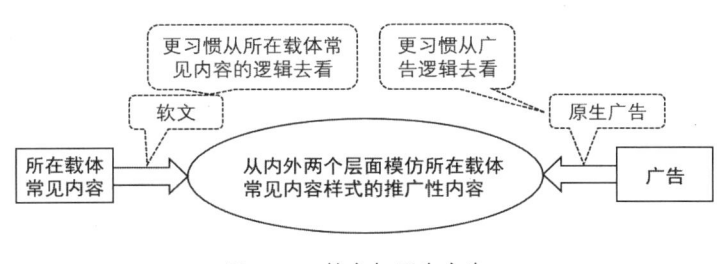

图 5-16　软文与原生广告

第三，基于第二条，软文与传统硬广告在外在样式方面明显不同。

第四，同样基于第二条，软文并不局限于某一载体，既可以是文字，也可以是视频等各种载体。

二、软文类型

基于软文的内容侧重点与表述样式，软文总体上可以分为三类：故事式软文、新闻式软文、促销式软文。

---

① HARDY J. Branded content：media and marketing integration[M]//HARDY J, MACRURY I, POWELL H. The advertising handbook. Abingdon：Routledge，2018.
② PROUNIS C. The art of advertorial[J]. Pharmaceutical executive，2004，24（5）：152-164.

表 5-12 软文类型

类型	说明	吸引点
故事式软文	主导通过故事性（冲突）建构吸引力	故事（产品在故事中出现的方式有关键影响）
新闻式软文	内容靠近新闻价值三要素：新奇性、重要性、显著性	奇特的、指向某种需求的、有知名对象
促销式软文	公众稍加注意，即可识别出广告的本色，充其量仅是未加标识的广告	受众的实际需求（对没有实际需求的受众来说，吸引力几乎是零）

不过，故事式软文和新闻式软文之间并不存在着截然不同的差异，实践中很多软文兼容故事式与新闻式两项要素：故事中包含新闻价值，新闻价值也可能通过故事来体现，但是各有所侧重。因此，故事式软文和新闻式软文处于一条连续轴上。

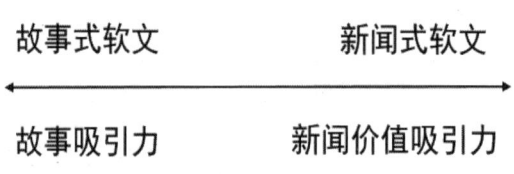

图 5-17 故事式软文与新闻式软文的连续轴

（一）故事式软文

这一类软文试图讲述一个有吸引力的故事。换句话说，这一类软文的吸引点在于故事性（要点是故事中冲突的出现与发展样式）。

1931 年 10 月 25 日，《申报·自由谈》上刊载一则"苏民自汉口寄"："日者寓书沪友王子仲良，间及余之病状，而以不能投身义勇军为憾。王子……竟以灵药一裹见寄，云为培生制药公司所出益金草，功能治肺痨咳血，可一试之。……余立行试服，则咳果止，兼旬而后，体气渐复，因念……一旦国家有事，吾必身列戎行，一展平生之壮志，灭此朝食，行有日矣。……"

这条报道实际上讲了一个苦尽甘来圆满结局的故事，但很明显这个故事意不在故事本身，而是其中提及的培生制药公司的益金草。不过，这个故事的吸引力不足。即便如此，鲁迅还是对其进行了大肆批评："只可惜不必是文学青年，就是文学小囡囡，也会觉得逐段看去，即使不称为'广告'的，也都不过是出卖旧货的新广告，要趁'国难声中'或'和平声中'将利益更多的榨到自己的手里的。"[1]

---

[1] 鲁迅. 鲁迅全集（第 4 卷）[M]. 北京：人民文学出版社，1981：325.

生活中这一类软文比比皆是。比如，2014年10月3日，山东某地街头地面上，散落着一张"离婚声明"，形式上是以当事者刘子莹第一人称讲述了与其丈夫"闹离婚"的故事。这一类故事在日常生活中先天带有吸引力，但这条"离婚声明"意在故事中提及的"福美堂"。

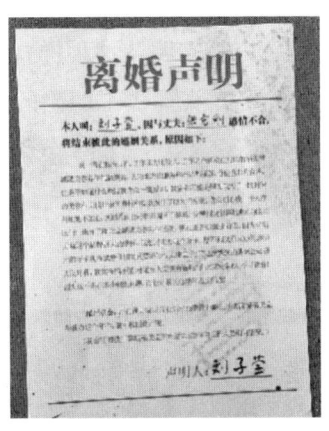

图 5-18 "离婚声明"

其正文如下：

本人叫刘子莹，因与丈夫：张宏刚感情不合，将结束彼此的婚姻关系。原因如下：

我一直在滕州工作，工作压力比较大，工作之余喜欢在那边的福美堂减肥美容养生馆做美容。因为那边的服务和产品都非常好，价位也非常合理。但是不知道什么原因我老公一直反对，我猜测可能是因为我做了一段时间的美容和美胸后我的身材和皮肤发生了很大的变化，老公担心我一个人在外地他不放心，所以我向公司申请调回了薛城。没想到我们薛城燕山国际C区门口也开了福美堂减肥养生连锁，现在正在试营业阶段，因为对福美堂这个品牌极大的信任，我想过去办这个年卡，想不到我原来办的2980元的年卡现在试营业期间只要580元，太便宜了！可是没想到的是老公却极力反对我，我实在搞不懂，难道女人爱美有错吗？由此引发争议，不可调合！因为这不是花多少钱的问题，而他对我的感情和态度问题！

最后机会：若在福美堂试营业活动结束前他能主动去薛城福美堂帮我办这个年卡，我可收回此声明。

（我会随时拨打福美堂的电话7582366向工作人员询问情况。）

声明人：刘子莹

| 媒体应用实务

这个故事写得总体上比较粗糙,甚至有几处错别字(比如,"她不放心"应是"他不放心","不可调合"应是"不可调和","而他对我的感情和态度问题"应是"而是他对我的感情和态度问题")。福美堂在故事中初次出现时的突兀性还可以接受,但之后对福美堂促销性信息的凸显过于明显,严重掩盖了故事的冲突性(这本来应当是故事的吸引点所在)。

这个故事最大的吸引点在于:"离婚声明"这种样式豁然出现在街头,故事与出现的场景之间存在着强大的反差;故事开头提供了明确的姓名,也很容易建构起阅读的兴趣。

再比如,《5年恋爱 7年婚姻不敌嫩白脸蛋》①

图 5-19 《5年恋爱 7年婚姻不敌嫩白脸蛋》

这条软文以"当事者讲述"的名义,虚构了一个故事:

> 家住主城的梁女士今日遭遇婚姻危机,打电话给本报记者求助,倾诉了自己的心事:
> 梁女士今年31岁,与丈夫李先生结婚7年,有一漂亮女儿。前些年夫妻双双下岗后,李先生替别人开出租车,梁女士自己开了个小饭馆。这下好,夫妻两人连轴转,你见不到我,我见不到你,有时连正常的夫妻生活都要预定。
> 梁女士创业之初,只请了一个帮手,经常是自己下厨,天天烟熏火燎,原本还有些红润的脸布满色斑,显得灰暗无色,皱纹也多了不少。看着日渐

---

① 5年恋爱 7年婚姻不敌嫩白脸蛋[N].天府早报,2011-09-07(31).

红火的小饭馆,她很知足。

一天,女儿告诉她,爸爸经常拉着一个姐姐兜风,她才察觉到自己的婚姻出了问题,丈夫已经有几个月没碰自己了。她问丈夫,丈夫承认自己有了别的女人。

那一刻,她心如刀绞,自己为这个家辛苦操劳却换来这个结果,她心有不甘,问老公到底为什么?丈夫倒很干脆,你看你自己,还像个30岁的女人吗?她一下子愣住了,说不出话来。

在镜子前,她仔细端详自己的脸,原来那张秀丽的脸哪去了?

5年恋爱,7年婚姻竟不敌嫩白脸蛋。她愤怒、后悔、不解……

这条软文采取的是"组合拳"样式:这条软文与同一版面的其他内容协同互动,整合传播。一并出现的其他内容包括:《点评:女人三十黄金贬值》《专家支招:女性"今容"危机皮肤祛斑抗衰是关键》《成都中医药大学5教授探本求源首度解开色斑难以治愈症结》《古方调气血、针灸通经络、C6清肌肤三管齐下内调外治断斑根》《各类祛斑方法比比看》。

这条软文本身并没有明确提及具体产品,软文仅仅作为一并出现的其他促销式软文(甚至广告)的"引子"(建构吸引力)。

(二)新闻式软文

这一类软文往往通过标题建构三种新闻价值:显著性、新奇性或重要性。

比如,《求职无望 一级厨师跳楼获救》[1],其新奇性比较明显:"一级厨师"怎么会"求职无望"呢?甚至还沦落到"跳楼"的地步?毕竟这不是新闻稿,而是软文。因此,正文"图穷匕见"的速度会比较快,即读者会迅速感受到明显的促销感。

26岁的小伙李军经过几年的打拼,终于拿到了"一级厨师"资格,月薪拿到7000元,然而好景不长,干了几个月后,患了手癣,被迫辞职,尽管他到处说手癣做饭不会传染,却处处碰壁,苦恼之下,他拿着一级厨师证坐在楼顶边缘。

周围的居民见状,纷纷相劝,消防部门在楼下准备好了云梯车和救生气垫。两名警察靠近欲跳楼的李军,细心劝说,才使他放弃了轻生的念头。

幸遇好心人推荐他用[癣清],使用3天后,脱皮好多了,手也没那么痒了,红斑也缩小了,连续使用12天后,小水泡开始结痂,不到30天就全

---

[1] 求职无望 一级厨师跳楼获救[N].晶报,2008-07-12(A07).

媒体应用实务

好了,手变得光嫩了,他又重新回到了厨师的工作岗位。(癣清咨询0755-82274678)

这条软文出现在多处媒体中(只不过有一些细微的改动)。比如,《求职无望 一级厨师跳楼获救》①:

28岁的淮南小伙李军经过几年的打拼,终于拿到了"一级厨师"资格,月薪拿到5000元,然而好景不长,干了几个月后,整天烟熏火烤,多年的牛皮癣犯了,浑身起痒鳞屑纷飞,被老板辞退,于是一边治疗,一边找工作,尽管他到处讲做饭不会传染,却处处碰壁,眼见积蓄用光,苦恼之下,在淮南一7楼上,他拿着一级厨师证坐在楼顶边缘。周围的居民见状,纷纷相劝,消防部门在楼下准备好了云梯车和救生气垫。两名警察靠近欲跳楼的李军,细心劝说,才使他放弃了轻生的念头。

一位好心的医生推荐他用"霍氏癣清",使用7天后,银屑一片片往下掉,也没那么痒了,红斑也缩小了,不到40天十几年的牛皮癣就全好了,手臂变得光嫩了,他又重新回到了厨师的工作岗位。

◇相关链接:"霍氏癣清"是日本京都本草生物研究院为消除核辐射,历时50年,花费20亿美元研制成功的针对皮肤病发病根源的基因产品。独有的受国际专利保护的"DNA-2E"癣清双酶(中文名),通过基因双酶中的剪切酶,全面切断皮肤致病基因"导火索",使其无法复制,不再死灰复燃;再通过癣清修复酶,重组皮肤免疫基因"防线",抵抗内外病毒感染。实现抗复发的"双保险",极大程度地降低皮肤病的复发率。"癣清"一举突破了传统清毒、排毒药物见效慢、副作用大、易反复的弊端,被誉为"找到了皮肤顽癣根源""使人类皮肤病第一次得到真正意义上的康复"。(专家咨询:0551-4226615)

再比如,《数万高血压停药,餐疗风暴把事儿闹大了》,其标题同样建构出明显的新奇性。这一软文出现在多家报纸上,比如《包头晚报》(2009-03-31,A03)、《大庆晚报》(2009-02-14,A5)、《华商晨报》(2009-02-24,B11)、《西安晚报》(2009-02-26,10)以及《烟台日报》。报道之间几乎完全相同,只有些许的改动。

这里以《烟台日报》为例,列举其原文如下:②

---

① 求职无望 一级厨师跳楼获救[N].新安晚报,2009-11-22(A05).
② 数万高血压停药,餐疗风暴把事儿闹大了[N].烟台日报,2009-03-12(8).

近日,有消息透露,京城高血压患者餐疗以后,相继停服降压药,截止到上月,已有数万患者停服降压药。对此事件,是万家欢喜几家愁啊,乐的是平头老百姓、高血压患者,"我们自己在给自己治病、天天餐疗不吃药,血压自然好;""降压药?早就不吃了,每天一顿吸脂早餐,什么病都离我远远的"。

然而,对于降压药销售商来说,却是一场大灾难,囤积了很多降压药,不但没人买,反倒天天有退药的,很多降压药的销售商已经打出降价甩卖的撒手锏来躲避这场灾难,一位销售商甚至开玩笑说:"目前降压药正在经历一场史无前例的餐疗风暴,估计没几种降压药能挺过这道坎儿了!"

韩国餐疗风暴已波及全国

就在6个月前,韩国《东亚日报》报道:韩国著名的降压药生产企业JUKI株式会社因连年亏损,被迫宣布破产!其原因就是韩国高血压心脏病病人纷纷加入餐疗大军,据统计各地服用吸脂膳的人,78%高血压病人15天后,逐步停掉降压药物;91%心脏病人吃上四五顿,心慌气短胸痛症状消失;高血脂病人,一个月血脂100%降下来。对血压高于180/110,10年以上的高血压,20天后,也可以通过正常用餐,血压自然稳定在140/90以下;对冠心病脑梗病人,血管堵塞50%以上,餐疗一个月,血管畅通面积可以达到80%。

如今,韩国研发的吸脂早餐迅速风靡欧美,先后传入中国香港、大陆京沪等地,并且在短短3个月时间,很快波及全国多个大城市。

烟台餐疗风暴初见苗头

目前,我市很多患者在服用了吸脂早餐以后,也开始陆续停服降压药,甚至有些患者,当天贸然把降压药停了下来,对此,全国餐疗科教文宣教团张团长,呼吁广大患者,要理性看待吸脂早餐,切勿过度"迷信",切记不要当天停药。对于降压药我们不能一棒子打死,降压药虽然不治病但救命。吸脂早餐再好它也不是降压药,它是通过清除血液中血脂、重金属及升压物质氯离子等,从根本上来治疗高血压,病不是一天得的,因此高血压也不能一天就好。

高血压、心脏病宜餐疗吸脂

餐疗是通过用餐替代药物,促使疾病自愈的自然疗法。最早源于中国药食同源,近几年成为世界医学热门课题。目前世界最成熟的餐疗品牌就是韩国吸脂早餐。由于高血压、心脑血管病有一个共同病因——高血脂。病人血液黏稠像粥一样,使血管变窄,血压升高。吸脂早餐是唯一一个带正电荷长分子链结构,像一颗拖着长尾巴的"哈雷彗星",能吸走血液中带负电荷的胆固醇、脂蛋白、重金属，以及引起血压升高的物质氯离子等，从而让血压自然回落，营养血管、心肌细胞，从根本上恢复人体自身的调节血压、血脂的能力，改善心脏侧支循环，实现人体疾病自愈奇迹。

■编者的话

2008年餐疗先后进入我国香港、京沪等地。目前，餐疗普及活动在我市正式开展，读者可拨打烟台餐疗科教文宣教组电话0535-6672177、6673657了解详情。

（三）促销式软文

这一类软文只在形式上看起来靠近所在渠道的内容样式，内容本身几乎完全不挖掘吸引力，几乎就是简单的促销。比如《北京晚报》的《飞飞牌安乐椅上市》①：

本报讯 湖北省黄石市钢木家具厂向首都市场推出飞飞牌多功能安乐椅。它具有坐、躺、靠、滑动等功能，还可根据顾客要求改为折叠式。该厂在京业务办事处设在北四环东路8号，咨询电话：4915532-2039。（朱剑飞）

这条所谓的"报道"，除了"本报讯"三个字在努力靠近报纸报道的样子，其他正文完全看不出新闻价值所在。

再如，《青岛晚报》，2009年2月16日第5版（青岛新闻·城事）的《麦当劳的超值内涵绝不仅仅是价格》，除了声称"记者"可能建构出细微的报纸报道的感受外，几乎感受不到其生产者试图建构吸引力的努力：②

2月4日起，麦当劳启动"天天超值"大规模优惠促销活动，在青岛餐饮市场引起强烈反响。昨天，记者从青岛各麦当劳门店了解到，促销活动实施后，到麦当劳用餐的消费者迅速增加，在青岛餐饮市场引起公众的广泛关注。

麦当劳优惠遍及全天24小时

昨天，记者从青岛麦当劳餐厅了解到，2月4日开始的促销活动受到消费者的欢迎。记者打探到，麦当劳早中晚都准备了系列优惠套餐。

早晨时段，麦当劳为早起的上班族量身订制了10元天天超值快"袋"早餐，5点起供应，包括辣板烧鸡腿麦满分、吉士蛋堡、猪柳麦满分或火腿蛋麦

---

① 飞飞牌安乐椅上市[N].北京晚报，1993-04-02（3）.
② 麦当劳的超值内涵绝不仅仅是价格[N].青岛晚报，2009-02-16（5）.

香酥搭配香浓烘焙咖啡。

中午时段,从上午10点开始,16.5元"天天超值套餐"全天供应:包括搭配中号薯条或玉米杯及可乐或零度可乐饮料的麦香鱼套餐、双层吉士汉堡套餐、麦辣鸡腿堡套餐及麻辣猪堡包套餐。

同时,深受顾客喜爱的6元起"天天超值选"继续24小时为广大消费者带来超值的惊喜:如6元产品麻辣猪堡包、吉士汉堡、五块装麦乐鸡、新地和火腿蛋麦香酥;7元产品麦香鸡、两只装麦辣鸡翅、两个装菠萝派或香芋派等。

如此超值,让消费者大感惊叹。麦当劳有关负责人表示,"天天超值套餐"将持续5周,并视市场及消费者的反馈,决定是否延期。

麦当劳(中国)有限公司首席执行官施乐生表示,麦当劳将努力为中国本地创造更多的需求和就业的机会,实现一个负责任的跨国企业对社会应有的回馈和承诺。

麦当劳2月4日开始的促销活动受到消费者的欢迎,目前早中晚都有系列优惠套餐。

迎合顾客需求提供多样便利选择

随着工作压力的增大,岛城白领加班已经成为常事,在深夜结束工作之后,他们希望有个环境明快、整洁而又价格适中的餐厅坐下来,品尝美味的食品,缓解紧绷的神经,麦当劳的24小时餐厅成为都市夜归族的心爱之选。在青岛,就连大学生也纷纷选择麦当劳的24小时餐厅作为"通宵教室"来复习功课。据介绍,麦当劳是青岛地区目前唯一24小时提供服务的外资餐饮企业。青岛地区除台东步行街餐厅(营业至晚10时)外全部24小时营业。

除了提供24小时服务,作为奥运会"全球合作伙伴"及唯一"正式合作餐厅",安全与质量是麦当劳对食品品质的首要要求,要想成为麦当劳的供应商,在硬件方面必须达到麦当劳各项严格的质量控制和审查标准:HACCP(危害分析管理控制)、GMP(良好操作规范)、AW(动物福利)、SSOP(清洁卫生管理)、SPC(生产统计过程控制和管理)等。麦当劳麻辣猪堡包选用的猪肉是经过中国肉类协会确认的优选猪肉,80多个现场质量控制点确保肉质的安全,所有的猪都来自国家进出口检验检疫局备案的养殖场;麦当劳指定的鸡肉供应商为麦当劳独家供应鸡肉;麦当劳选用的牛肉是100%的纯牛肉。

推进本土采购 吸纳本地人才

麦当劳(中国)有限公司首席执行官施乐生在接受记者采访时表示,麦当劳要在金融危机中承担社会责任。截止到2月4日,麦当劳今年在中国大陆已经新开餐厅超过53家,占到了全年计划的近三成。根据计划中新增的175家餐厅,今年公司将在中国大陆扩招约12000名员工:其中超过10000名店员和超过1200名餐厅经理。这些本土人才都将通过麦当劳世界级的员工培训体系不断获得独特的麦当劳工作经验和个人发展的提升。

  据介绍,麦当劳将加快原材料的本土化采购,为拉动当地经济服务。目前,麦当劳的供应商在北京、上海、天津、四川、辽宁、河北、广东等省和直辖市先后投资设立了专用工厂,肉类和蔬菜原材料基地也合理地分布在各地,如昆明的蔬菜种植、河北的土豆培种、山东和辽宁的肉类加工。

  麦当劳中国首席执行官施乐生表示,为了响应中国各级政府刺激内需、扩大就业、保持国民经济平稳较快增长的号召,麦当劳正在通过自身的努力来为中国本地创造更多的需求和就业的机会,实现一个负责任的跨国企业对社会应有的回馈和承诺。

第六节　视频材料

发给媒体的视频材料有两类:视频新闻稿和视频素材。

一、视频新闻稿

(一)基本概念

视频新闻稿(video news release,VNR)指以视频形式制作并发送给媒体的新闻稿,以电视台为主要发送对象,但也会向其他媒体发送(比如,报纸)。

首先需要强调一点:发送给媒体的视频新闻稿,都应当配文字说明。依据具体的传播需要,这种文字材料应当同时包括视频新闻稿中画外解说与对话的文字版以及服务于视频新闻稿的文字说明。

20世纪60年代,底特律的汽车行业第一次开始使用视频新闻稿,像克莱斯勒这样的汽车企业都会聘请公司发布视频信息。[①]因为其生产成本比较高,所以直到20世

---

① WOELFEL S.Full disclosure [J]. Communicator,2007,61(2):30-35.

纪 80 年代后期，视频新闻稿才开始得到普遍使用。① 但是，视频新闻稿的成本要远低于电视广告的制作成本。比如，依据美国 2003 年的估算，一则 30 秒钟的电视广告生产成本为 372,000 美元，而一则同样时长的视频新闻稿的生产成本为 15,000—25,000 美元。② 同时，当一则视频新闻稿的内容比较富有新闻价值时，电视台会免费采用，节省了十分可观的电视广告投放费用。

表 5-13 美国视频新闻稿的发展

	时间	阶段	备注
1	20 世纪 60 年代	底特律汽车行业第一次开始使用视频新闻稿	生产成本比较高，未得到普遍使用
2	20 世纪 80 年代后期	视频新闻稿开始得到普遍使用	因为电视广告生产成本变得更高，所以相比之下视频新闻稿的生产成本更低

表 5-14 2003 年视频新闻稿与广告的支出比较

	电视广告（平均约 30 秒）	媒体采用的视频新闻稿
生产	372,000 美元	15,000—25,000 美元
媒体购买	5,000,000—20,000,000 美元	10,000—50,000 美元

视频新闻稿的基本原则跟文字新闻稿一致，即新闻价值与推广意图整合（同样需要挖掘，同样需要表述）。内容基本生产策略同样是：选择与引用整合。

不过，视频新闻稿在如下五方面与文字新闻稿明显不同：

第一，结构方面，视频新闻稿可以不拘泥于倒金字塔结构，可以先从有吸引力的内容引入。

第二，争取使用背景声音，增强现场报道的现场感，可以强化可信度。

第三，视频字幕应当可以轻松移除，音频与视频分别在不同的轨道上，便于视频新闻稿使用者开展自己的处理。

第四，在发布视频新闻稿的同时，应当提供辅助视频新闻稿的相关资料（B-Roll 视频材料、对话的文字介绍等），并争取囊括于统一的资料包中。

第五，当面向视频类社交平台制作新闻时，视频新闻稿并不很适合；相对而言，视频素材更好。

---

① HARMON M D, WHITE C. How television news programs use video news releases [J]. Public relations review, 2001, 27 (2): 213-222.

② MANDESE J. The art of manufactured news [J]. Broadcasting & cable, 2005, 135 (13): 24-25.

（二）视频新闻稿的类型

按内容组织的样式，视频新闻稿可以大致分为四类：展开式、散文式、讲述式、组合式。

表 5-15　视频新闻稿的类型

	说明	特征
展开式	遵循导语（提出问题或引介特定对象）到展开说明的基本样式	意图指向特定群体的特定需求的解决
散文式	结构样式无明确逻辑（只要凸显内容的吸引力即可）	凸显内容本身的吸引力（仅适合于内容本身有明显吸引力的情形）
讲述式	某一人物讲述自己经历或见闻的形式	带有比较明显的个人化与真实性色彩
组合式	一条导语和结语与多条展开说明组合	试图一举多用，高效快捷（适用于有多样参与者的活动）

1. 展开式

2006 年飓风季到来前夕，美国好事达保险公司（Allstate）制作并发布了一则视频新闻稿，名为《谁需要水灾保险？》（*Who Needs Flood Insurance*?）。这一新闻稿发布于 2006 年 6 月，至少确认有一家电视台予以使用。①

该新闻稿的主要内容讲述 1999 年弗洛伊德飓风来袭时特洛伊·托登（Troy Thoden）的遭遇，由瑞切斯（音译，具体名字不详）解说。中间采访了好事达保险公司的保险代理克里斯特尔·海达里（Crystal Heydari），由她介绍人们应当在什么时候如何购买洪灾保险。采访过程中，好事达公司的标志作为背景明显出现。拉斐特地区的居民深受 2005 年卡特里娜飓风以及丽塔飓风的影响，对于将来可能出现的类似水灾过程中的生命与财产安全问题颇为关注。这种情况下，这条新闻稿是有明显新闻价值的，其发布时机也比较到位。

2006 年 6 月 5 日，美国路易斯安那州拉斐特市 KLFY 电视台（属于 CBS 广播网）采用了这条新闻稿，只进行了简单的编辑，并没有额外补充任何内容。当时的新闻主播达拉·蒙哥马利（Darla Montgomery）的解说是："飓风季就要到来了，这意味着成百上千的人可能遭受洪灾。"这一解说无疑进一步强化了吸引力。

这条新闻的全部内容以及主播的解说内容都来自原视频新闻稿。原视频新闻稿中

---

① KLFY-10 Carries Water for Allstate［EB/OL］.（2006-10-25）［2008-05-10］. http://www.prwatch.org/fakenews2/vnr39.

特洛伊·托登的话被全部隐去，仅保留了克里斯特尔·海达里的话。在新闻播报过程中，电视台并没有明确标示清楚该材料来自好事达保险公司。

好事达视频新闻稿时长1分57秒，按顺序其具体内容是：瑞切斯解说特洛伊·托登所在地方的现状（6秒）→瑞切斯解说两年前卡特里娜飓风袭击时的状况（6秒）→特洛伊·托登讲述灾时状况（20秒）→瑞切斯解说灾时状况并提出问题：需要购买洪灾保险（22秒）→好事达保险公司克里斯特尔·海达里讲解洪灾保险（9秒）→瑞切斯解说洪灾保险相关问题（24秒）→克里斯特尔·海达里讲解洪灾保险（16秒）→瑞切斯建议做好洪灾准备工作（14秒）。结尾内容是："我是瑞切斯。"这是一种典型的新闻报道的结束方式。

表5–16　好事达视频新闻稿

瑞切斯解说特洛伊·托登所在地方的现状以及两年前卡特里娜飓风袭击时的状况		
特洛伊·托登讲述灾时状况		
瑞切斯解说灾时状况并提出问题：需要购买洪灾保险；解说洪灾保险相关问题		
克里斯特尔·海达里讲解洪灾保险（两个片段）		
瑞切斯建议做好洪灾准备工作		

原新闻稿的内容主要由三部分组成：特洛伊·托登的讲述（20秒）、瑞切斯对洪灾的解说（38秒）、好事达保险公司代理克里斯特尔·海达里对洪灾相关注意事项的讲解

| 媒体应用实务

（25秒）。在内容篇幅的分配上，这一新闻稿并没有十分突出好事达。同时这一特征也明显地表现于具体内容上，因为无论瑞切斯的解说还是好事达代理克里斯特尔·海达里的解说，都没有直接表明好事达保险的优点，而只是以保险专业人士的身份坐在自己公司的标识前讲解洪灾保险的相关注意事项。同时，新闻稿将克里斯特尔·海达里的讲解分成两部分来展示。该视频新闻稿的这种表现方式避免让这一新闻稿显示出简单化的营销色彩，更接近于新闻报道的形式。

KLFY电视台报道的内容时长41秒，具体内容是：达拉·蒙哥马利（下文简称为蒙哥马利）解说（22秒）①→好事达保险公司克里斯特尔·海达里讲解洪灾保险（10秒）→蒙哥马利解说（9秒）。这一报道主体是主播蒙哥马利的解说，原新闻稿中特洛伊·托登的讲述被删除，只剩下克里斯特尔·海达里对洪灾保险相关事项的讲解。很明显，好事达保险公司在这一报道中的地位要高于在原视频新闻稿中的地位，获得了更积极的展示。

表5–17 KLFY电视台的报道

---

① 这里充分显示出伴随视频新闻稿发送的文字说明的重要性。因为，只有伴随发送的文字说明丰富准确，电视台的内容生产人员的工作才能更高效，电视台采用视频新闻稿的可能性也更高。

2. 散文式

美国内衣品牌"维多利亚的秘密"在 2006 年 9 月发布了名叫《性感美妆》(*Very Sexy Makeup*)的视频新闻稿,在 9 月 22 日获得美国洛杉矶有线电视频道"E! Entertainment Television"的播报。[①]

这一新闻稿的内容本身具备比较明显的感性诉求,对大部分公众都有比较明显的吸引力。基于此,这条新闻稿并没有侧重信息的报告,而是对模特的化妆与拍摄场景进行了散文式的展现,这些展现大部分都无画外解说;播放过程中穿插模特的说明讲解,且这些模特均不署名。因此,这条新闻稿的两项特征是:内容并无明确指向;形式与结构比较随意。

表 5-18 《性感美妆》视频新闻稿

表 5-19 《性感美妆》的播报

2017 年 7 月 27 日,中央电视台第 2 频道播报了一条关于摩拜单车的视频,且明确标明来自摩拜的视频投稿。摩拜投稿的这条视频本质上同样属于散文式。

---

① Entertainment Television. E! Gets an "F" For Non-Disclosure [EB/OL]. (2006-10-29) [2008-05-10]. https://www.prwatch.org/fakenews2/vnr58.

> 媒体应用实务

表 5-20　摩拜单车视频[①]

展示摩拜的不同使用场景，无解说			
展示 2017 年 2 月 19 日早晨北京摩拜使用数据，胡玮炜讲解			
展示摩拜的不同使用场景、摩拜带来的影响，使用画外解说			

3. 讲述式

2017 年 8 月 26 日，中央电视台第 2 频道播报了一条关于 ofo 小黄车的视频，同样标明来自 ofo 小黄车的视频投稿。ofo 小黄车投稿的这条视频采取西藏拉萨一名 ofo 小黄车运维人员的视角来讲述 ofo 小黄车在西藏的故事。

图 5-20　ofo 小黄车视频[②]

4. 组合式

2015 年英国爱丁堡军乐节在 8 月 7 日到 29 日期间举办，组织者在 8 月 14 日发布了一条视频新闻稿。[③]

这条视频新闻稿的最大特点是：在导语之后，对军乐节多方参与者进行逐一展开说明，最终又使用同一条结尾。这一类视频新闻稿的最大优势是：效率高，一举多得，活动参与者可以自行从视频新闻稿中截取所需部分。

---

① 央视网.厉害了我的国：摩拜单车[EB/OL].（2017-07-27）[2017-11-18]. https://tv.cctv.com/2017/07/27/VIDEEEKUHsHNRO4Ke8bJy5gH170727.shtml.

② 央视网.厉害了我的国：ofo 小黄车[EB/OL].（2017-08-26）[2017-11-18]. https://tv.cctv.com/2017/08/26/VIDEd8Pqkg7jQ4YdnXTjWweE170826.shtml.

③ The Royal Edinburgh Military Tattoo 2015 Video News Release[EB/OL].（2015-08-14）[2017-03-19]. https://www.youtube.com/watch?v=JdJU1PCa_5g.

第五章 媒体导向的材料

表 5–21 爱丁堡军乐节视频新闻稿

	说明	
导语	通过画外解说方式，总体介绍活动，凸显活动的文化意义和盛况	
	首席执行官与监制人布里格迪尔·戴维·奥尔弗里（Brigadier David Allfrey）出镜讲解；同时后续对英国皇家空军军乐队的表演出镜讲解	
展开	分别通过画外解说形式针对性地介绍了中国人民解放军军乐团、英国皇家空军军乐队、美国空军军乐团、中国荷花龙舞队、印度新德里提姆乐团、瑞士首席鼓乐队、美国城堡团乐队，并邀请其中大部分乐队的代表人员出镜讲解	
结语	通过画外解说方式，继续凸显活动的文化意义	

二、视频素材

英文中，用于媒体应用意图的视频素材往往被称为"B-roll"。经过编辑的完整的视频材料往往被称为"A-roll"，是在 B-roll 基础上完成的成品；B-roll 只是关于特定对象的未经过整理的视频材料，没有解说。

视频新闻稿中的视频材料都在说明同一个主题，前后顺序的编排也是为了更有效地说明这一主题，并配以解说。视频素材并不能完整地表达一项含义，只是关于特定对象的所有未经过整理的视频材料。

比如，2017 年 1 月 9 日，美国联合航空公司在其网站发布视频素材，简单展示飞机在空中飞行、在机场起降以及在跑道滑行的情形。其首要特点是：使用现场声音，极度自然，无任何编辑。

表 5-22　美联航视频素材[①]

	说明		
美联航飞机空中飞行			
美联航飞机降落起飞			
美联航飞机机场滑行与停放			

向媒体提供视频新闻稿的同时，可以或者最好同时提供视频素材，以备媒体人员按需使用。不过，有时视频素材也可单独发送，这种情况，完全看媒体人员自己的内容生产需求与动力了。因此，在媒体人员将来的报道中，可能会因为使用这些素材，顺便露出这些 B-roll 视频材料提供者的信息。

---

① United Airlines. United B-roll［EB/OL］.（2017-01-09）［2017-04-16］. https://united.mediaroom.com/videos?item=1541.

第六章　媒体导向的活动

本书所谓的"活动"，英文对应的是"event"，其要素包括四项，即人、时间（段）、地点（场所）、过程（行为）。全面通俗地说，其大概界定是：特定人员，在特定时间点（段），于特定地点（场所），经历了特定过程（完成了特定行为）。四项要素缺一不可。

有研究者曾经发现，世界上的大部分国家很少获得（国际）媒体报道的机会，比较难得的机会就是举办重要的活动或与重要的人物联系在一起，也可能是因为飓风的降临；像特立尼达和多巴哥这样的小国家，只能通过举办环境首脑峰会的机会来获得一些国际报道。[①] 这里提及的环境首脑峰会，即本书所说的典型的"活动"。在国际关系与国际政治领域，这一类活动被称为"国际关系活动"或者"外交活动"；在媒体应用领域，这一类活动本质上属于典型的媒体导向的活动（media-oriented practice），即以获得媒体报道为意图的活动。其实，国际关系与国际政治领域对这一类活动的说明，也几乎不可能脱离传播而空谈。这一类活动如若想实现意图，就不可能脱离传播。其中最典型的是1972年的尼克松访华事件。根据中央电视台播放的纪录片《中美1972》的说明，[②] 当年尼克松访华先遣组对尼克松访华期间的电视转播问题表现出"特别关心"，白宫发言人齐格勒提出，在尼克松访华期间，随行的大批记者将通过卫星播发视频、图片、电讯等，美国亿万观众几乎家家都有电视，他们热切期望看到尼克松访华的实况。这充分说明：在尼克松眼中，访华活动不仅仅是简单的访问活动，更是一次以获得媒体报道为重要意图的活动。

在中文语境中，由于复杂的原因，"media event"习惯被称为"媒体事件"；与之紧密相关的是"pseudo event"，被习惯地称为"假事件"。"事件"在中文语境中有复杂多样的含义，其中最有冲击力的如"危机事件""舆情事件""突发事件""恶性事

---

① HESS S. International news and foreign correspondents [M]. Washington, DC: Brookings, Institution Press, 1996: 31.
② 央视网.《中美1972》系列 第四集 谈判桌上的较量 [EB/OL].（2016-11-03）[2024-08-01]. https://tv.cctv.com/2016/11/03/VIDE3JsVubHeP1IT4eJMk3xj161103.shtml.

> 媒体应用实务

件""历史事件"等。这几种说法在中文语境中都带有明显的消极感受。不过，媒体事件与假事件的相关说法是媒体导向活动概念的起点，因此，这里需要进行简略说明。

"假事件"由丹尼尔·J.布尔斯廷（Daniel J. Boorstin）①提出，之后丹尼尔·戴扬（Daniel Dayan）和伊莱休·卡茨（Elihu Katz）对其加以调整与拓展，提出"媒体事件"的概念。②这两个概念的基本点一致：聚焦于活动的媒体报道维度，认为如果缺失了媒体报道，众多活动的含义将无从谈起。

布尔斯廷对"假事件"的表述是：假事件是为了获得媒体关注（publicity）、在现实生活中几乎不承担其他功能的活动或行为（activity）。脱离了媒体，这一类活动实际上将丧失意义；只有当假事件被报道并得到公众的关注后，方才被认为是"真实的"（real）。简明而言，假事件指以获得媒体报道为主导目的的活动。

布尔斯廷指出：假事件不是自发的，是经过策划与安排的；策划假事件的首要目的是获得媒体的报道，因此这种事件需要照顾媒体报道的便利，其成功与否的衡量标准是媒体报道的状况；通过广泛报道，假事件能够发挥一定的社会影响。③这些都具备明显的媒体应用价值。

媒体事件的含义与假事件几乎一致，指社会组织为吸引媒体报道并扩散自身所希望传播开去的信息而专门策划的活动。④依据丹尼尔·戴扬和伊莱休·卡茨的总结，媒体事件也显示出一些带有明显媒体应用价值的特征：媒体事件能够打破日常的媒体报道状况；媒体事件是经过预先策划并广泛告知的；媒体事件由媒体之外的社会组织策划，媒体仅仅承担传播渠道的角色；媒体事件能够通过媒体的广泛报道接触到大量的受众，并能激发这些受众对该事件的积极关注。⑤媒体激发的公众的关注，也被形象称为"媒体引发的公众歇斯底里"（media-induced mass hysteria）。⑥

为了更加全面地涵盖相关现象，本书使用"媒体导向活动"的说法来替代"媒体事件"。这一概念仅试图更加贴切地凸显"媒体报道意图"这一要素，暂不关注价值判

---

① BOORSTIN D J. The image: A guide to pseudo-events in America [M]. New York: Athenaeum, 1987.
② DAYAN D, KATZ E. Media events: the life broadcasting of history [M]. Cambridge: Harvard University Press, 1992.
③ BOORSTIN D. The image: a guide to pseudo-events in America [M]. New York: Athenaeum, 1987: 11.
④ 如何策划"媒介事件"？——谈黄浦区政府对南京路步行街的宣传策划 [J]. 新闻大学, 1996 (3): 63.
⑤ DAYAN D, KATZ E. Media events: the life broadcasting of history [M]. Cambridge: Harvard University Press, 1992: 5-9.
⑥ ÖRNEBRING H. Revisiting the coronation: a critical perspective on the coronation of Queen Elizabeth II in 1953 [J]. Nordicom review, 2004, 25 (1-2): 175-196.

断。"媒体导向活动"泛指以获取媒体报道为首要或全部目的的人为策划的活动。

第一节 媒体导向活动的类型：媒体事件视野中的三类

戴扬和卡茨实际上将媒体事件分为三种类型："竞争"（Contest，不同方面的对抗，会有胜出者，也就有失败者）；"征服"（Conquest，对公众普遍认为很艰难的对象或因素加以征服或挑战，有可能成功，也有可能失败）；"社会仪式"（Coronation，对某一公众很关注的社会性位置或角色的承担，无所谓成功与否，也无所谓输赢，属于无其他实质功能的纯粹仪式，焦点在于社会性含义的传递）。

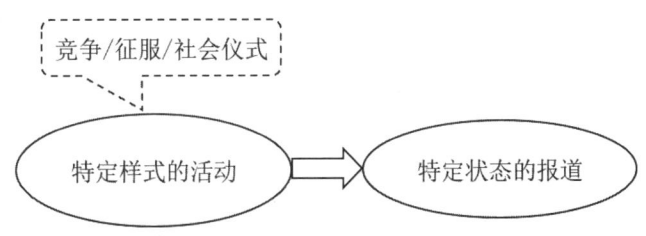

图 6-1 戴扬和卡茨视野中的三种媒体事件

三种类型的活动的特征见下表（基于原文进行了改动）。[①]

表 6-1 竞争、征服与社会仪式

	竞争	征服	社会仪式
时间	固定（周期性）	不固定（一次性）	不固定（重复性）
规则	共同认同的规则	无规则	传统，习俗
场所	公众可以直接或通过中介化渠道触达的场所	社会空间的临界点、边界、极限处	公众可以直接或通过中介化渠道触达的场所
参与者	人与人	英雄与标准、观念、自然	仪式与现实；个人与象征符号体系
可能性	平等	对英雄不利	对仪式不利
关注点	谁会胜出？	英雄是否会成功？	仪式是否会成功？
媒体的角色	中立者	吟诵者	歌颂者

---

① DAYAN D, KATZ E. Media events: the live broadcasting of history [M]. Cambridge: Harvard University Press, 1992: 34-35.

续表

	竞争	征服	社会仪式
受众的角色	判断者	见证者	见证者
传达的含义	规则是神圣的	规则是可以被打破的	规则是受传统约束的
权威的形式	逻辑性，合法性	超凡魅力	传统
与社会冲突的关联	对冲突进行界定、削弱、人性化	通过无差别对待方式来解决冲突	通过唤起社会通行的基本价值观念促使冲突暂停
时间指向	当前	未来	过去

以色列海法大学传播学教授加布里埃尔·魏曼（Gabriel Weimann）对20世纪60年代至90年代期间的6714次国际恐怖活动进行了分析，结果发现：越来越多的恐怖活动对媒体导向（media-oriented）的因素加以考虑，这些因素包括对象、地点、事件、活动形式、与媒体的联系等。① 与此同时，他参考上述类型框架，将这些恐怖活动划分为四类。②

表6-2 媒体导向的恐怖事件的类型

	竞争	征服	社会仪式	胁迫（Coercions）
时间	固定（周期性）	不固定（可预期）	不固定（重复性）	不固定（不可预期）
规则	共同认同的规则	无规则	仪式化规则	反对规则
参与者的角色	体现特征	体现魅力	体现仪式	体现权力
关注点	谁会胜出？	英雄是否会成功？	仪式是否会成功？	代价是什么？
类似的媒体内容	竞猜	西部片	肥皂剧	犯罪剧
传达的含义	规则是神圣的	人类的巨大跨越	社会持续性得到确认	暴力不会有任何结果
参与者	人与人	人与自然/社会	文化/社会与自然	人与人/社会/文化
与冲突的关联	简单化象征性地解决	引导人们去认同	对基本的社会价值观念加以反思	谴责与认同
时间指向	当前	未来	过去	当前

加布里埃尔·魏曼的解读虽然对戴扬和卡茨的体系进行了一定的拓展，但本质上仍旧遵循着戴扬和卡茨对媒体事件的基本界定。与此同时，由于"胁迫"具备明显的

---

① WEIMANN G, WINN C. The theater of terrormass media and international terrorism [M]. New York: Longman, 1994: 61.
② WEIMANN G. Media events: the case of international terrorism [J]. Journal of broadcasting & electronic media, 1987, 31（1）: 21-39.

独特性，对于几乎所有应用传播而言，它都不具备任何可行性。不过，魏曼的这一表格内容要比戴扬和卡茨的表格内容更加通俗清晰。这是加布里埃尔·魏曼研究的关键价值。

在媒体导向的活动视野中，戴扬和卡茨区分的三种类型有不准确之处。因为在实践中，媒体导向的活动往往是多种因素的组合，且以其中某种因素为主导，所以，与其说戴扬和卡茨区分出了三种类型，不如说是区分出了媒体导向活动的三种成分；三种成分以不同情形加以组合，最终的活动表现出不同的状态。因此，在戴扬和卡茨的视野中，媒体导向的活动可能有三种情况（见表6–3）。

表 6-3　三类媒体导向活动

	说明	典型案例
竞争式活动	以竞争主导，可能同时包含征服与社会仪式成分	美国总统竞选辩论
征服式活动	以征服为主导，可能同时包含竞争与社会仪式成分	1972年尼克松访华
社会仪式	不包含竞争与征服成分，本质上没有实质的社会功能	三一重工参与智利矿难救援工程师回国的欢迎仪式

竞争式活动以竞争为主导，可能同时包含征服与社会仪式成分。比如，2016年9月26日，希拉里与特朗普进行总统竞选辩论。这一辩论当然不是"闭门"式的，而是通过NBC直播的。甚至我们可以说，NBC是这次辩论的直接参与者（或者叫共谋）。

表 6-4　1960年的总统竞选辩论与2016年的总统竞选辩论

1960年辩论	2016年辩论

这次直播式的辩论与1960年9月26日开展的人类历史上第一次总统竞选辩论明显不同。1960年的辩论双方是尼克松和肯尼迪。1960年的辩论同样进行了直播，但状态完全不同（可以被称为"仪式性报道"，这种状态正是卡茨等非常重视的维度）。这种不同凸显出2016年辩论的媒体导向属性：其基本点即媒体对报道进行了细致策划。

为了凸显媒体报道对于事件而言的重要性，戴扬与卡茨提出了"补偿美学"

| 媒体应用实务

（aesthetics of compensation）的说法，强调媒体可以为受众提供远远超过现场公众亲眼看到的信息，这种信息是对现场有限信息的一种修饰与弥补。① 因此，媒体可以建构出受众不一定能够在现实世界中看到的事件。同时，虽然事件策划者对事件拥有策划组织的权力，但在报道层面上拥有首要决定权的是媒体，因此，戴扬与卡茨强调在策划媒体事件时必须符合媒体报道的规律。②

征服式活动以征服为主导，可能同时包含竞争与社会仪式成分。比如，在以色列，普林节（Purim）是一项传统活动。在节庆期间，少年儿童装扮成当代或古代的各种人物参加游行。为了提高该活动的新闻价值，北部边境小镇曼图拉（Metula）的节庆组织者在1999年的活动临近结束时，邀请黎巴嫩靠近边境地区的少年儿童参加进来。在以色列与黎巴嫩官方处于对立的状态下，这种并不常见的会面有效强化了该事件的新闻价值。③ 这次活动虽然规模很小，但属于十分典型的社会性征服式活动：它通过对政治性传统的征服，获得关注度。

再比如，2013年5月14日，电影《致我们终将逝去的青春》在第三届法国中国电影节上举办首映式，首次实现了国内热门电影在法国的同期上映。这一活动具备吸引媒体报道的价值：法国电影节的吸引力，电影导演与演员们的吸引力，首次国内外同期上映具备的历史意义等。这次活动的关键吸引点就是"首次"，其本质属于征服。

社会仪式类活动其实十分普遍。比如，2010年10月20日，中央电视台13频道的报道《参与智利矿难救援中国工程师归国》，报道了三一重工隆重欢迎郝恒回国的场景。④ 2010年8月5日，智利北部阿塔卡马沙漠中的圣何塞铜矿发生塌方事故，33名矿工被困，到10月13日，经过长达69天的漫长等待后，所有被困矿工被营救。在这次营救过程中，中国三一重工的履带起重机入选了备选方案；三一重工智利分公司工程师郝恒也成为参与智利圣何塞铜矿救援的唯一一名亚洲人。这次欢迎仪式的意图即获得媒体的报道；假如不举行这次欢迎仪式，并不影响工程师的回国，影响的只有三一重工获得的报道状态。

---

① DAYAN D，KATZ E. Media events：the live broadcasting of history［M］. Cambridge：Harvard University Press，1992：92-100.
② DAYAN D，KATZ E. Media events：the live broadcasting of history［M］. Cambridge：Harvard University Press，1992：10，73-77.
③ LAHAV T，AVRAHAM E. Public relations for peripheral places and national media coverage patterns：the Israeli case［J］. Public relations review，2008，34（3）：230-236.
④ 中国网络电视台. 参与智利矿难救援中国工程师归国［EB/OL］.（2010-10-20）［2024-08-01］. http://news.cntv.cn/china/20101020/103161.shtml.

第二节 媒体导向活动的类型划分：策划与报道维度

基于活动的策划与报道两个维度，媒体导向活动可以有其他的划分视角。

一、活动的策划维度

一些说法直接凸显着活动的人为策划因素。比如，"导演事件"（staged event）——按照媒体报道的期望与需求来导演事件。[1]

本书从两个角度来对活动的策划情形进行类型划分：策划者的身份和策划者对活动的参与程度。

（一）策划者的身份

依据策划者的身份，媒体导向活动包含三种类型：活动完全由媒体之外的策划者策划；活动完全由媒体自身策划；活动由媒体与外部的策划者联合策划或媒体仅对既有活动的发展加以参与、促进（见表6-5）。

表6-5 活动策划者身份视角中的媒体导向活动

类型	说明
显性媒体自我导向活动	活动完全由媒体自身策划，活动策划者与报道者是完全重合的（显性重合）
隐性媒体自我导向活动	活动由媒体与外部组织联合策划，或媒体仅对既有活动的发展加以参与、促进
常规媒体导向活动	完全由媒体之外的策划者策划

1. 显性媒体自我导向活动

这是一种明显的特殊情形，因为活动策划者与报道者是完全重合的（显性重合）。[2]

比如，2013年6月4日，江苏卫视与幸福蓝海影视文化集团联合制作的电视剧《新恋爱时代》在北京举行新闻发布会。江苏卫视既是这一发布会的策划者，又是报道者。

---

[1] KEPPLINGER H M, HABERMEIER J. The impact of key events on the presentation of reality [J]. European journal of communication, 1995, 10（3）: 371-390.
[2] 陈力丹，周俊. 试论"传媒假事件"[J]. 北京大学学报（哲学社会科学版），2006（6）: 122-128.

> 媒体应用实务

另一个国内非常知名的媒体自我导向的活动，是2006年的"杨丽娟疯狂追星"事件。①

"杨丽娟疯狂追星"事件最早由杨丽娟家乡的《兰州晨报》开启报道。

2006年3月22日，《兰州晨报》以《"不见刘德华今生不嫁人"》为题报道了杨丽娟疯狂爱慕刘德华12年的历程，在这12年中，她的父母出于对女儿的疼爱，倾家荡产支持女儿追星，最后父亲甚至想出卖自己的肾脏换得女儿赴港与刘德华见面的路费。

随后，在3月到4月期间，《兰州晨报》进行了连续的报道：《不见刘德华今生不嫁人》《慈父泣泪向华仔"请愿"》《有很多机会可以见到华仔》《帮她"圆梦"劝她"健康追星"》《遭华仔斥责女孩懂事了》。

同时，《兰州晨报》以帮林鹃（杨丽娟的化名）"圆梦"的名义，刊登杨父给刘德华的《请愿书》，呼吁全国媒体关注。在《兰州晨报》报道的影响之下，全国各地的媒体（甚至中央电视台）陆续派人到兰州采访杨丽娟及她的父母，表示愿意为她与刘德华见面牵线搭桥。这些都被《兰州晨报》进行了报道，并凸显这些行为与《兰州晨报》的关联：②

> 目前，全国各地传媒对林鹃的关注已经进入了一个高潮，除了央视介入采访外，上海东方卫视、《南方都市报》记者都已于24日抵达兰州，对林鹃12年来痴迷刘德华所付出的代价和经历进行关注。与此同时，《中国青年报》《北京青年报》也派出记者赶往兰州，他们在与本报记者取得联系时表示，虽然他们对林鹃的行为并不认同，但对林鹃的父亲为女儿去香港而敢于卖肾的举动感动震惊。24日下午，湖南卫视大型心理援助节目《我是谁》的记者也与本报记者取得联系，希望通过心理专家的开导，使林鹃解开心结。而北京卫视《每日文化播报》栏目记者也将于25日抵达兰州，该栏目记者表示他们愿意联系刘德华，并将林鹃接到北京或香港与刘德华见面。

这次事件中，《兰州晨报》扮演着明显的"发起者"和"推波助澜者"的角色。

2. 隐性媒体自我导向活动

这种类型的活动又具体包括两种情形。

第一，活动由媒体与外部组织联合策划。

比如，2008年7月22日至24日，西安市政府新闻办、西安市旅游局、西安晚报社共同组织了《秦汉唐·观天下》百名中外媒体总编记者西安文化之旅新闻采访活动。

---

① 陈力丹，刘宁洁．一桩典型的"传媒假事件"：论"杨丽娟追星事件"报道中传媒的道德责任［J］．新闻界，2007（2）：3-6．
② 刘德华经纪人回应"兰州痴狂追星女"事件［N］．兰州晨报，2006-03-25．

参加活动的人员包括来自 61 家国内外主流媒体的 116 名老总或记者。[①] 这一活动的策划者包括西安晚报社与其他机构。

有一些联合策划更加隐秘。比如，2013 年 8 月 20 日，化妆品品牌韩后在《南方都市报》上刊登整版广告：

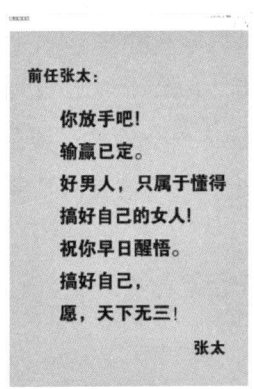

图 6-2 韩后"张太"广告

这条广告看起来仿佛是一位"第三者"公开向张太叫板，因此，迅速引发广泛讨论。从引发关注度的视角来看，这条广告十分成功，但与此同时也引发了激烈的争论与批评。于是，就在当天（8 月 20 日）下午，韩后被广东省工商局约谈，并发出通报称：责令其立即停止发布此类广告并要求积极采取相关措施消除不良社会影响。

8 月 22 日，韩后在《南方都市报》同时发布了四个整版广告进行回应。

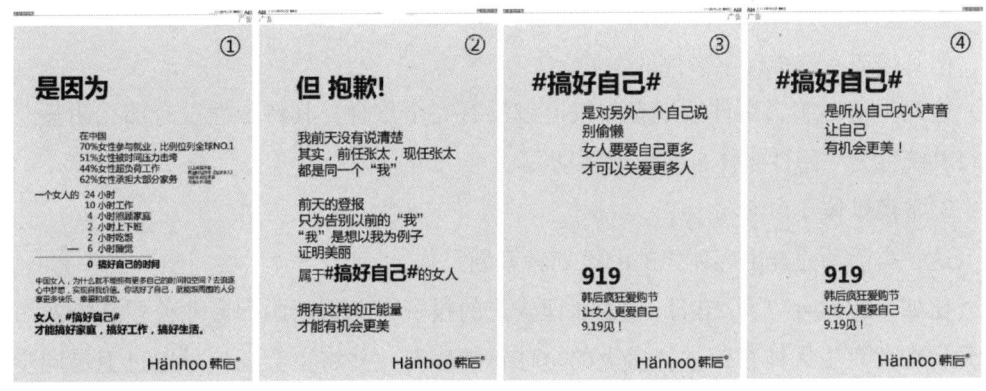

图 6-3 韩后四条广告

在同一天的同一份报纸发布四条整版广告，名义上是进行回应，实质上是进行递

[①] 郝小奇，牛秋娥，史佳.穿越秦汉唐，聚焦新西安：策划《秦汉唐·观天下》新闻采访活动的几点体会［J］.今传媒，2008（10）：45—46.

进式的话题建构。本质上，在官方发出通报之后，韩后以退为进，引发了新一轮的话题热潮。

同日，韩后在其微博同步发表声明：

> 我司韩后品牌于8月20日在《南方都市报》上发布了一则广告，对于广告引发的社会舆论，我司致以诚挚的歉意。
>
> 我司刊登的广告属于韩后919促销项目策划的一部分，广告的初衷和构思是通过幽默和悬念的方式传达一个诉求：倡导现代女性搞好自己，对自己关爱更多，让自己生活更快乐。以上的信息已经在今天《南方都市报》上通过四版广告深度阐述。
>
> 韩后会一如既往地关爱女性消费者，希望大家继续支持韩后。谢谢！
>
> 广州十长生化妆品有限公司
2013年8月22日

至此，韩后对广告（属于准可控媒体）与微博（明显可控媒体）进行了有效的组合应用。

我们仅仅基于常识就可以明确意识到：韩后与《南方都市报》之间，存在着有意识、有策略的合作。毕竟，假如《南方都市报》因担心惹火上身拒绝刊发韩后的广告的话，韩后的这一波媒体应用效果也会大打折扣。

第二，媒体仅对既有活动的发展加以参与、促进。

比如，在"杨丽娟疯狂追星"事件的发展过程中，《兰州晨报》虽然并不是发起者，但其报道有效推动了事件的发展。[①]

这两种情形中，事件策划者与报道者没有完全重合，其特殊性没有那么明显。本书将其统称为"隐性媒体自我导向活动"。

3. 常规媒体导向活动

这一类活动完全由媒体之外的策划者策划。

比如，2004年7月10日，《十面埋伏》的投资方北京新画面影业公司耗资两三千万元，在北京工人体育馆举行盛大的全球首映庆典，并将主会场信号通过卫星同步传输到上海、杭州、广州、深圳、厦门及永川等地分会场。北京新画面影业公司董事长张伟平说："我们通过分会场、电视转播，达到了从未有过的覆盖面，庆典成了文化现

---

① 陈力丹，刘宁洁. 一桩典型的"传媒假事件"：论"杨丽娟追星事件"报道中传媒的道德责任 [J]. 新闻界，2007（2）：3-6.

象！"①

（二）策划者对活动的参与程度

根据策划者对活动的参与程度，可将媒体导向活动大致分为两类：源发式媒体导向活动和参与促进式媒体导向活动。

表6-6　策划者对活动的参与程度维度上的媒体导向活动

类型	说明
源发式媒体导向活动	特定主体自主策划组织的活动
参与促进式媒体导向活动	对他人策划组织的、既有的或自发的活动加以参与并转化而来的活动

1. 源发式媒体导向活动

这一类活动相当常见，比如，2008年的北京奥运会。准确地说，奥运会是一个系列活动，因此被称为"复杂全球性事件"（complex global event）。②

再比如，2006年9月30日，华谊兄弟为其电影《夜宴》在北京举行了盛大的庆功会，庆祝票房过亿。庆功会上，华谊兄弟总裁王中军、总经理王中磊和导演冯小刚带领主演章子怡、葛优、周迅等向一个写有8个"9"的冰雕中倒入红酒，寓意《夜宴》票房丰收。当被问及票房已经过亿，为何冰雕上写的却是9999.9999时，冯小刚手举一枚北京华星影城总经理陆遥送上的一元硬币，将其扔进冰雕，说"这样不就够一亿了吗？"这些都为媒体报道提供了话题。

2. 参与促进式媒体导向活动

这一类事件带有"搭便车"的色彩，具体分为三种情形：第一，参与他人策划的活动；第二，对既有活动加以改动或强化；第三，对自发活动加以参与。

参与他人策划的事件的例子如2006年瑞典仿古船哥德堡号到访广州时，广州制订了具有针对性的方案，专门策划组织多项针对媒体的活动（如召开新闻发布会）。③哥德堡号访问上海之际，上海举行了"你好，哥德堡号"上海国际航海文化节。④

---

① 杨新宇. 十面"埋伏"制造"媒介事件"[J]. 福建艺术，2004（6）：56-57.
② PAPA F. Global media events: communications strategies, social network patterns and propaganda models–A complex and challenging reconciliation [J]. The international journal of the history of sport, 2012, 29（16）：2218-2230.
③ "哥德堡号"仿古船访问广州系列活动总体方案 [J]. 广州政报，2006（9）：48-53.
④ 禹卫华，杨潜宇. "哥德堡"号中国行传播策略浅析 [J]. 新闻记者，2007（1）：39-41.

二、活动的媒体报道维度

同样的活动，媒体的报道状况很可能存在不同。媒体报道受到众多因素的影响。比如，国内媒体的城市报道更多体现出一种"政治—经济—社会"的文化地理模式，这种模式不仅决定了国内重要的新闻流向分布呈以"北京"和"上海"为中心向全国扩散的饼状结构，而且也直接影响了我国主要城市的媒体形象不是行政形象就是经济形象。①

活动获得的媒体报道情形可以分为两个方面：活动所获媒体报道的规模和媒体报道作为活动目的的情形。

（一）活动所获媒体报道的规模

本书将影响活动所获媒体报道的规模分为两项具体因素：媒体的分布地区（地域因素）与总体报道的规模（数量因素）。依据这两项因素，媒体导向活动大致可以分为四类：超大型、大型、中型、小型。每一类型都表现为一个大致区间，因此，这一分类只试图提供一种大致框架。

表 6-7 媒体报道规模视角中的媒体导向活动

类型	说明
超大型媒体导向活动	在全球绝大部分地区获取相当多的媒体报道
大型媒体导向活动	只能在全球大部分地区获得一定程度的报道，或者只能在多个国家/地区获得明显广泛的报道
中型媒体导向活动	在特定国家/地区获取比较广泛的报道
小型媒体导向活动	只能在特定国家/地区获得少量报道或在特定国家/地区内的某一具体区域获得比较多的报道

超大型媒体导向活动能在全球绝大部分地区获取相当多的媒体报道，这种报道规模足以令世人屏息驻足。其典型如奥运会、世博会等。不过，具体情形需要具体对待。比如，1956 年墨尔本奥运会并没有获得广泛的媒体报道，称不上超大型事件；2000 年悉尼奥运会获得了全球范围的广泛媒体报道，就可以归为超大型事件。②

大型媒体导向活动是指，或在全球大部分地区获得一定程度的报道，或在多个国家/地区获得明显广泛的报道。比如，1991 年英国谢菲尔德举办的世界大学生夏季运

---

① 江根源，季靖. 文化地理、党报与城市形象 [J]. 新闻大学，2010（2）：117-122.
② ALLEN J, O'TOOLE W, HARRIS R, et al. Festival and special event management [M]. Milton, Qld.: Wiley, 2005: 12.

动会，虽然是世界赛事，但并没有获取多少媒体报道。虽然该活动带来了明显的经济效益，但在"媒体导向"的分析框架内，只能勉强算是大型媒体导向活动。①

中型媒体导向活动能在特定国家/地区获取比较广泛的报道，其典型是全国运动会。比如，上文所说的《十面埋伏》的首映式，就已经在国内获得相当广泛的报道：全国165家电视台直播这一大型庆典，剪辑后的宣传片在全国150家以上的电视台播放，各会场观众总数超过3万，电视观众逾6亿。这在中国电影史上是前所未有的现象。

小型媒体导向活动只能在特定国家/地区获得少量报道，或在特定国家/地区内的某一具体区域获得比较多的报道。比如，吐鲁番葡萄节除了能够获得新疆等少数区域的媒体报道外，其他省区的媒体对该活动的关注度十分微弱，②因此，该节庆活动只能被界定为小型媒体导向活动。

（二）媒体报道作为活动目的的情形

这一要素指活动的目的是否全部为了获取媒体报道。依据这一指标，媒体导向活动包含两种情形：单纯导向和综合导向。

表6-8 活动意图情形视角中的媒体导向活动

类型	说明
单纯媒体导向活动	以获得媒体报道为唯一意图，比如新闻发布会等
综合媒体导向活动	获得媒体报道只是部分意图，比如各种庆典或仪式活动、各种会议等

单纯媒体导向活动的唯一意图即获得媒体报道；即使不能立即获取报道，也是为了维护与媒体的关系，试图获取媒体未来的报道。

比如，2008年7月22日至8月3日，重庆市委宣传部、市政府新闻办、市旅游局主办了"激情重庆——中外媒体聚焦重庆旅游"大型宣传活动，参与活动的境外媒体包括香港的《文汇报》《大公报》《香港商报》、新加坡的《联合早报》。这一活动就是单纯媒体导向的活动。

有一些综合型活动中的特定环节，在本质上属于典型的"单纯媒体导向环节"。比如，中央电视台播放的纪录片《一九九三汪辜会谈揭秘》③中，中共中央台办原副主任、海峡两岸关系协会原常务副会长唐树备与新华社原摄影记者刘建生都讲述了当时的一

---

① ROCHE M. Mega-events and urban policy [J]. Annals of tourism research, 1994, 21 (1): 1-19.
② 董林, 白洋, 杨丽, 等. "中国丝绸之路吐鲁番葡萄节"媒体影响力研究 [J]. 新疆大学学报（哲学人文社会科学版）, 2009, 37 (4): 32-36.
③ 央视网.《国家记忆》20161220一九九三汪辜会谈揭秘 [EB/OL]. (2016-12-20) [2024-08-01]. https://tv.cctv.com/2016/12/20/VIDEO5G7zjkCjbFmlYrlgSl5161220.shtml.

个细节：汪道涵和辜振甫分别从两部电梯走出并肩迈入会议厅，并分别落座，但现场聚集了200多名记者等待拍摄双方握手，于是在记者们的呼吁下，双方重新握手；因为记者四面都有，于是双方朝向四个方向握手四次。这次握手，本质上其意图完全是为了媒体报道。

综合媒体导向活动的目的并非完全为了获得媒体报道，获得媒体报道只是部分意图。比如，2009年澳大利亚大堡礁巡护员招募活动引发了世界各国媒体的高度关注，成为一次轰动全球的活动。虽然获取广泛的媒体报道是这一事件的关键目的，但至少并非全部目的。

2009年1月，澳大利亚昆士兰旅游局的"世界上最好的工作"活动（The best job in the world）正式开始，活动由布里斯班Cumminsnitro公司策划。这一活动试图在全球范围内招募一位巡岛员，工作为期六个月，负责巡护大堡礁（Great Barrier Reef），对申请者没有年龄限制。

巡岛员的职责包括：负责喂养海洋鱼类、水肺潜水、浮潜、徒步，需要转遍附近的25个景点，当然，要拍摄图片与视频，并维护博客，公开发布这些图片与视频。

图6-4 巡岛员招聘广告

这一工作自2009年7月开始。其回报包括：15万澳元报酬（当时价值约7.5万欧元或者72万元人民币），并免费住宿豪华别墅，免费交通。

申请者需要向专门的申请网站提交一份时长1分钟以内的视频，且需要标明是为了申请这一岗位。大堡礁招募人员最终基于这条视频的公众回应情况，选择出优胜者。活动最终在全球200多个国家开展，吸引到了3.5万名申请者。

活动开始两天，申请网站就被申请者挤爆了，原因是：访问者太多，都急着上传视频。

经过初选，共有来自澳大利亚（2名）、美国（2名）、英国、加拿大、爱尔兰、荷兰、德国、新西兰、中国台湾、印度、中国大陆、日本、法国、韩国的16名申请者获得到大堡礁现场参加面试的资格。最终，在2009年5月6日，来自英国的本·绍索尔（Ben Southall，1975年生）被任命为大堡礁巡岛员。

本·绍索尔在活动结束后定居在了大堡礁，并成为大堡礁的旅游形象大使。2014年，还出版了基于这次活动的书，名为《世界上最好的工作：跟随自己的梦想生活》（*The Best Job in the World: How to Make a Living From Following Your Dreams*）。

这次活动引起世界媒体的关注，其中法新社全程跟踪报道。在国内，从2009年1月9日到5月16日，新华社先后编发了64条报道。中央电视台、《北京青年报》、《羊城晚报》、《广州日报》等众多媒体先后介入报道。①

昆士兰旅游局为这次活动投入100万美元，但仅在活动开始的第一个月，就在全球获得约7000万美元的报道价值（即广告相当价值）。活动结束时，在全球范围内获得约2亿美元的报道价值。Cumminsnitro公司当年获得戛纳广告奖的三个大奖。英国广播公司（BBC）为这一活动的最终环节做了一小时的纪录片，并于2009年7月2日在BBC一套晚9点首播，收视率创下当周最高纪录。

三、媒体导向活动的类型体系

依据上述总结与分析，本书实际上依据四项具体指标来对媒体导向活动进行界定：策划者的身份、策划者对活动的参与程度、活动所获媒体报道的规模、媒体报道作为目的的情形。具体见表6-9。

表6-9 媒体导向活动的类型划分：策划与报道维度

维度	具体指标	具体类型	关键特征
人为策划因素（本质）	策划者的身份	显性媒体自我导向活动	活动完全由媒体自身策划
		隐性媒体自我导向活动	活动由媒体与外部策划者联合策划，媒体对既有活动的发展进行参与、促进
		常规媒体导向活动	活动完全由媒体之外的策划者策划
	策划者对活动的参与程度	源发式媒体导向活动	活动由特定策划者自主策划
		参与促进式媒体导向活动	策划者对他人策划组织的、既有的或自发的活动进行参与并转化
媒体报道状况（目的与结果）	活动所获媒体报道的规模	超大型媒体导向活动	在全球绝大部分地区获取明显广泛的报道
		大型媒体导向活动	在全球绝大部分地区获得一定报道，或在多个国家/地区获得明显广泛的报道
		中型媒体导向活动	在特定国家/地区获取比较广泛的报道
		小型媒体导向活动	在特定国家/地区获得少量报道，或在特定国家/地区的某一具体区域获得较多报道
	媒体报道作为活动目的的情形	单纯媒体导向活动	活动的全部目的是获取媒体报道
		综合媒体导向活动	活动的部分目的是获取媒体报道

---

① 董天策，蔡慧.媒介事件如何取得轰动性传播效应？——从"大堡礁招聘"说起[J].国际新闻界，2009（12）：57-61.

通过该体系，我们可以更加清晰准确地对一些活动进行界定。

比如，我们可以对电视剧《从爱情到幸福》在宁波举行的首场媒体见面会进行界定。依据"策划者的身份"，这一活动属于"常规媒体导向活动"。依据"策划者对活动的参与程度"，这一活动属于"源发式媒体导向活动"。依据"活动所获媒体报道的规模"，可初步判断这一活动难以在国内获得相当火爆的报道，因此，应当属于"小型媒体导向活动"。依据"媒体报道作为活动目的的情形"，该活动属于"单纯媒体导向活动"。

表 6-10 《从爱情到幸福》宁波媒体见面会类型属性

指标	类型
策划者的身份	常规媒体导向活动
策划者对活动的参与程度	源发式媒体导向活动
活动所获媒体报道的规模	小型媒体导向活动
媒体报道作为活动目的的情形	单纯媒体导向活动

第三节　媒体导向活动的类型划分：信息与关系维度

偏于关系管理维度的媒体应用活动比较随意，个性鲜明。偏于信息发送的活动则更加严谨，流程比较完整，信息自身的价值得到更明显的凸显。两者之间的区分本质上并不是绝对的，而是处于一条过渡性的连续轴上。

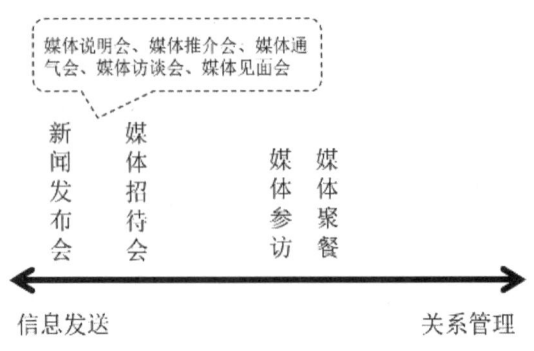

图 6-5　信息发送与关系管理视野中的媒体导向活动

特定的媒体应用活动应当确认自身真实意图的侧重点，避免出现混乱。比如，

2002年高盛的一次媒体午餐，形式上是明显的关系管理属性，但实际媒体需要的是信息，因此，活动现场的关系属性几乎完全被挤压变形："由于很少和大陆媒体接触，高盛一直是一个令人神往而不乏神秘的公司。也许正是由于这样的原因，高盛此次安排了一个非常'非正式'的活动——媒体午餐。不过，非正式的午餐几乎被记者们的热诚提问全部覆盖，高盛的副总裁霍马茨只好趁翻译的间隙进餐，而翻译在整个活动期间几乎没有机会吃一口饭。"[①]

因此，通俗地说：侧重于关系管理属性的活动，就应该采取上述连续轴偏右侧的活动方式；而侧重于信息发送属性的活动，就应该采取上述连续轴偏左侧的活动方式。

一、明显的信息发送类活动

新闻发布会（media conference，press conference）是最典型的信息发送类活动。新闻发布会是一种经过组织的、向所有媒体同时发布信息的活动。新闻发布会的组织十分简单，媒体接待成本几乎最低。如果新闻发布会在紧急状态下召开，发布会前的大部分组织准备环节都会省略（包括邀请函、场地布置等），只留下要发送信息的组织与准备（这也是信息发送类活动的基本点）。

理论上，召开新闻发布会的基本前提是，某一对象（产品、服务、组织、人物、事件等）的某些方面具备比较明显的新闻价值。基于此前提，召开新闻发布会的理由有两项：第一，记者有众多问题需要询问发布者，而发布者又不愿意逐一作出回答；第二，发布者试图把对每一位记者的回答同时传送给其他所有记者。理论上，只有同时满足这两项理由时，才真正需要召开新闻发布会。

比如，2013年8月23日，中央电视台第5频道的报道《中国篮协召开中国男篮新闻通气会》。这一报道的背景是2013年第27届亚洲男子篮球锦标赛于2013年8月1日至8月11日在菲律宾首都马尼拉举行，赛会前3名可获得2014年西班牙篮球世界杯的参赛资格，但最终中国仅获得第五名的成绩，创历史最低。这一事件的新闻价值极大，完全满足新闻发布会的召开条件。不过，最终中国篮协仅召开了小范围小规模的"新闻通气会"。在信息发送的视野中，这一举措是不恰当的；在关系管理的视野中，这一举措实际上反而会进一步引发公众的质疑与猜忌：第一，对记者的一系列提问，中国篮协并没有给予明确回复；第二，参会记者们对中国篮协提出的设想存疑；第三，参会记者们对未得到明确的回答表示不满；第四，参会记者们希望中国篮协改革力度加大，希望措施落到实处。

---

① 青雁，刘芳. 跨国投资银行：看好中国市场［N］.解放日报，2002-05-21（12）.

媒体应用实务

如果中国男篮在亚锦赛上创历史最低成绩算是一次危机事件的话，那么这次新闻通气会则是一次"次生危机事件"，进一步建构了公众的负面评价。

新闻发布会准备过程中最需要强化关注的问题通常有七项：

第一，一条新闻稿是否完全可以提供给记者所需的信息？如果是，则不需要召开新闻发布会。

第二，是否能向记者提供在别处得不到的信息？如果不是，那本质上就没必要召开新闻发布会。

第三，是否存在其他更有效的向记者传送信息的途径（如发表声明）？如果是，本质上没必要召开新闻发布会。

第四，记者是否可能询问组织者不希望公开的信息？如果是，在新闻发布会召开前，组织者应当尽最大努力全面收集这些信息，并逐一准备好最有利的回应方式。

第五，新闻发言人能否有效传递信息并经受住提问的考验？如果不能，那么新闻发布会前应当更换发言人。

第六，让记者亲眼看到或直接接触某一东西（比如某一新产品），对特定信息的有效传达是否能带来额外的帮助？如果是，那么就不应该仅仅发布信息，而应当同时展示一些对象。

第七，高层主管公开露面的优势是什么？总体上，高层主管直接作为发言人需要谨慎。其要点在于：高层主管出面发布信息，假如有一些争议甚至遭遇危机情境，新闻发布机构将彻底丧失回旋余地。

二、明显的关系管理类活动

媒体聚餐（media lunch, media breakfast）是典型的关系管理类活动。媒体聚餐是记者招待会的变体。在媒体聚餐过程中，媒体人员可以对活动组织者有更加充分清晰的了解，并就共同关心的话题进行深入细致的讨论，与组织者形成更深的相互了解。

比如，2007年6月25日，香港一位媒体人员这样记述参与的一次宝洁组织的媒体午餐：[①]

> Jun 25th，2007
> 今天和总编及几位同事一起出席在中环 IFC Lian 举行的 P&G Media Lunch，我破戒吃了炒饭，弊喇……

---

① P&G 的一天［EB/OL］.(2007-06-25)［2007-10-12］. http://www.amymagazine.com/amyblog/meling/2007/06/25/pg-% e7% 9a% 84% e4% b8% 80% e5% a4% a9/.

玩游戏时有机会看第一个 Rejoice 2 合 1 洗头水的广告，你猜猜当时谁是代言人之一？（提示：姓黄，近来已淡出影圈）

度过愉快的三小时后，每位记者都可获得一袋珍贵的纪念品，包括特别版的 OLAY Regenerist Cream，日本版 Pantene Hair Serum 及 SK-II Loose Powder UV。

今晚及明天马上试用这三件产品，在这里再报告~

三、综合类活动：媒体参访

媒体招待会本质上就是整合关系与信息要素的媒体见面活动，往往也被称为"记者茶话会"等。记者招待会比新闻发布会带有更明显的策划性与社交性。比如，《一次别开生面的媒体茶话会》[1] 所描述的一次媒体茶话会，其过程中带有明显的人际互动色彩：

山西省统计局近日举办了一次别开生面的新闻媒体茶话会。大家欢聚一堂，畅所欲言、共叙友情，共瞻山西统计事业发展的前景。

省统计局局长杨文章向来自全省的主要新闻媒体的代表介绍了省统计局建立全省经济社会统计信息定期发布制度的有关情况和 2007 年省统计局新闻工作的新目标、新举措。他希望新闻界的朋友们多关心支持统计工作，多宣传报道统计工作和统计成果，建立与省统计局各位局领导及各处室负责人的经常性联系，对山西统计工作及各专业工作提出积极的建议和意见，对省统计局及其各位局领导和各处室工作进行监督、批评、指导，推动统计工作的创新发展、和谐发展、科学发展。

省统计局副局长翟振新通报了全省农业普查工作和地区经济社会发展考核评价工作的进展情况。省统计局副巡视员侯正平通报了 2006 年统计信息新闻工作情况。

新闻媒体的代表们对统计工作发表了各自的看法。……

山西经济日报社记者耿建平说："与省统计局合作使我们非常愉快和感动。去年报社交给我写一篇向省人大会议反映全省经济发展变化情况的报道，我找到杨文章局长，当时正是国庆节期间，没想到上班后杨局长写的稿子已发到我的邮箱，时间是 10 月 4 日。这令我非常感动。以后无论统计局交给我

---

[1] 刘洪敏. 一次别开生面的媒体茶话会[N]. 中国信息报，2007-03-27（8）.

什么报道任务，我一定会认真完成，以回报统计局对我们工作的支持。"

……

不过，更典型的综合类活动是媒体参访（media tour, press tour, media trip, press trip）。

（一）基本概念

媒体参访过程中，组织者不是邀请媒体人员到特定的新闻发布会现场，而是邀请媒体人员到特定的地方进行旅游或参加特定的活动，以便促使他们自己加以熟悉、体会并完成报道。①媒体参访是信息与关系两种属性综合最佳的一种活动方式，其本质意图是基于双方的互动建构双方的熟悉度。不同形式的互动与休闲既是其必要成分，也是对参访记者的重要回报。媒体参访与"Media Familiarization Tour"大致相当，意即邀请媒体人员来对特定的对象加以熟悉的活动。此类活动方式获得了广泛的应用。

媒体参访也被称为"旅行式的媒体见面会"。在这一过程中，人们可以跟不同的人面对面互动，还可以参观一些场所等；人们可以通过所有感官系统对周围所有对象加以观察，且往往需要应付行动过程中的随身物品（比如包裹、服饰等）；在社会学的视野中，这种旅行为人们提供了"共存一处"（co-presence）的机会，持续处于"身体临近"（physical proximity）的状态中，并有助于提升"网络化的社交性"（networked sociality）。②

媒体参访的观念基础是记者与消息来源之间的互动，这种互动同样也是新闻报道过程中社会性因素的重要维度：记者与消息来源之间的任何互动，都会以不同方式对记者产生影响。③

这一类活动在国内大概起步于2000年前后。比如，1997年联想开展的一次类似活动，引发当时记者们的"意外感受"，甚至当时业内或学界对这一类活动都没有一个确定的通行的名称：④

> 对国内用户来说，很可能知道联想却不太了解QDI，而在国外，情况可

---

① NOLTE L W, WILCOX D L. Effective publicity: how to reach the public [M]. New York: Wiley, 1984: 232.
② URRY J. Mobility and proximity [J]. Sociology, 2002, 36 (2): 255-274; URRY J. Social networks, travel and talk [J]. British journal of sociology, 2003, 54 (2): 155-175.
③ BERKOWITZ D A. Reporters and their sources [M]//WAHL-JØRGENSEN K, HANITZSCH T. The handbook of journalism studies. New York: Free Press, 2019: 102-115.
④ 任笑元. 板上争锋：联想QDI主板研发中心、工厂参观随感[J]. 每周电脑报, 1997 (49): 25.

能恰好相反，QDI 的主板产品已具有了很高的知名度。这是 12 月 8 日—11 日记者参加联想 QDI 深圳、惠阳 Media Tour 活动过程中的第一个深刻印象。

……

本次 Media Tour 活动除包括本报记者在内的 3 家国内媒体外，共有来自 18 个国家和地区的 20 余位记者参加，这样的记者团在国内是极少见的。交流中，这些同行的国外记者对 QDI 的熟悉程度给记者很大触动，其中许多人还表示真正用过、介绍过 QDI 的主板，QDI 在海外具有的知名度也许由此可见一斑。

到了 1998 年，宜家开展这一类活动时就已经非常熟练了；当时宜家开展的"探店"活动，就整合了媒体参访与媒体聚餐两种形式，本质上就是综合了关系管理与信息发布两种属性：[1]

> 1997 年，宜家在上海开设了第一家店。当时新店很成功——中国消费者很喜欢其产品，并且销售良好，但令管理层惊讶的是中国媒体并不很感兴趣。宜家当时聘请的公关公司邀请了许多记者参加开业的新闻发布会，但是关于该品牌，媒体报道得却很少。
>
> 当时，宜家的中国经理是 Birger Lund，中国的员工亲切地称他"老龙"。1998 年的时候，老龙向易为咨询，如何才能让媒体对公司产生更大的兴趣。"在其他国家"，老龙说，"关于宜家记者总会写很多东西。要知道我们公司是很有意思的"。老龙给了易为一项任务，即提出在北京开一家更大的商店的宣传策略。
>
> ……
>
> 我们采取的第一种媒体活动的形式是"媒体旅行"到上海商店。宜家从北京邀请了十多个记者在上海的宜家店内开展为期一天的家居研讨会。研讨会不仅包括传统的幻灯片介绍，而且以更加有创意的方式展示了宜家的风格和感觉。
>
> 在第一天活动结束的时候，我们邀请记者们共进晚餐。当时我们希望这顿晚餐具有一点瑞典的感觉，以反映宜家的瑞典传统，但凭我们的经验，中国人很难习惯纯粹的西方食物。因此，我们把晚餐的地点安排在了上海海鲜餐馆，但是把一些瑞典菜作为主菜。同时，我们还提供了许多有着悠久的瑞典传统的绝对伏特加酒。

---

[1] 大龙，王庐霞，尹涛. 中国式公关［M］. 北京：中信出版社，2006：167-178.

当晚餐结束时，老龙说："我听说中国跟瑞典一样有打包的习惯，是这样吗？"记者们纷纷点头。"很好，我们在瑞典吃饭也会打包。但我们的打包跟你们是不一样的，我们带走所有东西，不仅是食物，还有盘子，筷子等。"客人都笑了，他们以为老龙是在开玩笑。他们不知道，在用餐之前，我们已经请餐馆把所有的餐具都换成了宜家的产品：宜家的盘子，宜家的筷子，甚至宜家的椅子。

老龙拿起一个很大的宜家购物袋，把还盛有剩菜的盘子、用过的筷子、刀叉都放了进去。"这样，如果你们不想要它们，没关系，但至少我会把这些东西带回家。"他笑着说，"但如果你们想要，塑料袋就在你们的椅子下。"于是，大家都找到了乐趣，他们把盘子、筷子、桌垫、盐罐、椅子，等等，一切在视线内的物品都打包了。

媒体参访的要点有两项：第一，具有显著的目的性。为媒体提供熟悉或接近特定对象的机会，为媒体获取相关信息提供最大限度的便利。对参与媒体而言，大部分情况下，这相当于一种"回报"（请参考前文的"信息补贴"）。第二，媒体参访活动全部或部分采取比较随意放松的方式进行。正是因为媒体参访的形式比较随意，才能够体现组织者更明显的定位与个性。比如，1997年5月21—24日惠普公司（下文简称为HP）的国际媒体参访活动，记者进行了如下描述："讲台像时装表演舞台，四周由10个环形电影屏幕组成的环绕电影、环绕立体音响效果，仿佛记者不是到了参加新闻发布会的现场，却像是参加了一台晚会。使人意外的是，居然能在屏幕上看到自己的以及其他参加者的名字。这是5月21—24日 HP International Media Tour 给记者的第一感受。此次的 Media Tour，吸引了来自世界各地近百名媒介记者的踊跃参加。进入会场之前，在一个拱形屋顶大厅里，HP的工作人员与记者们站着交谈，侍者们端着酒、饮料及点心穿梭于人群之中，没有新闻发布会前的忙碌，就像是一次轻松的 Party。在近一个小时的等候中，记者一直很好奇，也许HP在制造一种悬念，给人出其不意的效果。等与会者可以进入会场入座后，激动人心的时刻终于来到。"[①]

国外众多旅游目的地都开展了类似的活动，启示颇多。比如，澳大利亚旅游局实施的"记者探访计划"（Visiting Journalists Program，简称为VJP），每年邀请国际新闻记者到澳大利亚旅游，亲身体验澳大利亚的沙滩、城市等。受邀媒体人员的范围十分广泛，涉及平面媒体、广播媒体以及电影工作人员等。英国旅游局也开展了类似的项目。依据英国旅游局的计划，希望到英国去旅游的媒体人员，可以与英国旅游局的媒

---

① 陈丽羡.谁是巨轮的舵手？——HP International Media Tour 有感［J］.每周电脑报，1997（21）：25.

体办公室联系,申请经费支持。

开展媒体参访的社会组织多种多样。比如,美国非营利机构罗素·塞奇基金会(Russell Sage Foundation)(主张"改善美国的社会和生活条件"),持续开展"记者参访"(Visiting Journalists)项目。通过该项目,记者可以获得为期4个月的资助(32 000美元),可以与相关研究者一起开展相关话题的研究。这一项目会促使记者更加熟悉罗素·塞奇基金会的愿景,并建构更紧密的关系。

(二)1944年的中外记者延安参访

中国共产党在延安时期就开展过非常独特且有"创意"的媒体参访活动,即:1944年5月31日至10月23日,中外记者西北访问团对陕甘宁边区等抗日根据地进行的参观访问。只不过历史上几乎没有研究者从媒体参访视角来对这一活动加以关注。因此,本书直接将其称为"中外记者延安参访"。

我们可以通过这次参访活动中的一些细微方面,感受媒体参访的一些要点。

这次活动过程中,除了很少几次常规的"信息发布"(比如报告、演讲与问答),其主导方式是各种交流、参观和聚会(关系属性强大)。这也正凸显着周恩来对这次访问的定性:"要以诚恳、坦白的精神同他们交朋友。"[1]

总体上看,中外记者访问过程中我党相关人员与记者们的互动方式有四种:"聚""谈""请看"和"请听"。其中,只有"聚"明确聚焦于关系要素,其他三种方式都兼具信息与关系两种要素。总体上,"聚"和"谈"是媒体互动的基础渠道,"请看"和"请听"是允许记者在这些渠道中加以感受并获取信息的具体方式。

表6-11 中外记者延安参访过程中的互动

聚	聚餐	关系属性更强。
	聚会	关系属性则较弱。
谈	谈论	中外记者与我党高级领导人进行的深入细致的访谈。这一过程中,谈话双方不仅仅是一问一答,而是有讨论的成分。
	交谈	中外记者在访问过程中与所见之人进行的各种形式的谈话。
请看	参观(正式)	请(或允许)中外记者参观。
	观看(日常)	请(或允许)中外记者在访问行程中自如查看。
请听	听闻	请或让中外记者听各种故事式的甚至带有日常色彩的说法。
	听讲	请或让中外记者听正式的报告或演讲。

---

[1] 金城.延安交际处回忆录[M].北京:中国青年出版社,1986:200.

其中，有几个方面尤其能够体现媒体参访活动的本质。

1. 聚餐

聚餐是"交朋友"战略的最佳基础。尤其是这次访问过程中，还有众多更加"民间"的聚餐。比如，赵超构就详细记述了与丁玲的"酒约"：

> 端午节后的第二天（或者是第三天），午睡初醒的时候，丁玲和柯仲平两人到交际处来看我们。因为前一天有过酒约，所以便拉了同行的某君作陪，到新市场上馆子去。
>
> ……
>
> 四个人都是能干几杯的。来了炸丸子炒里脊等等之后，谈话便如流水一样活泼起来，随兴所至，漫无条理……①

这些较为"民间"的聚餐，是中外记者与边区相关人员以朋友式的方式进行深入互动的渠道。

2. 聚会

这一类聚会的典型，如毛泽东与中外记者会面后的京剧晚会上，赵超构得以与毛泽东"密切接触"。在这一过程中，赵超构自然也看到、听到了更多的细节：

> 在不知不觉中，忽然发现坐在我右侧，和我并肩的，正是毛泽东先生。
>
> 一时，我有点感到局促，但立刻便觉坦然了。因为此时见到的毛先生，并不是今日下午坐在主席位上肃然无笑容的人，而是一位殷勤的主人了。大概是吃了几杯酒吧，两颊微酡，不断地让茶让烟，朋友似的和我们谈话。
>
> 戏早已上演了，他非常有兴味地听，看，从始至终。对于"古城会"的张飞，对于"打渔杀家"中的教师爷，对于"鸿鸾禧"中的金老头，对于"草船借箭"中的鲁肃，他不断地发笑，不是微笑而是恣意尽情捧腹大笑。当演出张飞自夸"我老张是何等聪明之人"那一副得意的神情时，当教师爷演出种种没用的丑态时，当金老头在台上打诨时，他的笑声尤其响亮。②

3. 谈论

关于这一过程中"谈论"的明显特征，在1946年9月爱泼斯坦的家书中一览无遗：

---

① 赵超构.延安一月［M］.北京：中国国际广播出版社，2013：130–131.
② 赵超构.延安一月［M］.北京：中国国际广播出版社，2013：60–61.

> 他（毛泽东）对待新闻界的方式很有特点，他从来不给人以半个小时或一个小时的采访。要么他根本不见你，要么拿出半天时间跟你谈，他回答问题很详尽，引导你对他的论点置疑，然后再进行解释，直到他肯定你不但明白了他有系统的陈述，而且也清楚了他所依据的事实和解释。①

更为关键的是，毛泽东本人也努力推进互动式的谈：

> 在单独访问他时，他不设时间限制，有时会延续好几个小时，因为对他问完了所有问题之后，他喜欢"反客为主"，转过来对访问者提出一些问题，问问他们所了解的情况和所持的看法，以扩大或和对他自己的视野和知识。②

斯坦因记述了与毛泽东谈话后的一次互动，凸显出我党与中外记者互动过程中"谈论"的信息属性（而非仅仅是简单的人际互动）：

> 我把晤谈笔记翻译成中文给他看，以求不生错误。几乎一个礼拜过去了还没有归还。一天我碰到毛泽东时，他抱歉说："关于我说的话，我必须和朱德同志、周恩来同志商讨，他们赞同了。"我的笔记归还了，没有任何修改。③

有些长谈可谓"前无古人，后无来者"，比如，7月14日毛泽东与斯坦因的长谈，从14日下午三时至18日凌晨三时，斯坦因同毛泽东在窑洞里共进了晚餐。这又足以凸显出这种谈话的深入与互动属性，绝对不仅仅局限于"问答"式信息互通的简单状态。

4. 交谈

中外记者参访过程中，与边区各式人物进行过各种各样的交谈。比如，爱泼斯坦与福尔曼都比较详尽地记述了与日本人冈野的交谈。爱泼斯坦主要记述了与冈野就太平洋战争的一次交谈：

> 我听到自1942年以来美国第一次轰炸日本的消息，就立即请求日本共产党中央委员会中为人所知的最重要的委员、日本人民解放联盟这一统一战线

---

① 爱泼斯坦.突破封锁访延安：1944年通讯和家书[M].张扬，张水澄，沈苏儒，译.北京：人民日报出版社，1995：112.
② 爱泼斯坦.见证中国：爱泼斯坦回忆录[M].沈苏儒，贾宗谊，钱雨润，译.北京：新世界出版社，2004：202.
③ 斯坦因.红色中国的挑战[M].李凤鸣，译.北京：新华出版社，1987：23.

的领袖冈野谈些看法。……

  冈野首先要求给他几个小时的时间，以便征询他在延安主持的日本工农学校目前的学员、原日军战俘共70人的意见；然后他才说，"所有的学员听到这个消息都感到非常激动。一个学员说，日本军国主义者的失败和日本人民的胜利现在就更接近了。另一个学员说，我们回归祖国的时间已经不远了"。①

福尔曼也与冈野进行过交谈，且更加日常化，比如，这段记述：

  刚在我的观光前几个月"开小差"的小田健治，也承认被指派来担任暗杀冈野的任务。"我受到这样一切的重视，十分荣幸"，冈野先生淡淡地说。②

这种更日常的交谈方式成为记者们细微观察交谈对象的便利渠道。

5. 参观

从媒体内容生产的视角来看，参访过程中最为重要且最为独特的参观，是1944年9月份，几位外国记者在晋绥根据地参与式观察了多次战斗。比如，9月22日参观第三军分区在娄烦爆炸毁坏敌人碉堡的战斗。

福尔曼对这次战斗记述的前半部分，详尽记述了外国记者从汾阳战场一路奔赴娄烦的诸多令其印象深刻的细节，比如：

  在一片漆黑中，我们排成一列侧面纵队向前行进，步子踏下去非常小心，把话留给后面的人："地雷洞"——"踏下去"——"向左转"。我们只是低声说着话，这样就更增加了不安的气氛，虽然实际上是无须乎这样谨慎小心的，除非真的接近了敌人。③

他还对外国记者团藏身的场所进行了详尽的观察，比如：

  我们走到古庙的观察台那边去，那里很容易受到据点上打来的来复枪火。一走进大殿，我们被一种惊人的氛围捉住了，那是和这种奇妙的事业配合得非常调和的。这些是"天神天将"——古代的战士，脸上刻着可怕的表情，

---

① 爱泼斯坦.突破封锁访延安：1944年通讯和家书[M].张扬，张水澄，沈苏儒，译.北京：人民日报出版社，1995：31.
② 福尔曼.北行漫记[M].陶岱，译.北京：新华出版社，1988：119.
③ 福尔曼.北行漫记[M].陶岱，译.北京：新华出版社，1988：264.

他们在塑台上显得是如此庞大而森严。这种引人恐怖的神气，因为背后有一盏微火，给增添上浓重的，漆黑的，摇曳的影子，而益发加重起来。和这些对照着，四面墙上排列着——肩并着肩——许多等身一样的圣贤的人像。他们带着严肃而仁慈的表情，一个个都像哲学家或裁判官，穿着飘然长垂的袍子（折绉得很好，虽然是用烂泥做的），使他们看来有一种无比的庄严。在这些古人当中，一个人会觉得默然无话可说，敬畏之念油然而起。①

福尔曼对整个战斗过程的记述，主要凸显了非常关键的一个冲突点：原计划用八小时把通到日本据点下方的隧道在夜间挖好，但因挖掘人员听闻日本人已经溃散而搁置，导致隧道已无可能在夜晚掩护下挖掘好。福尔曼对这一过程的诸多细节进行了细致的记述，比如：

王将军立刻召集了一次临时会议，和他的部属以及出发去挖掘隧道的老百姓们聚集商量。他们决定再多用一些人力，再多靠一分好运气，他们可能把挖掘隧道的工作减缩为六小时——那末正好赶在天亮之前，事情还容易办；于是命令发出去了，叫他们赶快动手。

我们刚刚坐定下来，仗就打起来了——逼近得令人觉得不稳，我们已经发觉有好几颗流弹打在古庙的厚墙上。日本人一定在刚开始挖掘隧道时就发现了那些人。八路军这边开枪回击——目的在使日本人停留在据点上——这样一来，日本人就使出了他们所有的招数。他们放来复枪，放机关枪，放白炮，还有一种大炮开出的炮弹就跟"七十五型"炮一样。有些炮开得这样近，连我们的古庙都震动了。自然他们是盲目地开炮，因为在微雨茫茫的黑暗中，他们什么都不能够看见。而当他们的炮火沉寂下去时，知道非常珍惜宝贵的军火的八路军，又开起火来了，使他们又不得不应战。

这样打了一整夜的仗。我们希望他们没有能打电报去讨救兵——有一队兵被派遣出去，破坏他们的电线。还有一组包括十一个民兵，出动去施行突击。他们被发觉了，挨了一阵手榴弹。十一个人里面有十个人受了伤，虽然每一个人都平安地回来了。

在战火停歇期间，我们可以清楚地听到海田和大谷向对方的日本警备队高呼劝降。他们走得非常近，在日本人和八路军的火线当中。他们一定是工作得非常认真的。

天亮后不久，王将军下令叫我们撤退到离后方大约二英里光景的一个山

---

① 福尔曼.北行漫记［M］.陶岱，译.北京：新华出版社，1988：265.

媒体应用实务

村上。似乎情势不大好。天亮后,来了报告,说是挖掘隧道的人突然陷于意料不到的阻障中,使他们工作很难再继续进行;再加上天已经大亮,他们不得不忍痛停止工作。

既然有大股日军向我们这边过来,也许还是放弃整个预定的计划而忍痛撤退的好。将军和他的僚属开了一次会议。正在开会的当中,战场电话机的铃声响了——报告日军大队已经到了东方和东北方;他们并没有到我们这方面来;显然他们不知道我们的兵力,也不知道进攻娄烦的这件事。

"这样,问题就解决了,"将军宣布说,"我们今天赶快做好隧道,按照预定计划,给他们来个全军覆灭"。结果,我们的确把他们打了个落花流水。①

福尔曼详尽且生动的记述,犹如纪录片一样刻画着当时战斗的情形。爱泼斯坦对娄烦战斗的记述更为简略:

这里有两个日军据点被我包围,经过日本人民解放军同盟成员在夜间用扬声器喊话,据点里的300名日军和百余名伪军开始动摇,但不愿投诚。八路军决定挖地道通到这些据点的炮楼子下面,进行爆炸。我们在部队掩护下到达距敌人炮楼子仅300码的地方。敌人发现我方在挖地道,就用步枪、机枪、迫击炮和75毫米野战炮开火射击,我们趴在地上。敌人的夜间射击盲目性很大,我方几无伤亡,但因此使我方挖掘地道的工作未能在天明之前完成。我们在离去时没能看到作战的最后结果,但第二天晚上我们在另一个村子里宿营时听到猛烈的爆炸声,说明作战已获胜利,其后不久传来消息,敌人的娄烦据点已被摧毁,除个别被俘外守敌全部被歼。②

福尔曼与爱泼斯坦从不同角度对娄烦之战进行了观察,虽然记述侧重点各有不同,但所述娄烦之战的基本线索是一致的。正是拜两位外国记者所赐,我们才有机会得以间接体验当时抗日战争的片段。

6. 观看

当"踏入"边区之际,中外记者就开始"看见"了丰富但又各自不同的细节。本质上,这是为中外记者提供观看的机会,即"让中外记者观看"。这是一种策略,而不仅仅是"允许"那么简单。

---

① 福尔曼. 北行漫记 [M]. 陶岱, 译. 北京: 新华出版社, 1988: 264-267.
② 爱泼斯坦. 突破封锁访延安: 1944年通讯和家书 [M]. 张扬, 张水澄, 沈苏儒, 译. 北京: 人民日报出版社, 1995: 90.

爱泼斯坦眼中的"踏入"是这样的：

只用几分钟我们就过了河——进入了另外一个世界。同我们前些天在陕南国民党地区所遇到的情况不同，这里没有事先准备好的旗帜和横幅标语，没有奉命行事的人群，一面跳跃，一面欢呼，好像我们这些来访者是罗斯福和邱吉尔的混合体。来迎接我们的只有两个农民模样的人，一个年轻，另一个有了胡子。他们同我们握手，说是乡政府派他们来的，然后引导我们爬上山头，进入一个村子。村里是在黄土高原上常见的一口口窑洞，我们住进了其中一个窑洞，窑洞里有一个很长的炕和一个炉灶。窑洞前是一个院子，养着一头奶牛、一头驴子和一群鸡。[①]

我们再看赵超构看到的"踏入"情形：

渡河只费10分钟的工夫，踏上阴暗的沙滩，有三个穿青布学生装的男人前来迎接，我们知道自己已经到了共产党所统治的地界，不自觉紧张起来。再看这三个接客的人，除了通报姓名说明来意之外，再也不肯多说一句话，更使我们感到异常沉闷。

阳光已经离开地面，我们不出一声，跟着三位沉默的接待员向山坡上面去，在那里，有一所包括四个窑洞和一个大院子的地方，便是我们今晚住宿之处。

在紧张而又兴奋的心理中，我们进入这所临时的宿舍。一看，除了几张板凳，什么设备也没有。接待员让着我们"请坐，请坐"，我们犹疑了一会，只好席地而坐。

接着，有人送茶来，茶具是两只开水壶和几十个粗碗。碗少人多，大家这时毫不客气，抢起来喝了。

晚餐相当丰富，鸡蛋，肉片，一钵子一钵子的送来；却因为没有桌子，我们只得站在院子里吃。一位外国朋友很幽默地说："我们做了半个月的贵宾，今天开始做难民了。"他当然并无不满之意。

大家听了这句话，不禁狂笑。笑的作用是伟大的，这几位共产党员，一直保持着沉默，也在这一阵笑声中，开始和我交谈起来。他问我对这一块最初踏入的边区土地有些什么特别的感受，我不禁脱口而答道："到这里，我们

[①] 爱泼斯坦. 见证中国：爱泼斯坦回忆录[M]. 沈苏儒，贾宗谊，钱雨润，译. 北京：新世界出版社，2004：192.

不得不放弃我们的绅士架子了。"①

与爱泼斯坦相比，赵超构看到的更多是边区的人和生活，且表现出明显强烈的新奇感，当然也有明显的距离感。

与之不同的是，中外记者们在毛泽东身上"看到"的却比较一致。

比如，爱泼斯坦初见毛泽东时看到的：

> 他常常会步行在尘土飞扬的街道上，不带警卫，同老百姓随意交谈。在集体照相时他总不站在正中的位置上，也没有人把他引导到这样的位置上（同我们中外记者团合影时就是如此）。他随便找个地方站着，有时在边上，有时在别人后边。②

福尔曼眼中的毛泽东是这样的：

> 时间是在傍晚，唯一的火光，是一支安在翻转杯子上的蜡烛。用淡茶，土制糖果及香烟来招待。毛不断地吸着他的可怕的延安香烟，另一方面小孩子则在我们谈话的全部时间中进进出出。他们会立下来，怔视着我过几分钟，随后抢了一块糖，飞跑出去。毛对他们不加注意。
>
> 他在中国人当中是身材高大的，肩膀广阔，体格结实。约有五十左右年纪，看起来却不到四十岁。他的整部的面颜，有着异常高的额角，上面披散着一团黑发，被一双特有表情的眼睛而显得炯炯有神，他很易微笑，温柔地讲着话，而在他的热诚中，简直带些稚气。他的一种使人不愉快的习气，是在用他的皱缩的口唇吸烟，一口口吐出烟气中间，有着把烟吸进去的闹声。③

斯坦因看到的毛泽东是这样的：

> 那个穿着宽大外衣，高大、和善、言语行动似乎有点迟缓的五十岁的人，就是中共中央主席毛泽东，党中央的工作人员似乎和他都很亲切。
>
> 毛泽东的样子和行动仍然象农民和教员，他本来是农民，后来又当过教

---

① 赵超构.延安一月［M］.北京：中国国际广播出版社，2013：45-46.
② 爱泼斯坦.见证中国：爱泼斯坦回忆录［M］.沈苏儒，贾宗谊，钱雨润，译.北京：新世界出版社，2004：202.
③ 爱泼斯坦.见证中国：爱泼斯坦回忆录［M］.沈苏儒，贾宗谊，钱雨润，译.北京：新世界出版社，2004：198.

员的。他和易近人，简单，深思而且精确。他的特殊有力的前额，他的透视一切和极端集中的眼睛和眼神，及其成熟的人格所表现的心境的安泰和清明，表示他是一个有能力的政治家和人民领袖。他和严厉的、忧心忡忡的蒋委员长是完全相反的。①

我们再看赵超构初见毛泽东时所看到的：

> 眼睛盯着介绍人，好像在极力听取对方的姓名。
>
> 谈话时，依然满口的湖南口音，不知道是否因为工作紧张的缘故，显露疲乏的样子，在谈话中简直未见笑颜。然而，态度儒雅，音节清楚，辞令的安排恰当而有条理。我们依次听下去，从头至尾是理论的说明，却不是煽动性的演说。
>
> ……
>
> 听取谈话中，我有更多的余暇审视他。浓厚的长发，微胖的脸庞，并不是行动家的模样，然而广阔的额部和那个隆起而端正的鼻梁，却露出了贵族的气概，一双眼睛老是向前凝视，显得这个人的思虑是很深的。②

虽然这几位中外记者对毛泽东的记述侧重点稍有不同，但这几份记述文本却都强烈显示出：这几位记者当时均对毛泽东进行了深度且持续的观察。在媒体互动的视角中，这种"请观看"方式无疑扮演着非常重要的角色。

7. 听闻

"听闻"现象虽然貌似不够严谨，但实际上给中外记者留下了最深刻的印象。这里以中外记者在参观三五九旅医院时的一次"冲突"为例进行说明。

福尔曼的记述是这样的：

> 我正和病房中一个伤兵谈话，听见外面有一阵骚嚷。我不晓得谁开头或者为什么事情开头，只看见王震向我们团体一位中国记者发火：
>
> "国民党封锁我们，不让外国朋友送给我们医院的药品运进来，我们是对大家共同的敌人打仗的，这是残忍是对天犯罪。要是有上帝，或者有菩萨，他们一定知道，一定吃惊，这种完全不要脸的样子。"
>
> 辞锋犀利的陈家康，周恩来的足智多谋的秘书，响应起来了。

---

① 斯坦因. 红色中国的挑战 [M]. 李凤鸣, 译. 北京：新华出版社, 1987: 4.
② 赵超构. 延安一月 [M]. 北京：中国国际广播出版社, 2013: 58.

> "我要骂国民党。英国红十字会装了四大卡车的药品送给我们，国民党不让它开出西安，开到直通延安去的路，不慌不忙地把它扣留起来，把它没收起来了。"
>
> 中国的新闻记者们冷淡而缄默地站着。①

在这一过程中，福尔曼并没有跟王震与陈家康交谈，而是听到他们与中国记者的对话。

但赵超构的记述明显不同：

> 在金盆湾宿一夜，参观伤兵医院，在参观时每一个医务人员都向我们说明药品之缺乏，这种基于人道理由的申诉，加上摆在眼前的伤病呻吟，极富煽动感情的力量。几位外国朋友显然受了激动。王旅长和他的随从，激昂地演说，要求记者团对这事有所表示。外国记者中的普罗金科、爱泼斯坦两人，提议电请政府运输药品。最后我们表示对这里的伤兵医药问题，甚为同情，但药品缺乏，则是全国共通的现象，我们愿意在记者的岗位上，把这边的情形传达给政府，请求注意。②

赵超构听到的却是：边区人员的"申诉"、王震的"演说"以及外国记者的"提议"。在同一过程中，赵超构"听到"的，远远超过了福尔曼。

赵超构明确提及爱泼斯坦，但对这一"冲突"有明确记述的是福尔曼。因此，同时在场的不同记者对这次"冲突"有明显不同的观察。通过不同记者的这些不同记述，我们仿佛全知叙事方式中的"全知者"一样，超越当时在场的所有人员，得以更全面地解读这次"冲突"。这种"全知"感，来自不同记者的"听闻"之间的"交叉验证"。

---

① 福尔曼．北行漫记［M］．陶岱，译．北京：新华出版社，1988：47.
② 赵超构．延安一月［M］．北京：中国国际广播出版社，2013：50.